Catherine Doyle

The Lost Girl King

Für Ellen

Catherine Doyle

The Lost Girl King

Aus dem Englischen von Sarah Heidelberger

KNESEBECK

Inhalt

Kapitel 1

Das Haus zwischen den Welten

Weit draußen im Westen, wo die Straßen immer schmaler werden und die zerklüfteten Gipfel von Connemara steil bis in den Atlantik abfallen, befand sich ein gelbes Haus, das auf der Grenze zwischen zwei Welten stand. Es war angefüllt mit Büchern und Krimskrams und umgeben von hohen Bergen, die im Winter ächzten und im Frühling blühten.

Es gehörte Amy Bells Großmutter Dorothy, und als Amys Mum in die Auffahrt abbog, schlief Amy tief und fest auf dem Rücksitz.

Jedes Mal, wenn sie einen lauten Schnarcher von sich gab, beschlug die Fensterscheibe, was aber kaum auffiel, weil draußen so dichter Nebel herrschte.

»Da sind wir. Allesamt gesund und munter«, verkündete ihre Mum, nachdem sie den Motor abgestellt hatte. »Ich hoffe, dass ihr euch von eurer besten Seite zeigt. Macht eurer Gran keinen Ärger, ja?«

Amys älterer Bruder Liam, der auf dem Beifahrersitz saß, blickte von seinem Buch auf. »Mum«, schnaubte er. »Du weißt doch, dass ich vernünftig bin.«

»Natürlich, Spatz.« Ihre Mum warf durch den Rückspiegel einen vielsagenden Blick auf Amy. Als keine Antwort kam, rief sie mit ihrer lauten Opernstimme, die normalerweise für den Weckruf an Schultagen reserviert war: »Guten Morgen, Sonnenschein!«

Amy fuhr aus dem Schlaf hoch. »Sonnenschein? Wo?«

»Hier jedenfalls nicht«, bemerkte Liam. »An deiner Stelle würde ich mir keine Hoffnungen machen.«

Der Regen war ihnen mit seinem ständigen Tapp-tapp-tapp gegen die Scheiben den gesamten Weg von der Stadt aus gefolgt.

Ihre Mum faltete die Hände in den Schoß. »Lasst uns einfach kurz warten, ja?«

Liam schob sich die Brille zurecht und schaute nach draußen. »Ich glaube nicht, dass *kurz* reicht, Mum. So dicht, wie der Nebel ist, kann man ja kaum die Berge erkennen.«

Amy runzelte die Stirn. Es war doch schon schlimm genug, dass sie die erste Ferienwoche so weit weg von ihren Freundinnen verbringen musste! Lily und Gita waren mit ihren Familien gemeinsam auf den Aran-Inseln zelten, während Amy hier in dieser dämlichen Regenwolke feststeckte. Wie sollte man bei dem Wetter bitte ein Abenteuer erleben?

»Was ist das nur für ein Sommer?«, murmelte sie vor sich hin.

»Ein unvorhersehbarer«, flötete ihre Mum gut gelaunt. »Was meiner Meinung nach die besten sind.«

Amys Stirnrunzeln wurde noch eine Spur tiefer. Ihre Mum hatte leicht reden. Die flog nämlich morgen mit ihrem Freund Paul nach Santorin, bei dem es sich den Fotos nach um ein richtiges Paradies mit funkelndem, klarem Wasser und Restaurants handelte, in denen Getränke in Regenbogenfarben mit winzigen Papierschirmchen darin serviert wurden.

»Keine Ahnung, was an Regen in Connemara unvorhersehbar sein soll. Ich werde hier so was von sterben vor Langeweile.«

»Ich hab dir ja gesagt, dass du besser ein Buch mitbringen solltest«, sagte Liam, dem der Regen nicht das kleinste bisschen ausmachte. Seiner Meinung nach war es sowieso grundsätzlich gefährlich, sich im Freien aufzuhalten. Er hasste Insekten und Sport und war der einzige ihr bekannte Mensch, der sogar an bewölkten Tagen einen Sonnenbrand bekommen konnte. Wenn es nach Liam ging, war eine Woche Regenwetter in Grans Haus tausendmal besser als eine Woche im sonnigen Santorin. »Ich habe ein superinteressantes Buch über Haie dabei, das ich dir leihen könnte. Aber du darfst keine Eselsohren reinmachen.«

»Danke, aber da ess ich lieber meine ungewaschenen Haare.« In der Ferne war Donnergrollen zu hören, und Amys Laune sackte endgültig in den Keller. Sie drückte die Stirn gegen die Scheibe – und schreckte zusammen, als auf der anderen Seite plötzlich ein Gesicht auftauchte. »Gran!«

Das Lächeln ihrer Großmutter war kaugummirosa, und ihre Augen hatten das strahlende Blau eines Himmels, der wusste, was sich im Sommer gehörte. Sie klopfte mit den Knöcheln gegen das Fenster. »Steigst du aus, oder muss ich reinkommen, um dich zu holen?«

Amy klappte die Autotür auf und fiel ihrer Gran um den Hals. Sie freute sich über das Wiedersehen, auch wenn weit und breit kein Abenteuer in Sicht war.

Liam steckte sein Buch in die Bauchtasche seines Hoodies und stieg ebenfalls aus dem Wagen. Ihre Gran musste auf die Zehenspitzen gehen, um ihn zu umarmen.

»Ach, du liebes Lieschen, du bist ja lang wie eine Bohnenstange!« Sie steckte den Kopf durch die offene Tür ins Auto und rief: »Mit was fütterst du ihn, Darcy? Turbodünger?«

Amys Mum winkte ihr zur Begrüßung mit den Fingern. »Einer von uns muss schließlich an die Deckenlampen kommen.«

»Da hast du wohl recht.« Gran tätschelte Amy den Kopf. »Keine Sorge, Liebes, das holst du schon noch auf.«

Liam tätschelte mit. »Eines fernen Tages vielleicht.«

Amy streckte ihm die Zunge heraus. »Ich bin gern klein. So kann ich viel besser rumschnüffeln.«

»Ich tue mal so, als hätte ich das nicht gehört«, sagte Gran. Dann scheuchte sie die beiden in Richtung Haus. »Kommt, verkrümeln wir uns aus dieser Sintflut, ehe wir zerfließen. Ich habe Rhabarber-Crumble gemacht und würde vorschlagen, wir verhalten uns vernünftig und fangen das Abendessen mit dem Nachtisch an.«

Ihre Mum verabschiedete sich und drückte Amy und Liam jeweils einen Abschiedskuss auf die Wange. Dann sprang sie wieder in ihr Auto und fuhr davon.

Liam und Amy winkten ihr von der Haustür aus hinterher. Sie waren beide ein bisschen beleidigt, weil ihre Mum bei der Abreise so gute Laune hatte.

Im Flur legte Gran ihren Regenmantel ab wie ein Schmetterling, der seinen Kokon verließ. Darunter trug sie ein Outfit, das ihrer Persönlichkeit entsprach: eine goldene Bluse, eine blaue Hose und knallgelbe Gummistiefel. Sie brachte die Kinder zum Aufwärmen ins Wohnzimmer zum knisternden Kaminfeuer. Liam schnappte Amy den Platz auf dem abgenutzten Sitzsack in der Ecke weg und ließ sich genüsslich darauf fallen.

»Du bist jetzt doch viel zu groß für das Ding«, sagte Amy und stupste ihn mit dem Schuh an. »Nicht dass der Sack am Ende noch platzt.«

»Netter Versuch«, erwiderte Liam und verschränkte dabei die Hände hinterm Kopf. »Für Sitzsäcke *kann* man gar nicht zu groß sein.«

»Ach, mach doch, was du willst.« Amy streifte ihre Turnschuhe ab und kuschelte sich in den Polstersessel vor dem Kamin. Die Bücherregale links und rechts davon wirkten sogar noch schiefer als üblich, und kurz fragte sie sich, ob das hier wohl der lang gefürchtete Urlaub sein würde, in dem sie umstürzten und jemanden unter sich begruben.

Sie sah zu den Büchern auf und überlegte, wie viele davon nötig wären, um sie zu zerquetschen. Die vergoldeten Rücken schienen ihr zuzuzwinkern. Die zerlesene Ausgabe von *Altirland durch die Jahrhunderte: Eine vollständige Sammlung keltischer Legenden* war mindestens achthundert Seiten lang. Sie würde bestimmt mehr Schaden anrichten als *Sieben Kniffe, eine Elfenfestung aufzuspüren* oder *Banshees Bannen in drei Schritten*, die eher Hefte als Bücher waren. Amys Lieblingsbuch *Verborgene Kämpfe im Atlantik: Die großen Schlachten zwischen Selkies und Meermännern* verbarg sich ganz unten im Regal neben gleich mehreren Ausgaben eines schimmernden neuen Buchs mit dem Titel *Mythos oder Mumpitz? Auf der Suche nach dem magischen Königreich Tír na nÓg*, das Amy heute zum ersten Mal sah. Dann entdeckte sie den Namen der Autorin.

»Gran! Da stehst ja du drauf! Hast du echt ein Buch geschrieben?«

Liam nahm den aufgeregten Jubel seiner Schwester mit Skepsis zur Kenntnis. »Falls das ein Trick sein soll, um mich aus dem Sitzsack zu locken: Darauf falle ich nicht rein.«

Gran, die in der Tür stand, lachte leise auf. »Tja, nachdem ich so viele Jahre lang meinen Schülerinnen und Schülern alles über irische Mythen beigebracht habe, dachte ich, warum nicht ein paar davon aufschreiben? Jetzt, wo ich offiziell im Ruhestand bin, habe ich schließlich Zeit.«

Amy nahm eine Ausgabe des Buchs ihrer Gran aus dem Regal und hievte es auf ihren Schoß. »Boah, ist das cool«, sagte sie, während sie es aufschlug. »Wetten, damit könnte man einen Einbrecher k.o. schlagen?«

Nach zwei ungeschickten Versuchen gelang es Liam, sich in dem Sitzsack aufzurichten, um sich genauer ansehen zu können, wovon Amy da sprach. »Sagst du nicht immer, Bücher sind langweilig?«

»Nein. Ich sage immer, *deine* Bücher sind langweilig«, korrigierte ihn Amy. »Aber das hier hat Gran geschrieben. Damit ist es automatisch das beste Buch der Welt. Und es macht mich irgendwie auch berühmt, weil ich Gran kenne.«

Amy hatte immer schon gefunden, dass ihre Gran eher Archäologin war als Literaturprofessorin. Sie grub die spannendsten Geschichten aus und holte mit Meißel und Pinsel die Magie aus ihnen hervor. Und das Beste war, dass sie an alles, worüber sie forschte, auch wirklich glaubte. An die magischen Meereswesen und herumstreunenden Riesen, an die verwunschenen Bäume und wandernden Geister. Aus Grans Sicht gab es all das wirklich. Genauso wie das verlorene Königreich von Tír na nÓg.

»Weißt du, was noch berühmt ist?«, fragte Gran mit funkelnden Augen. »Mein Rhabarber-Crumble. Kommt, lasst uns essen, ehe es kalt wird.«

Den dicken Märchenband, den ihre Großmutter geschrieben hatte, ließ Amy zwar los. Aber an ihrer Neugierde hielt sie fest, als sie dem Geruch von frischgebackenem Crumble nach hinten in die kleine Küche folgte.

*

»Aber wenn es Tír na nÓg wirklich gibt, wie kommt es dann, dass es noch niemand gefunden hat?«, fragte Amy, nachdem sie das gesamte Dessert und die halbe Cottage Pie mit ihrer fluffigen Decke aus Kartoffelbrei verputzt hatten.

»Woher willst du das überhaupt wissen?«, fragte Gran in ernstem Ton. »Im Lauf der Jahrhunderte haben schon viele Menschen behauptet, es gefunden zu haben.«

»Aber es behaupten auch viele Leute, die Erde wäre eine Scheibe, ohne dass es stimmt«, warf Liam ein und spielte dabei mit seiner Gabel herum. »Keine Ahnung, wie man so was Lächerliches behaupten kann. Wo man doch so einfach beweisen kann, dass sich die Erde krümm...«

»Hörst du bitte auf mit dem Wissenschaftsgebrabbel?«, unterbrach ihn Amy. »Wir reden hier über Magie.«

Liam musterte sie finster. »Ich dachte, vielleicht willst du zur Abwechslung mal was lernen.«

»Will ich ja auch«, schoss Amy zurück. »Nämlich, wie man Tír na nÓg findet.«

»Dann wirst du wohl eine ausgedachte Karte brauchen«, sagte Liam. »Da es sich offensichtlich um einen ausgedachten Ort handelt.«

Gran schob mit einem nachdenklichen »Hmmm« eine Erbse auf ihrem Teller herum. »Vielleicht ist es ja auch einfach nur verborgen«, sagte sie. Sie spießte die Erbse mit der Gabel auf. »Manche Orte wollen nicht gefunden werden. Und das sollten wir respektieren.«

Liam schnaubte so heftig, dass er fast Hackfleisch in die Nase bekommen hätte. »So ein Quatsch.«

Amys Augen flammten auf vor Wut. »Liam!«

»Was? Das ergibt doch alles überhaupt keinen Sinn.«

Während Amy es liebte, über Grans Forschung zu reden, nahm Liam nichts davon ernst. Dass ihre Großmutter nun einige ihrer Geschichten in einem Buch niedergeschrieben hatte, änderte daran auch nichts. Weil es sich, wie er erklärte, ganz klar um ein Werk »literarischer Fantastik« handelte, was nichts weiter war als eine komplizierte Beschreibung für »komplett erfunden«.

»Aber das ist doch das Schöne an Märchen, Spatz. Sie brauchen keinen Sinn zu ergeben.« Gran trug ihren Teller zum Spülbecken und lehnte sich gegen die Arbeitsplatte. Ihr Blick wanderte durchs Fenster hinaus über die Landschaft, und sie stimmte ihr Lieblingslied an. *»Durch Felder, so grün, und Berge, so alt, schimmert die goldne Magie …«*

Ein Regenschauer prasselte gegen die Scheibe.

»Ich wette, in Tír na nÓg regnet es nie«, brummte Amy.

Gran hörte auf zu singen. »In Tír na nÓg scheint stets die Sonne. Die Vögel haben alle Farben des Regenbogens, und die Bäume werden von Geistern bewohnt und haben Stämme, hoch wie Wolkenkratzer«, erzählte sie verträumt. »Die Flüsse singen, und der Wind lacht, und wenn der Mond aufgeht, scheint er so hell, dass das Land leuchtet wie ein Stern.«

»Das klingt ja noch viel besser als die Aran-Inseln«, sagte Amy sehnsüchtig. »Stellt euch mal vor, auf so einen Baum zu klettern!«

Liam verzog das Gesicht. »Stellt euch lieber mal vor, von so einem Baum *runterzufallen.* Da bricht man sich doch alle Knochen, und am Ende hat man Wabbelarme und Wackelpuddingbeine.«

Amy funkelte ihn wütend an. »Wieso machst du das?«

»Was denn? Vernünftig sein?«

Gran lächelte ihnen von der Küchenzeile aus zu. »Es gibt eine Geschichte über ein kleines Mädchen, das vor vielen Jahren den Weg nach Tír na nÓg fand.« Sie senkte die Stimme, und Amy lehnte sich gespannt nach vorn. »Das Meer war voller Kreaturen, die schwammen wie Robben, aber sprachen wie Menschen. Sie trugen Algen am ganzen Leib wie eine zweite Haut, sodass niemand genau wusste, wo die See endete und die Kreaturen begannen …«

»Cool«, sagte Amy.

Als Liam sich vom Tisch wegdrückte, schabte sein Stuhl über den Boden. »Nette Geschichte«, sagte er, während er seinen Teller ins Spülbecken räumte. »Aber hör doch bitte auf, ihr diesen Unsinn auch noch einzureden, Gran. Du weißt doch, dass das alles totaler Quatsch ist.«

Amy schlug mit einem Geschirrhandtuch nach ihm.

»Ähm, nicht bös gemeint«, fügte Liam hastig hinzu.

Gran wandte sich vom Fenster ab und tätschelte ihm liebevoll die Schulter. »Wenn du mich fragst, steckt ein Tröpfchen Wahrheit in jeder Geschichte – manchmal sogar ein ganzer Wasserfall.«

Liam musterte sie irritiert. »Ähm … klar doch.«

»Wenn ich das verlorene Königreich erst mal gefunden habe, wird er so was nicht mehr sagen«, verkündete Amy und stand auf, um ihren Teller mit einem triumphierenden Klappern im Spülbecken zu versenken. »Sobald sich der Regen morgen legt, mache ich mich auf die Suche.«

»Das lässt du schön bleiben.« Grans Tonfall war plötzlich ungewohnt scharf. Es fühlte sich an, als wäre die Temperatur im Raum um mehrere Grad gesunken. »Das sind nur Geschichten, Amy. Schön zu lesen, aber mehr auch nicht.«

»Aber …«

»So, meine Lieben.« Gran klatschte in die Hände. »Wer in zehn Sekunden noch hier in der Küche steht, dem wird die große Ehre zuteil, die große Auflaufform putzen zu dürfen. Zehn, neun, acht …«

Liam flitzte davon, dicht gefolgt von Amy.

Mehrere Stunden später – inzwischen hatten sie einen Film geschaut und zwei Schüsseln leicht angebranntes Mikrowellenpopcorn verdrückt, vom Kaminfeuer im Wohnzimmer war nur noch die Glut übrig, und der Mond hing als schmale Sichel an einem samtenen Himmel – stiegen Liam und Amy die knarrende Treppe nach oben, wo ihre Betten standen. In dem winzigen Schlafzimmer hinten im Haus spielten sie so wie immer Schnick-Schnack-Schnuck um das obere Etagenbett. Amy verlor, obwohl sie viermal hintereinander eine Revanche gefordert hatte.

Sie ließ sich auf dem unteren Bett nach hinten fallen, sodass ihre leuchtend roten Haare über die Bettkante flossen wie ein kupferfarbener Wasserfall. »Falls mich das klapprige alte Dinge heute Nacht erschlägt, bist auf jeden Fall du schuld«, sagte sie und streckte der durchgelegenen Matratze über sich die Zunge heraus.

»Ich weiß genau, was du machst. Nur, dass du's weißt«, ertönte Liams Stimme von oben.

Amy lauschte im Dunkeln seinen leisen Atemgeräuschen. Er war sofort eingeschlafen, während sie sich herumwälzte und einfach keine bequeme Lage fand. Außerdem hielt sie das Knarren des Lattenrosts wach.

Sie rollte sich auf den Bauch und ließ den Arm von der Bettkante baumeln. Zu ihrer Überraschung streifte sie dabei mit dem Handrücken ein Loch in der Wand. Da sie normalerweise eigentlich immer das obere Bett gewann, war es ihr noch nie aufgefallen.

Sie spähte über den Rand und entdeckte eine kleine Öffnung direkt über der Bodenleiste. Sie war vollgestopft mit altem Zeug: vier Haargummis und eine Spule Nähgarn, ein angelaufener Goldohrring und ein altes Taschentuch. *Bäh.*

Ganz hinten klemmte eine Silbermünze.

Amy zog sie hervor und hielt sie ins Mondlicht.

Auf der einen Seite war ein Wolfshund eingeprägt, auf der anderen eine Harfe. Sie erkannte die Münze nicht, was bedeutete, dass sie echt alt sein musste. Was die wohl wert war? Ob sie vielleicht sagenhaft reich würde, wenn sie sie verkaufte? Dann könnte sie bis zu den Aran-Inseln segeln und Lily und Gita von ihrer brandneuen Jacht aus zuwinken.

Als sie endlich einschlief, hielt sie die Münze fest umklammert. Und in dem kurzen Moment genau auf der Grenze zwischen Wachsein und Schlafen hätte sie schwören können, dass sie ein Klopfen am Fenster hörte.

Kapitel 2

Der goldene Wasserfall

Am folgenden Morgen wachte Amy erst lang nach der Frühstückszeit auf. Sie wollte unbedingt auf Erkundungstour gehen. Liam war schon aufgestanden, nur seine zerknitterte Decke und der zusammengeknüllte Schlafanzug lagen noch auf dem oberen Bett.

Nachdem sie ihre Lieblingsjeans und ihren gemütlichsten Hoodie angezogen hatte, band sie sich die zerzausten roten Haare zu einem Pferdeschwanz zusammen und steckte die Silbermünze ein.

Gran war unten in der Küche und begutachtete den Inhalt ihrer Teetasse. »Der Regen hat schon fast aufgehört«, sagte sie anstelle einer Begrüßung. »Ich würde sagen, wir haben es eigentlich nur noch mit einem leichten Nieseln zu tun.«

»Das reicht wohl kaum, um mich davon abzuhalten, ein Abenteuer zu erleben«, sagte Amy fröhlich. Nachdem sie zwei Scheiben Brot in den Toaster gesteckt hatte, zog sie die Münze aus ihrer Hosentasche und legte sie auf den Tisch.

»Die habe ich in der Wand neben dem unteren Stockbett gefunden. Weißt du, wie viel sie wert ist?«

Beim Anblick der Münze musste Gran lächeln, als wäre sie gerade einem alten Freund wiederbegegnet. »Eigentlich hatte ich gedacht, wir hätten die ganzen Sixpence-Stücke inzwischen gefunden. Aber es tauchen immer wieder neue auf.«

»Ich habe eben ein Näschen für Schätze«, behauptete Amy stolz. »Der hier war gut versteckt.«

»Meine Schwester Peggy hat Sixpence-Stücke gesammelt. Und ich habe mir ab und zu welche stibitzt, um unten im Süßwarenladen Apfelbonbons zu kaufen.« Grans Lächeln nahm einen wehmütigen Zug an, und sie schloss die Finger so fest um die Münze, als würde sie die Erinnerungen an jene lang vergangenen Tage in ihre Haut einprägen wollen. »Es ist mir ein Rätsel, wie dieses da so lange unentdeckt bleiben konnte. Aber da wir uns in diesem Haus streng an die Wer's-gefunden-hat-darf's-behalten-Regel halten, darfst du sie gern nehmen.«

»Ich wusste ja gar nicht, dass du eine Schwester hast«, sagte Amy.

»O ja. Und eine Mum und einen Dad auch. Aber das ist alles so lange her, dass es mir manchmal vorkommt wie ein anderes Leben.« Gran legte die Münze vorsichtig auf den Tisch zurück und ließ mit einem tiefen Seufzer die Schultern sinken. Auf einmal wirkte sie viel kleiner und älter als sonst.

»Ich habe schon öfter darüber nachgedacht, Liam gegen eine Schwester einzutauschen«, bemerkte Amy nachdenklich. »Weil er manchmal so ein fürchterlicher Besserwisser ist.«

Gran lachte leise auf. »Hab Geduld mit ihm, Liebes. Ich wünschte, ich wäre viel netter zu meiner Peggy gewesen. Aber solche Dinge begreift man oft erst, wenn es zu spät ist.«

Amy wollte noch viel mehr Fragen zu dieser geheimnisvollen Schwester namens Peggy stellen, aber über ihre Gran schien sich ein Schatten gelegt zu haben, und sie wollte die Stimmung nicht noch mehr ruinieren. Dann ploppte der Toaster, und der Augenblick war vorüber. Sie steckte die Münze wieder ein und holte die Butter aus dem Kühlschrank. »Ich wollte nachher auf Entdeckungstour gehen. Kommst du mit?«, fragte sie.

»Ich fürchte, meine Entdeckerinnentage sind vorbei.« Gran erhob sich vom Küchentisch. Ihr Blick wirkte ganz weit weg. »Außerdem muss ich nach dem heftigen Regen gestern meinen Kräutergarten retten.«

Und so leistete Amy nur das Sixpence-Stück Gesellschaft, während sie ihren Toast aß. Sie dachte an Peggy, ein Mädchen wie sie, mit einem Geheimlager voller seltsamer Gegenstände. Sie nahm sich vor, Gran noch einmal auf Peggy anzusprechen, sobald sich deren Laune gebessert hatte.

Nach dem Frühstück stieß sie im Wohnzimmer auf Liam, der – was auch sonst? – in seinem Buch las.

»Hallo.« Sie bewarf ihn mit einem Kissen. »Willst du mit auf Entdeckungstour gehen?«

»Es regnet«, erwiderte er, ohne aufzusehen.

»Das ist doch höchstens ein leichtes Nieseln. Komm schon, ich will einen Frosch fangen. Und ich lass dich erst in Ruhe, wenn du mir hilfst.«

Liam legte mit einem erschöpften Seufzer sein Buch beiseite. »In Ordnung. Aber nur eine Stunde. Ich will heute noch die Sizilianische Verteidigung lernen.«

Amy starrte ihn ratlos an.

»Das ist ein Schachzug. Ich hab dir gestern auf der Autofahrt davon erzählt.«

Sie tat so, als würde sie schnarchen. »Ach, deswegen bin ich also eingeschlafen.«

Liam brummelte vor sich hin, folgte ihr aber nach draußen, wo Gran zwischen ihren Kräutern kniete und die Beete pflegte.

»Wir gehen dann mal, Gran!«, rief Amy, als sie an ihr vorbeikamen. »Wenn wir zurückkommen, bringen wir dir einen Frosch mit.«

»Bitte keinen Frosch! Ich habe mit euch beiden schon genug zu tun!«, rief Gran ihnen hinterher. »Die Regeln kennt ihr ja. Geht nicht zu nah zu den Bergen und immer in Sichtweite des Hauses bleiben.«

»Machen wir!«, antworteten sie im Chor.

Aber kaum waren sie durch den halb verwilderten Garten zu dem plätschernden kleinen Bach vorgedrungen, der sich durch die Landschaft schlängelte, hatten sie die Regeln wieder vergessen.

Amy setzte über den Bach hinweg und stellte sich dabei vor, sie wäre eine furchtlose Entdeckerin, die in neue Welten vordrang. Liam dagegen überquerte das Wasser mit unsicheren Schritten auf den herausragenden Steinen und wirkte schon ziemlich außer Atem.

Vor ihnen erstreckte sich Richtung Westen eine Wildnis aus zerklüfteten Gipfeln und felsigen Wanderwegen. Dahinter kam der Ozean. Die Welt schimmerte vom frischgefallenen Regen. Als sich dann auch noch die Sonne zwischen den Wolken hervorschob, funkelte ganz Connemara wie ein riesiger Smaragd.

Amy hielt die Nase in die feuchte, frische Luft. »Weißt du, wonach das riecht, Liam? Nach Abenteuer!«

Liam rückte seine Brille zurecht. »Also, eigentlich handelt es sich dabei um Petrichor«, bemerkte er. »Das Wort haben Wissenschaftler erfunden, um den erdigen Geruch zu beschreiben, der entsteht, nachdem Regen auf den Boden gefallen ist. Das Wort stammt aus dem Griechischen.«

»Meine Erklärung war viel besser«, sagte Amy. »Weißt du vielleicht auch was über Frösche?«

Liam überlegte. »Wusstest du, dass sich Frösche manchmal häuten und die alte Haut danach auffressen?«

»Ist ja eklig«, flüsterte sie anerkennend.

Während sie durch hohes Gras, Heidekraut und Felder voller fluffiger Schafe immer tiefer in die Landschaft vordrangen, bemerkten sie gar nicht, wie sie außer Sichtweite des gelben Hauses gerieten. Amy erzählte ihrem Bruder von Grans geheimnisvoller Schwester Peggy und zeigte ihm die alte Münze, die sie in der Wand gefunden hatte.

»Gran meinte, das sei nur ein Sixpence-Stück, aber es ist so alt, dass es ja wohl total wertvoll sein muss, oder?«, fragte sie eifrig. »Ich wette, damit kann man ein ganzes Boot kaufen.«

»Wohl eher einen bootsförmigen Schlüsselring«, erwiderte Liam lachend.

Als er die bestürzte Miene seiner Schwester bemerkte, schob er hastig nach: »Aber du wirst auf Schiffen doch sowieso seekrank.«

Amy versenkte die Münze wieder in ihrer Tasche. »Spaßverderber.«

An einem See legten sie eine Pause ein. Liam setzte sich auf einen großen Felsbrocken, während Amy auf der Suche nach Fröschen das Riedgras durchforstete. Sie war gerade kurz davor, einen zu erwischen, als sie plötzlich innehielt. Es fühlte sich an, als würde sie beobachtet. Ihre Nackenhaare stellten sich auf, und als ein Schatten über sie hinwegzog, schoss ihr Blick nach oben.

»Hey!«, rief sie Liam zu. »Schau mal, der Vogel. Der ist ja riesig!«

Liam legte ebenfalls den Kopf in den Nacken. »Sieht aus wie ein Falke. Nur die Farbe stimmt nicht.«

Der Vogel war weiß wie ein Schwan. Amy beobachtete, wie er sich in Kreisen immer tiefer zu ihnen herabschraubte. Sein helles Gefieder schimmerte im Sonnenlicht. Nachdem er drei Kreise gezogen hatte, kreischte er ihnen zu.

»Hallo zurück!«, rief Amy und winkte. »Glaubst du, er will uns was sagen?«

»Das ist ein Vogel.« Liam hatte beim Klang des Kreischens das Gesicht verzogen. »Vermutlich ist er eher hinter deinem Frosch her.«

»Aber er starrt mich an!«

Der Falke gab einen weiteren durchdringenden Ruf von sich, dann flog er in Richtung Berge davon.

Ja der Vogel wollte ihnen ganz eindeutig etwas sagen. Und Amy war fest entschlossen herauszufinden, was. »Komm! Ich glaube, er will, dass wir ihm folgen!«

»Amy, komm zurück!«, schrie Liam ihr hinterher. Aber sie war schon losgeflitzt.

Zufällig war Amy Bell die Zweitschnellste an ihrer Schule, Jungs inbegriffen. Nur Melissa Talbot hatte sie am Sports Day beim Hundert-Meter-Sprint knapp geschlagen und es sich nicht nehmen lassen, am kommenden Tag mit ihrer Goldmedaille um den Hals in die Schule zu kommen, damit auch ja niemand – insbesondere aber Amy – vergaß, dass sie gewonnen hatte. Als Amy jetzt dem Vogel folgte, stellte sie sich dabei Mels hüpfenden Pferdeschwanz vor.

Als Liam seine Schwester einholte, stand sie unten an einem schmalen Wasserfall und schnappte nach Luft. Er nahm seine Brille ab und schob sich das zerzauste braune Haar aus den Augen.

»Ich … wusste ja … gar nicht … dass es … in der Gegend … einen … Wasserfall gibt«, keuchte er. »Ich … fürchte ich … muss … sterben.«

Der weiße Falke beobachtete sie aus seinen silberhellen Augen.

Von hinten kroch ihnen ein schrägfallender Sonnenstrahl über die Schultern, schlich Stück für Stück den Fluss entlang und färbte den Wasserfall golden, bis er ein klein wenig an fließenden Honig erinnerte.

Amy blinzelte ungläubig. »Moment mal! Ich glaube, das Wasser fließt in die falsche Richtung!«

Liam kam näher. Die Furche zwischen seinen Augenbrauen wurde tiefer.

Amy hatte recht. Der Wasserfall floss von unten nach oben, als würde er das Wasser aus dem Fluss aufsaugen und über den Felsen nach oben pumpen. Auf der Suche nach einer Erklärung zermarterte sich Liam das Hirn, aber die Wissenschaft ließ ihn ausnahmsweise im Stich. »Das ist … seltsam.«

Der Falke legte auffordernd den Kopf schief.

Amys Nackenhaare stellten sich wieder auf. *Wenn du mich fragst, steckt ein Tröpfchen Wahrheit in jeder Geschichte,* hörte sie Gran sagen. *Manchmal sogar ein ganzer Wasserfall.*

Der Vogel hob kreischend ab und zog einen Kreis über ihnen, ehe er die Flügel anlegte und über ihre Köpfe hinweg im Sturzflug in den Wasserfall schoss.

Amy zuckte zusammen. Aber der Aufprall von Federn und zarten Knochen auf Gestein, den sie befürchtet hatte, blieb aus.

Stattdessen schien ihr das Wasser dort, wo der Falke verschwunden war, zuzuzwinkern. Zurück blieb nur das Echo seines Schreis.

Liam klappte die Kinnlade herunter. »Wo ist er hin?«

»Es gibt nur eine Möglichkeit, das herauszufinden«, antwortete Amy, die schon mit einem Fuß im Wasser stand. Die Strömung zog sie sanft auf den Wasserfall zu.

»Amy, nicht!« Liam sah sich nervös um. »Wir sollten umkehren. Du kennst doch Grans Regeln.«

»Komm schon. Wo bleibt deine Abenteuerlust?«

»Die wird von meiner panischen Angst vor Gefahren erstickt.«

Amy seufzte. Sie hatte den Verdacht, dass die Feigheit ihres Bruders angeboren war. So wie bei ihr der Charme und der Heldenmut. Ihre Lehrerin Miss Lennon bezeichnete sie zwar häufiger als leichtsinnig und vorlaut, aber für Amy waren das nur andere Begriffe für »furchtlos«. Und auf ihre Furchtlosigkeit war sie stolz. Sie hatte weder Angst vor Schlangen noch vor Spinnen, Außerirdischen oder Hausaufgaben. Noch nicht mal vor Direktor Greshams Gebiss hatte sie sich gegruselt, damals, als es ihm bei der Morgenansprache plötzlich aus dem Mund gefallen war.

Amys Theorie lautete, dass Liam nur deshalb seine gesamte Zeit mit Lesen verbrachte, damit er gar nicht erst in Versuchung geriet, auch nur den Hauch eines echten Abenteuers zu erleben. Aber wenn man von Haus aus nicht mutig war, gab es nichts Sinnvolleres, als rauszugehen in die Welt und zu üben. Und wenn das bedeutete, dass man auf einen Baum klettern oder im Meer baden oder vielleicht sogar einem Bären eins auf die Schnauze geben musste, dann war es eben so.

Was auch der Grund dafür war, dass Amy jetzt durchs Flussbett watete und, ehe Liam sie davon abhalten konnte, tief durchatmete und den Wasserfall querte.

Ein plötzlicher Windstoß erfasste sie, und dann – nichts.

»Amy!« Liam nahm die Brille ab und putzte sie mit dem Ärmel. Aber als er sie wieder aufsetzte, war seine Schwester noch immer verschwunden.

»Amy?«, rief er verunsichert. »Wo bist du?«

Doch nur das Rauschen des Wasserfalls antwortete ihm. Seine Schwester war komplett davon verschluckt worden.

Er bemühte sich, die aufkeimende Panik zu unterdrücken. »Komm raus, wenn du dich versteckst. Das ist echt nicht witzig!«

Sein Herz pochte wie wild, und in seinen Fingerspitzen prickelte es vor Anspannung. Wenn er nicht schnell etwas dagegen tat, würde ihn die Panik überrollen und in ein zitterndes Häuflein Elend verwandeln.

Also watete er ebenfalls in den Fluss. Das Wasser drang in seine Schuhe und quatschte zwischen seinen Zehen. »Amy?«

Es war zwecklos. Seine Schwester war fort. Nervös knetete er seine Hände. Der Wasserfall schimmerte einladend. Wolken schoben sich vor die Sonne. Das goldene Licht verblasste bereits.

Aus irgendeinem Grund wusste Liam ganz sicher, dass er nur diese eine Chance hatte – und sie ihm durch die Finger zu gleiten drohte. Er musste Amy folgen.

Ehe er es sich anders überlegen konnte, kniff er fest die Augen zu und duckte sich unter dem Wasserfall durch.

Kapitel 3

Die verfluchte Sonne

Amy beobachtete, wie sich ihr Bruder mühsam durch den tosenden Wasserfall kämpfte. Während ihr vor Begeisterung das Herz wild in der Brust pochte, schien Liam dieses aufregende Abenteuer nicht das geringste bisschen zu genießen. Er wollte wieder umdrehen, konnte aber nirgends mehr hin. Die Felswand hinter ihm war glatt und flach. Fast wirkte es so, als würde sie ihn voranstupsen, bis er mit voller Wucht von den eisigen Fluten des Wasserfalls getroffen wurde.

Amy war bereits aus dem kristallblauen Felsbecken geklettert und sprang jetzt wild winkend auf und ab. »Schau dir nur die Bäume an, Liam! Die sind so hoch wie Wolkenkratzer!«

Liam watete zum Ufer und putzte dabei seine Brille. Dann sah er auf – zu den größten Bäumen, die er je gesehen hatte. Die waren ja größer als der Big Ben Tower! Größer als die Mammutbäume in Kalifornien! Vielleicht sogar größer als der Eiffelturm! Aber das eigentlich Seltsame an ihnen war, dass sich die Rillen in der Rinde in ständiger Bewegung befanden. Als wären Hunderte von Gesichtern darin verborgen, die versuchten, in Richtung der beiden Neuankömmlinge zu schauen.

Amy fühlte sich, als wäre sie in einen Tagtraum gestolpert. Sie sah sich nach dem weißen Falken um, aber er war im Wald verschwunden.

»Wo sind wir hier?«, fragte Liam, während er aus dem Wasser stieg.

Sie wandte sich zu ihm um. Ein Lächeln lag auf ihren Lippen. »Aber ist das denn nicht sonnenklar?«

Liam schüttelte unwillig den Kopf. »Tír na nÓg gibt es nicht«, sagte er zu seiner Schwester. Und ein bisschen auch zu sich selbst.

»Schau doch mal, da ist eine Nase in dem Stamm«, sagte Amy und deutete auf ein Gesicht in einem Baum neben ihr. Aber es war schon wieder verschwunden. »So was bekommt man in Connemara nicht zu sehen.« Sie nahm ihn bei der Hand und zog ihn über die Lichtung. »Komm, schauen wir uns um. Ich finde bestimmt noch mehr Beweise.«

Die Bäume waren riesig und knorrig und verwachsen. Die samtigen Blätter wirkten so groß und weich wie Kissen, und zwischen den Zweigen blitzten wie bunte Sonnenstrahlen herumflitzende Rotkehlchen mit leuchtender Brust, smaragdgrüne Lerchen und golden schimmernde Stare auf.

»Hast du zu Hause schon mal solche Vögel gesehen?«, fragte sie ihren Bruder

»Nein«, gab Liam widerwillig zu. »Aber in meinen Naturdokus kommen viele Tiere mit ungewöhnlichem Äußerem vor. Dass die Vögel hier so bunt sind, muss also nicht zwingend bedeu…«

»SCHAU!« Amy deutete auf eine Lücke zwischen zwei Bäumen, aus der ein purpurrotes Eichhörnchen hervorspähte. »Ich glaube, es spioniert uns aus!«

Das Eichhörnchen gab ein entsetztes Keckern von sich und schoss davon. Fünf Sekunden später spähte es erneut zwischen den Bäumen durch, diesmal allerdings nur mit einem Auge.

»Großes Spionagetalent bringt es allerdings nicht mit«, bemerkte Liam trocken.

»Vielleicht ist es ja schüchtern.« Amy wartete ab, bis sich das Eichhörnchen noch mal zeigte, dann winkte sie ihm zu. »Schau mal, es trägt ein winziges Lederstirnband! Das heißt, es muss zahm sein!«

Vielleicht bildete sie es sich ja nur ein, aber sie hätte schwören können, dass ihr das Eichhörnchen einen finsteren Blick zuwarf, ehe es im Wald verschwand.

Sie schoben sich zwischen den Zweigen durch und stießen dabei auf einen plätschernden Bach.

»Schnell und wachsam, bitte schön,
wenn ich euch führ, könnt ihr sicher geh'n.«

Amy sah ruckartig auf. »Hast du das gehört? Da hat doch jemand gesungen!«

Liam starrte mit großen Augen auf den kleinen Bach. »Ich glaube, das war …« Er schluckte. »Ach, egal.«

Das Wasser tanzte und wirbelte vor ihnen und besprühte sie mit winzigen Wassertröpfchen. Je länger Liam den Bach ansah, desto heller leuchtete er. Als würde er von innen beleuchtet.

»Im finstersten Wald, dort leuchte ich.
Folgst du mir zu Fuß? Durchschwimmst du mich?«

Amy schnappte nach Luft. »Das kommt ja aus dem Bach!«

Liam war kurz davor, einfach umzukippen. »Aber das kann doch nicht sein«, murmelte er betreten.

Seine Schwester grinste. »Ich wette, von singenden Bächen war in deinen Dokus nie die Rede.«

»Da hast du recht«, gab er zu. Er hatte jede einzelne Natursendung auf Netflix geschaut und mehr Ausgaben des *National Geographic* gelesen als sein Dad. Aber auf das hier war er nicht vorbereitet.

Amy musste lächeln. Sie spürte, dass eine Veränderung mit ihrem Bruder vor sich ging. Er seufzte gedehnt und ließ die Schultern sinken. Sein Unglaube wich Neugierde.

»Okay«, sagte er nervös. »Lass uns weitergehen.«

Sie folgten dem gewundenen Bach tiefer in den Wald hinein. Nach einer Weile wich das Unterholz einem ausgetretenen Pfad voller Fußabdrücke. Überall lagen kleine Zweige und Beeren herum. Wieder stellten sich Amy die Nackenhaare auf.

Sie fuhr herum, suchte zwischen den Bäumen nach Gesichtern. Aber da war nur das rote Eichhörnchen, das sie von einem Ast aus beobachtete. Amy schnalzte mit der Zunge, um es zu sich zu locken. Aber daraufhin musterte es sie so empört, dass sie sofort wieder aufhörte. »Okay, du Motzgurke. Raus mit der Sprache, was ist los mit dir?«

Liam blieb ruckartig stehen. Auf einmal hatte er wieder Grans Worte im Kopf. *Manche Orte wollen nicht gefunden werden. Und das sollten wir respektieren.* »Moment mal. Meinte Gran nicht, dass Tír na nÓg nicht gefunden werden will?«

»Tja, offenbar hatten wir Glück, und es hat seine Meinung geändert«, antwortete Amy gut gelaunt.

Liams Stirnrunzeln vertiefte sich. »Aber wieso? Findest du das nicht verdächtig?«

Amy spürte, wie nervös ihr Bruder war. Die Luft um sie herum sirrte praktisch, weil er solche Angst hatte. Sie legte ihm den Arm um die Schultern. »Schau dich doch mal um, Liam. Wir sind hier im Paradies! Es gibt keinen Grund, sich in die Hosen zu machen.«

Liam knetete seine Hände. »Ich finde trotzdem, wir sollten vorsichtig sein. Nur für den Fall …«

»… dass wir Spaß haben könnten?«, zog Amy ihn auf. »Komm, wir sehen uns noch zehn Minuten um. Und dann kehren wir um. Abgemacht?«

»Okay, abgemacht.«

»Cool. Dann lass mich mal sehen, wo wir am besten langgehen.« Vor einem der riesigen Bäume blieb sie stehen und suchte nach einem Ast, der sich als Fußstütze eignete. »Ich klettere hoch und schaue mir die Umgebung an. Und du wartest hier unten und hältst Ausschau, falls jemand kommt.«

Fast wirkte es so, als würde der Baum ihr den Aufstieg mit Absicht leicht machen. Jedes Mal, wenn sie den Fuß hob, erschien eine passende Furche in der Rinde, oder ein Ast senkte sich gerade so weit herab, dass sie sich daran hochziehen konnte. Auf diese Weise gelangte sie höher und immer höher – als würde der Stamm sie schieben. Am Ende war ihr Bruder kaum mehr als ein kleiner Punkt, der am Boden hin und her lief.

»Das ist zu hoch!«, rief er ihr zu. »Komm wieder runter!«

Aber Amy dachte gar nicht daran aufzuhören, solange der Baum ihr beim Aufstieg half. »Ich bin doch fast oben!«

Schon hatte sie die Krone erreicht. Doch gerade als Amy sich nach dem nächsten Ast recken wollte, tauchte plötzlich das Eichhörnchen wieder auf und keckerte so aufgebracht, als würde es sie dafür ausschimpfen wollen, dass sie in sein Territorium eingedrungen war.

»Der Wald gehört dir nicht allein, du rote Plüschkugel.« Amy streckte ihm die Zunge raus. »Und die Bäume auch nicht.«

Das Eichhörnchen warf ihr eine Eichel gegen die Stirn.

»Hey!«, protestierte Amy.

Der Baum bebte, als würde er sich ein Lachen verkneifen.

Amy beschloss, nicht weiter auf das Eichhörnchen zu achten, und griff nach dem Ast, auf dem es saß. Nachdem sie sich hinaufgezogen hatte, stand sie auf und schlang zur Sicherheit beide Arme um den Stamm.

Hier oben war das Laub viel lichter. Über ihr spannte sich ein klarer blauer Himmel, darunter erstreckten sich die sanften Hügel von Tír na nÓg.

Aber Amy sah nicht nach unten. Denn sie hatte nur Augen für die Sonne. Genauer: für die riesige Kette, mit der sie an der Erde befestigt war. Die Kette war dick und glänzend und übersät mit Stacheln und so fest um die Mitte der Sonne geschlungen, als wollte sie alles Licht aus ihr herausquetschen.

Der Rest der Kette zog sich in einer zackigen Linie durch den Himmel, bis sie weit im hohen Norden hinter einem Gebirgszug verschwand. Sie klirrte leise wie ein kaputtes Windspiel.

Entsetzt stand Amy auf dem Baum und starrte zu der Kette empor. In ihrem Kopf hatte ein schmerzhaftes, dumpfes Pochen eingesetzt.

Irgendwas stimmte hier nicht. Und zwar ganz und gar nicht.

Auf einmal war ihr schlecht. Schwarze Flecken tanzten vor ihren Augen, und ihre Knie gaben nach. Nach Halt suchend, machte sie einen Schritt rückwärts – und trat ins Leere.

Das Letzte, was sie sah, ehe sie abstürzte, war das rote Eichhörnchen, das ihr bestürzt hinterhersah.

Kapitel 4

Die Schattenreiter

Kreischend stürzte Amy in die Tiefe. Ein plötzlicher Windstoß peitschte um sie herum, als wollte er sie fangen. Liams Schrei hallte durch den Wald. Dann ertönte ein leiser Pfiff. Ein *Wusch!* war zu hören, und ein Zweig schnellte aus dem Baum und erwischte Amy an der Kapuze.

Ihr Fall endete ruckartig, und sie baumelte hilflos in der Luft wie eine Stoffpuppe.

Als sie nach unten sah, stellte sie fest, dass sie sich keine drei Meter über dem Boden befand und ihr Bruder mit heruntergeklappter Kinnlade zu ihr hinaufsah.

»Ich lebe noch!«, rief sie begeistert und verrenkte den Hals, um zu dem Zweig hochschauen zu können, an dem sie hing. Das rote Eichhörnchen hockte darauf und sah missbilligend zu ihr herab. Amy gab ein hysterisches, erleichtertes Lachen von sich. »Der Baum hat mich gerettet!«

»Freu dich nur, solange du kannst«, knurrte Liam. »Weil ich dich nämlich umbringe, sobald du hier unten bist.«

Der Ast ließ Amy ganz langsam auf den Boden herab und kitzelte sie an der Wange, ehe er sich zurückzog. Danach hielten die Bäume still. Sie wirkten beinahe wachsam.

Liam legte seiner Schwester die Hände auf die Schultern, als hätte er Angst, dass sie ansonsten einfach davonschweben würde. »*Bitte,* Amy. Keine todesmutigen Stunts mehr.«

»Aber das war so doch auch gar nicht geplant«, sagte Amy, während sie ihren Pferdeschwanz richtete. Ihr war immer noch ein bisschen übel. »Ich habe da oben die Sonne sehen können, Liam. Sie war mit einer riesigen Stachelkette gefesselt, und als ich hochgeschaut habe, ist mir davon schlecht geworden. Deswegen habe ich auch das Gleichgewicht verloren.«

Liam starrte sie an. »Bist du sicher?«

Amy nickte. »Wenn ich die Augen schließe, habe ich das Bild immer noch vor mir. Und das Gefühl ist auch noch da.«

»Aber man kann doch nicht einfach die Sonne in Fesseln legen.« Liam fuhr sich durchs Haar. »Das ist wissenschaftlich unmöglich.«

»Aber wir haben es hier ja auch nicht mit Wissenschaft zu tun«, rief Amy ihm ihn Erinnerung. »Sondern mit Magie. Und das Gefühl war …« Sie verstummte, weil ihr kein passendes Wort einfiel.

»Schlimm?«, versuchte es Liam.

»Schlimmer als schlimm.«

»Beängstigend schlimm?«

Amy runzelte die Stirn. »Schlimmer.«

»*Böse?*«, flüsterte Liam.

Sie schluckte. »Ja.« Vielleicht hatte Liam mit seiner Vorsicht ja doch recht.

Sie wollte gerade vorschlagen, direkt wieder zum Wasserfall zurückzukehren, da drang ein fernes Rumpeln durch die Bäume.

Liam fuhr herum. »Was ist das?«

»Klingt wie Donner.« Amy runzelte die Stirn.

Da entdeckten sie das rote Eichhörnchen, das mit seinen winzigen Pfötchen vor ihnen auf dem Pfad herumstampfte.

»Es versucht, uns was zu sagen«, sagte Amy nervös.

»Wir sprechen kein Eichhörnisch«, sagte Liam sehr laut und sehr langsam.

Das Eichhörnchen bewarf ihn mit einer Eichel.

»Hey!«

Ein beißender Wind kam auf, und trockenes Laub peitschte durch die Luft. Zweige knarrten, und Wurzeln brachen aus dem Boden hoch, als würden die Bäume fliehen wollen.

Amy rümpfte die Nase. »Was ist das für ein Gestank?«

»Riecht nach Fäulnis.« Liam wurde so blass, dass seine Sommersprossen verschwanden. »Und es klingt, als würde etwas auf uns zukommen.«

Auf einmal hallte Hufgetrappel durch den Wald. Die Erde bebte so heftig, dass ein Beerenhagel von den Bäumen niederging. Das Eichhörnchen warf ihnen einen letzten mitleidigen Blick zu, dann huschte es einen Baum hoch.

»Lauf!«, brüllte Amy.

Sie schossen durch den Wald. Das Trommeln der Hufe wurde immer schneller und lauter, und als Amy sich umschaute, sah sie riesige Schatten zwischen den Bäumen hindurchrasen. Peitschen knallten, Pferde wieherten.

KNALL!

Ba-dumm, ba-dumm, ba-dumm!

Amy wirbelte mit angstgeweiteten Augen herum. Das Donnern der Hufe war inzwischen ohrenbetäubend laut, und die Peitschenhiebe folgten ihm wie Blitze. »Sie kommen hier lang, Liam! Wir müssen runter von dem Weg!«

Dann sah sie die Reiter. Sie trugen schwarze Umhänge und Lederhandschuhe und schwere Stiefel mit Silberschnallen. Aber das war nicht das Schrecklichste an ihnen. Das Schrecklichste war, dass sie allesamt keinen Kopf auf den Schultern trugen. Stattdessen gingen ihre Hälse in Schatten über, in denen es waberte und wuselte wie in einem Wespennest.

Bei dem Anblick verhedderte sich Liam mit dem Fuß in einer losen Wurzel und stürzte.

»Hilfe! Mein Knöchel!«

Amy musste sich zwingen, den Blick von den Reitern zu lösen. Sie zerrte Liam auf die Beine. Vor Angst rannen ihm die Tränen nur so über die Wangen. Er stützte sich mit seinem gesamten Gewicht auf Amy, die ihn vom Pfad herunterzerrte.

»Komm«, keuchte sie. »Da vorn unter den Wurzeln ist eine Höhle.«

KNALL!

Ba-dumm, ba-dumm, ba-dumm!

»D…du zuerst!« Liam schob Amy in Richtung der klaffenden Öffnung. »Ich b…b…bin direkt hin…in…inter dir!«

KNALL!

Ba-dumm, ba-dumm, ba-dumm!

Amy schwang sich über den Rand. Das Herz pochte ihr bis zum Hals, als sie unter den Baum krabbelte.

KNALL!

Ba-dumm, ba-dumm, ba-dumm!

Der Baum erzitterte, Erde rieselte auf Amy herab.

Panisch wartete sie darauf, dass ihr Bruder endlich nachkam.

KNALL!

Ba-dumm, ba-dumm, ba-dumm!

Liam wollte seiner Schwester hinterherhechten, aber sein Knöchel gab nach, und er landete hart auf den Knien. Das Hufgetrommel hallte bis in seine Zähne nach, als er sich auf die Höhlenöffnung zuschob.

Durch seinen Tränenschleier konnte er kaum etwas erkennen, aber er wusste einfach, dass er schon ganz nah dran war. *Nah, ganz nah!*

Das Hufgetrappel hinter ihm wurde langsamer.

Badumm, badumm … badumm …

Die Luft wurde eiskalt, und der Fäulnisgestank wurde immer schlimmer.

Liams Herz hämmerte wie verrückt. Er brauchte nur noch über den Rand …

Krach! Liam schrie auf, als das Pferd auf seinen Fuß stieg.

Eine in schwarzes Leder gehüllte Hand verkrallte sich hinten in seinem Hoodie. Die Brille wurde ihm von der Nase gerissen. Wie eine Marionette hing er in der Luft und starrte voller Grauen auf seinen kopflosen Angreifer.

Die übrigen Reiter durchkämmten sorgfältig das Unterholz rechts und links des Wegs.

Er nahm seinen gesamten Mut zusammen, öffnete den Mund und krächzte: »I…ich b…bin allein. G…g…ganz allein.«

Der kopflose Reiter schien ihn zu verstehen. Eine gefühlte Ewigkeit lang passierte gar nichts. Dann warf ihn der Reiter quer übers Pferd und ließ seine knochenweiße Peitsche knallen. Eine Staubwolke flog auf. Die Pferde donnerten in dunklen Wind gehüllt davon. Und Liam nahmen sie mit.

Kapitel 5

Die Grünlinge

Amy wollte aus der Höhle hervorspringen, als sie Liam schreien hörte, aber die Wurzeln hielten sie zurück wie ein Sicherheitsgurt und gaben sie erst wieder frei, als das Hufgetrappel zu einem fernen Poltern und dann zu Stille verklungen war.

Da erst löste der Baum langsam und vorsichtig seinen Griff. Amy krabbelte aus der Grube hervor und rannte zurück zum Pfad. Ihre Hände zitterten, und das Herz hämmerte ihr gegen den Brustkorb. Sie presste die Augen zu und versuchte, ruhig zu atmen. Als sie die Augen wieder aufschlug, entdeckte sie mitten auf dem Weg Liams Brille. Sie hob sie auf und strich mit dem Daumen über einen Sprung im Glas.

»Oh, Liam!« Heiße Tränen rannen ihr die Wangen hinab. Das war alles ihre Schuld! Er hatte sie gewarnt, dass sie vorsichtig sein sollte, aber sie hatte nicht gehört. So wie sie nie auf ihn gehört hatte. Und jetzt war ihr Bruder weg, und sie war ganz allein.

Sorgsam verstaute sie die Brille in ihrer Tasche. *Ich lasse nicht zu, dass mich die Angst auffrisst,* dachte sie. *Das darf ich gar nicht. Weil ich Liam retten muss.* Sie straffte die Schultern und machte sich auf den Weg in die Richtung, die auch die kopflosen Reiter genommen hatten. Das warnende Prickeln in ihrem Nacken ignorierte sie, auch wenn sie genau spürte, dass der Wald sie beobachtete, und ihr immer wieder Äste in den Weg schossen, als würden die Bäume sie aufhalten wollen. Amy schlug sie weg und achtete nicht auf das wütende Rascheln der Blätter.

»Ich schaffe das«, sagte sie sich. »Ich muss einfach nur den Hufspuren folgen und …«

»AAAAAAHHHHHHHHHHHH!« Ein grüner Schemen kam zwischen den Bäumen hervorgeschossen, stürzte sich auf sie und unterbrach sie mitten im Satz.

Sie purzelte vom Weg und landete mit einem Rumms auf dem Boden. Stöhnend drehte sie sich auf die Seite und spuckte Laub aus.

»HAAAAAAALT!« Der Schemen ging erneut auf sie los. Amy rollte sich schützend zusammen. Aber der Schemen landete nicht auf ihr. Stattdessen pflanzten sich rechts und links von ihren Ellenbogen zwei Lederstiefel in den Boden, und die Spitze von etwas Kühlem, Kratzigem drückte sich gegen ihr Kinn. »Eine falsche Bewegung, und ich schlitz dich auf.«

Amy blinzelte. Aus dem Schemen war ein Junge ungefähr in ihrem Alter geworden. Er hatte schwarze Locken, die er sich mit einem Lederband aus der Stirn hielt, braune Haut und grünbraune Augen, aus denen er sich nervös umsah.

»Entschuldige bitte. Hab ich dir sehr wehgetan?«, fragte er verlegen. »Schätze, das war vielleicht ein bisschen übertrieben.«

Amy schielte zu dem Schwert an ihrer Kehle hinunter. »Na ja, ein bisschen schon.«

Der Junge nickte nachdenklich. »Ehrlich gesagt habe ich so was vorher noch nie gemacht.«

Amy runzelte die Stirn. »Was? Jemanden umgebracht?«

Der Junge lachte schallend auf. »Quatsch, du Distelhirn. Ich rette dir gerade das Leben!«

Erst da fiel Amy auf, dass das Schwert aus Holz geschnitzt war. Sie schlug es ihm aus der Hand. »Mann!«, fauchte sie und setzte sich auf. »Das ist gerade echt das Letzte, was ich brauchen kann.«

»Hey! Nicht mein Schwert!« Hastig hob der Junge es wieder auf.

»Und wieso ist es aus Holz, wenn es ein Schwert sein soll?« Amy strich sich ein paar lose Strähnen aus der Stirn, damit sie den Jungen besser mustern konnte. Er war schmächtig und bestimmt zehn Zentimeter kleiner als sie und hatte schmale Schultern und ein spitzes Kinn und ein Muttermal unter dem linken Auge, das die Form eines flatternden Schmetterlings besaß. Er trug eine braune Tunika mit Ledergürtel und einen grünen Umhang, der am Hals mit einer Schnalle verschlossen war.

»Also, streng genommen ist es nur ein Übungsschwert«, sagte der Junge zu seiner Verteidigung. »Aber bald geben sie mir ein richtiges.« Er warf es in die Luft, bekam beim

Auffangen aber den Griff nicht richtig zu fassen, sodass es ihm auf den Fuß knallte. »Autsch!«

Amy hob die Brauen.

Der Junge lief rot an und hob es auf. »Du hast mich abgelenkt!«, beschwerte er sich.

Sie wurden durch die Ankunft des roten Eichhörnchens unterbrochen, das von einem Baum huschte und dem Jungen auf die Schulter sprang.

»Ihr tragt ja dasselbe Stirnband«, bemerkte Amy, während sie sich einen Ast aus dem Haar klaubte. »Gehört das Eichhörnchen dir?«

Das Eichhörnchen keckerte und verschränkte beleidigt die Ärmchen vor der Brust.

»Wie kommt du denn auf so was? Conan gehört sich selbst«, antwortete der Junge und steckte sich dabei das Schwert wieder in den Gürtel. »Ich bin übrigens Jonah. Mitglied der Grünlinge.« Er bauschte seinen Umhang und hob das Kinn, als würde er mit Applaus rechnen.

»Ah, aha. Und ich bin Amy. Eine … ähm …«

»… eine Grenzgängerin von der anderen Seite des Schleiers.« Jonah wippelte auf den Fersen. »Schon klar.«

Amy runzelte die Stirn. »Was ist eine Grenzgängerin?«

»Na, jemand, der nicht aus Tír na nÓg stammt, natürlich.«

»Dann sind wir also wirklich in Tír na nÓg«, murmelte Amy vor sich hin. »Wusste ich's doch!«

»Eigentlich ist es nur ein netteres Wort für *Eindringling*«, fügte Jonah hinzu. »Genau genommen für *äußerst unerwünschter Eindringling*.«

Amy verschränkte die Arme vor der Brust. »Woher willst du überhaupt wissen, dass ich so eine Grenzgängerin bin?«

Er grinste. »Zum einen bist du ein Rundohr. Das ist der erste eindeutige Hinweis.« Erst jetzt bemerkte Amy, dass Jonahs Ohren, die fast komplett unter dem Stirnband verschwanden, oben spitz zuliefen. »Der zweite war, dass du gerade versucht hast, die Dullahan zu verfolgen. So was Dämliches würde keinem auch nur halbwegs vernunftbegabten Bewohner von Tír na nÓg einfallen.«

»Die Dullahan?«, wiederholte Amy. »So heißen diese gruseligen kopflosen Reiter?«

Jonah nickte. »Du kannst von Glück reden, dass du die Begegnung überlebt hast.«

»Was sind das für Wesen? Sind sie überhaupt lebendig?«

»Erkennst du etwa keinen Fluch, wenn du ihn vor dir hast?« Er schnalzte missbilligend mit der Zunge. »Wenn du fertig damit bist, leichtsinnig dein Leben aufs Spiel zu setzen und in dein Verderben zu rennen, solltest du dich mir besser anschließen.« Und damit machte er auf dem Absatz kehrt und marschierte in den Wald davon. »Ich rette dich heute jedenfalls kein zweites Mal. Nicht auf leeren Magen.«

Amy rannte ihm hinterher. »Jetzt warte doch mal! Ich muss mit dir reden!«

Aber der Junge marschierte mit schwingenden Armen einfach weiter zwischen den Bäumen hindurch, sodass Amy keine andere Wahl blieb, als ihm zu folgen. Auf einer bemoosten Lichtung, die fast genauso aussah wie die, auf der sie gerade noch gewesen waren, blieb er stehen und drehte sich wieder zu Amy um. »Was hast du gesagt?«

»Ich muss dir unbedingt was Wichtiges erzählen. Die haben meinen B…«

»Moment.« Jonah winkte sie zu sich. »Komm näher. Ich kann dich sonst so schlecht verstehen.«

Stirnrunzelnd näherte sich Amy und blieb erst wieder stehen, als er auffordernd die Hand hob.

»Schon besser.« Er sah sich verstohlen um. »Ich bin ganz Ohr.«

»Es geht um meinen Bruder Liam. Er – AAAHHH!«

Wie aus dem Nichts war ein Netz aus dem Laub hervorgeschossen und hatte sich um Amy geschlossen. Brüllend wurde sie in die Luft gezogen, wo sie nun zum zweiten Mal innerhalb einer Viertelstunde hilflos vom Ast eines hohen Baums baumelte. Sie versuchte, sich zu befreien. Aber dadurch wurde das Netz nur noch enger und schnitt in ihre Stirn, als sie durch eine Lücke zwischen den Seilen zu spähen versuchte.

Unten am Boden gab Jonah einen hohen Pfiff von sich. »ICH HAB EINE, JUNGS! ICH HAB EINE GRENZGÄNGERIN ERWISCHT!«

»Du hast mich reingelegt!«, schäumte Amy.

»Tut mir leid«, antwortete Jonah eine Spur verlegen. »Aber das ist nun mal meine Aufgabe.«

Amy starrte ihn finster an.

»Wir Grünlinge bewachen den Schleier zwischen den Welten«, erklärte er. »Und das bedeutet, dass wir alles abfangen müssen, das ihn durchquert und in den Elderglen gerät. Du hast ja keine Ahnung, wie selten es gelingt, jemanden von drüben zu erwischen!«

Das Laub im Elderglen-Wald raschelte, dann erschien zwischen den Bäumen eine ganze Reihe neuer Gesichter. Soweit Amy es beurteilen konnte, gehörten sie alle Jungen, die etwa in ihrem Alter oder ein wenig älter waren. Sie trugen die gleichen grünen Umhänge und Lederstirnbänder wie Jonah. Und alle hatten spitze Ohren. Die meisten trugen Holzspeere oder -schwerter. Argwöhnisch betraten sie nach und nach die Lichtung, ohne Amy dabei aus dem Blick zu lassen.

»Ist die echt?«, flüsterte ein molliger blonder Junge mit roten Wangen.

»So echt wie ein Selkie-Schwanz«, versicherte ihm Jonah voller Überzeugung. »Schau dir doch nur die Ohren an, Owen.«

Die Jungen kam langsam näher. Amy schenkte ihnen ihren allerbösesten Blick.

»Heiliges Juckgras!«, sagte Owen. »Sie ist ein Rundohr! Geht bloß nicht zu nah an sie ran, Jungs!«

»Jetzt sei doch kein Zitteraal«, brummte ein schlaksiger Junge mit hellbrauner Haut und einem verkniffenen Zug um den Mund, der ziemlich schlecht gelaunt wirkte. »Die ist doch ungefähr so angsteinflößend wie ein Setzling.«

Der schlechtgelaunte Junge drängte die anderen aus dem Weg und überquerte die Lichtung. »Ich bin hier der *An*führer, also bin ich auch der *Wort*führer.«

»Alles klar, Cade«, murmelte Jonah. »Wer hat dir denn heute in den Tee gespuckt?«

Cade warf ihm einen vernichtenden Blick zu. »Viel interessanter ist doch die Frage, wie sie hier reingekommen ist.«

»Durch den Wasserfall«, sagte Jonah.

»Unmöglich. Der Schleier ist versiegelt.«

»Nicht mehr«, meldete sich Amy zu Wort.

»Die kann ja reden!«, rief jemand entsetzt.

Amy zerrte an dem Netz und machte laut: »BUH!«

Owen quiekte auf.

Cade holte einen Pfeil aus dem Köcher auf seinem Rücken und legte ihn in seinen Bogen ein. »Mach das noch mal, und ich schieße.«

»Ach, jetzt hör schon auf. Ich stecke in einem *Netz* fest«, fuhr Amy ihn an. »Außerdem bin ich nicht eure Feindin.«

»Das vielleicht nicht«, erwiderte Cade. »Aber du bist ein Mensch von der anderen Seite des Schleiers. Und das ist ein schlechtes Zeichen. Den alten Uhrtürmen nach ist es sechzig Jahre her, dass zuletzt ein Mensch nach Tír na nÓg kam. Ich jedenfalls möchte nicht in deiner Haut stecken, wenn Tarlock von dir erfährt.«

Die übrigen Jungen zogen ernste Mienen.

»Wovon redest du da?«, fragte Amy. »Und wer ist Tarlock?«

Die Grünlinge wechselten nervöse Blicke.

»Er ist der Magier«, sagte Cade dann. »Er kontrolliert alles hier in Tír na nÓg.«

Amy krallte sich im Netz fest. »Und ist er *hier*?«

»Nein.« Cade schüttelte den Kopf. »Aber er hat überall seine Spione. Selbst hier im Elderglen.«

»Tarlock ist das mächtigste Geschöpf im gesamten Königreich«, fügte Jonah hinzu. »Er benutzt dunkle Magie, um sich unbesiegbar zu machen. Er tut Leuten weh. Und dem Land auch.«

»War es Tarlock, der die Sonne verflucht hat?«, riet Amy.

»Allerdings.« Cade spuckte aus. »Er hat sie an den Himmel gekettet, um die Zeit anzuhalten. Seitdem geht hier alles den Bach runter.«

»Und für uns ist es das reinste Elend«, brummte Owen finster. »Wir wollen doch einfach nur erwachsen werden.«

Amy klammerte sich so fest an das Netz, dass ihre Knöchel weiß hervortraten.

»Und es wird noch schlimmer«, fuhr Cade unheilvoll fort. »Ehe Tarlock den Schleier zwischen unseren Welten versiegelt hat, schickte er seinen Falken Ghost los, damit er Menschenkinder durch den Wasserfall lockt.«

Amy musste schlucken. Schließlich war auch sie einem Falken durch den Wasserfall gefolgt. »Und was ist mit ihnen passiert?«

»Sobald sie im Elderglen angekommen waren, haben die Dullahan die beiden eingefangen«, erzählte Cade. »Einem Kind gelang die Flucht. Das andere hatte weniger Glück. Tarlock hat es für seinen Zauber benutzt, und am nächsten Tag lag die Sonne in Ketten. Seitdem steckt sie dort fest.« Sein Blick zuckte zum Himmel. Er wirkte verängstigt, fand Amy. »Dass er den Schleier nach all den Jahren wieder geöffnet hat, kann eigentlich nur bedeuten, dass er an einem neuen Fluch arbeitet.«

»Das heißt, diese kopflosen Reiter …« Amy verstummte, weil ihr auf einmal speiübel war.

»… hätten dich auf direktem Weg zu Tarlock gebracht, genau.« Jonah verzog das Gesicht. »Und wer weiß, was für Unheil er über dieses Land bringen würde, wenn er jemals wieder jemanden von drüben in die Klauen bekommt. Aber zum Glück war ich ja da, um dich zu retten.«

Amy war wie gelähmt vor Angst. Ihr Bruder wurde gerade zu einem bösen Magier geschleift, der ihn für einen seiner finsteren Zauber benutzen würde!

»Gar niemanden hast du gerettet!«, schrie sie Jonah an. »Die Dullahan haben meinen Bruder Liam entführt! Ich wollte gerade losrennen, um ihm zu helfen, als du dich auf mich gestürzt hast!« Sie zog die Brille ihres Bruders aus der Tasche und wedelte zum Beweis damit herum. »Du bist zu spät gekommen!«

Jonah klappte die Kinnlade herunter. »Dann warst du gar nicht allein?«

Owen gab ein leises Wimmern von sich.

Cades Nasenflügel bebten. »Jonah«, stieß er zwischen zusammengepressten Zähnen hervor. »Wärst du bitte so freundlich, uns restlichen Grünlingen zu erklären, wie es dir gelungen ist, einen Grenzgänger an die Dullahan zu verlieren?«

Jonah warf einen anklagenden Blick in Conans Richtung, der es sich auf einem Ast gemütlich gemacht hatte. »Warum hast du mir nicht gesagt, dass da noch ein Junge war?«

Das Eichhörnchen gestikulierte wild. Auf Amy wirkte es so, als würde er sich verteidigen.

Und dann brach zwischen den Grünlingen auf einmal ein heilloses Gezänk aus. Doch als tief im Wald ein Horn ertönte, verstummten die Jungen schlagartig.

»Die Fianna sind wieder da!«, rief Owen. Amy entging nicht, dass die Grünlinge nervöse Blicke in die Richtung warfen, aus der das Horn erklungen war.

Cade wandte sich an Jonah. »Los, zeig ihnen, was du gefunden hast. Vor allem aber: Erzähl, was dir *entwischt* ist.«

Jonahs Gesichtsfarbe hatte einen besorgniserregenden Grünton angenommen. Über Amy machte sich Eichhörnchen Conan daran, das Seil durchzuknabbern, an dem das Netz hing. Unter ihr versammelten sich drei Jungen, die sie halbwegs weich auffingen, als das Seil schließlich riss.

Sie stand auf und klopfte sich den Staub von der Kleidung. »So. Und wer sind jetzt schon wieder diese Fianna?«

Wie auf ihr Stichwort ertönte wieder das Horn.

»Die Fianna sind die tapfersten Krieger von ganz Tír na nÓg«, sagte Jonah. Sein Tonfall schwankte zwischen Bewunderung und Ehrfurcht. »Sie werden vom Volk erwählt, und für das Volk kämpfen sie.«

»Wir Grünlinge werden dazu ausgebildet, eines Tages in ihre Reihen aufzusteigen«, erklärte Cade.

»Zumindest war das mal so«, brummte Owen. »Bis die Zeit angehalten wurde.«

Cade lächelte finster. »Wenn du jetzt schon Angst hast, warte ab, bis du sie kennenlernst.«

Kapitel 6

Die mächtigen Fianna

Amy warf immer wieder wachsame Blicke in den Wald, während sie von den Grünlingen und ihrem Eichhörnchen zu einer Lichtung geführt wurde, die mit kleinen Bienenstock-Hütten übersät war. Ihre Fluchtpläne hatte sie inzwischen verworfen. Erstens, weil sie nicht versehentlich einem kopflosen Reiter in die Arme laufen wollte. Zweitens, weil sie unbedingt diese Fianna kennenlernen wollte. Denn wenn sie wirklich die mutigsten Krieger in ganz Tír na nÓg waren, konnten sie ihr sicher helfen, ihren Bruder zu retten.

Inmitten des Lagers brutzelte ein Wildschwein über einem Feuer. Die Stoßzähne schimmerten hell im Licht der knisternden Flammen. Drum herum saßen mindestens dreißig Männer auf Baumstämmen. Erleichtert stellte Amy fest, dass sie allesamt noch ihren Kopf auf den Schultern trugen. Wie Jonah und die übrigen Grünlinge hatten sie spitze Ohren und trugen langes, strähniges Haar, struppige Bärte und finstere Mienen zur Schau. Sie waren in dunkelgrüne

Umhänge und schwarze Tuniken gekleidet, und jeder von ihnen schien mindestens zwei Waffen zu besitzen – und zwar echte.

Amy entdeckte Schwerter und Schilde und Peitschen und Speere. Einer der Krieger popelte sich gerade mit seiner Dolchspitze zwischen den Zähnen herum.

Amy schluckte. Diese Männer hier waren ganz anders als ihr Dad und ihre Onkels. Oder der alte Mr. Barlow von nebenan, der ständig am Gartenzaun wartete, um jemanden in ein Gespräch zu verwickeln. Nein, diese Männer hier waren raue Gesellen, wettergegerbt, kriegserfahren und … na ja, ein kleines bisschen gruselig.

Vielleicht auch sehr gruselig.

Als Amy und die Jungen näher kamen, blickten die Männer auf. »Pünktlich zum Abendessen kommen die Grünlinge angeschlichen«, sagte einer der Krieger und gab ein dröhnendes Lachen von sich. »Der Hunger treibt euch heim, was, Jungs?«

Jonah räusperte sich. »Also, um ehrlich zu sein, gab es da … einen … ähm … einen Vorfall, und …«

Cade schubste Amy vor, und die übrigen Jungs machten Platz, damit sie durchkam. Das Herz hämmerte ihr vor Angst bis zum Hals. Sie straffte die Schultern und bemühte sich, möglichst mutig zu wirken.

»Ähm, hallo.«

Die Männer erstarrten.

Lange Zeit über herrschte absolute Stille. Nur das Feuer knisterte so laut, als würde es das Schweigen nicht ertragen.

Dann erhob sich einer der Fianna-Krieger und zog sein Schwert, allerdings ohne es auf Amy zu richten. »Oscar?«, rief er. »Ich glaube, das solltest du dir mal ansehen.«

Aus einer der runden Hütten am Rand des Lagers erschien ein großer Mann, dessen Gesicht unter einer Kapuze verborgen war. Alle Anwesenden erhoben sich. Jonah schluckte. »Das ist Oscar de Barra«, erklärte er Amy leise. »Schau ihm bloß nicht in die Augen.«

Der Anführer der Fianna – denn das war er ziemlich offensichtlich – wirkte auf leise Weise gefährlich. Wie ein Löwe, der sich an seine Beute anschlich. Als er näher kam, spürte Amy seinen missbilligenden Blick auf ihrem Gesicht und ihren Ohren ruhen.

Sie richtete sich auf und straffte die Schultern. Hier in Tír na nÓg gab es auch so schon genug zu fürchten. Da konnte sie es sich nicht leisten, ihre Angst sinnlos zu verschwenden.

Oscars dunkelgrüner Mantel war mit Goldbordüren besetzt, und anstelle eines Schwerts trug er einen langen, bernsteinfarbenen Speer, der größer war als Amy. Der Krieger rammte ihn in den Boden wie eine Flagge. Dann streifte er seine Kapuze ab, unter der dickes, schwarzes Haar und ein ebenfalls schwarzer, struppiger Bart zum Vorschein kamen. Seine Augen waren braun mit einem goldenen Ring um die Pupillen und schweren Lidern. Statt eines Lederstirnbands trug er einen goldenen Reifen auf dem Kopf.

Amy war sofort klar, dass mit Oscar de Barra nicht zu scherzen war.

Als er das Wort erhob, klang seine Stimme rau und tief. »Eine Grenzgängerin ist unter uns«, sagte er eher zu sich selbst als zu den anderen. »Nach all den Jahren wurde der Schleier gelüftet.« Sein Blick glitt zu den Grünlingen, die sich hinter Amy herumdrückten. »Gut gemacht, Jungs. Wer von euch hat Wache gehalten?« Er verstummte und runzelte die Stirn. »Warum habt ihr Angst?«

Jonah hob die Hand. Die übrigen Grünlinge wirkten auf einmal ausgesprochen interessiert an ihren Stiefelspitzen, und Conan lauste konzentriert seinen Schwanz. »Ich … Na ja, also … Weißt du … Es gab da … einen Vorfall. Man … Man könnte es auch als Fehler bezeichnen …«

Jonah war so aufgeregt, dass Amy fast schon Mitleid bekam. Unter den strengen Blicken der Fianna schien er noch kleiner zu werden, als er sowieso schon war. Sie ahnte: Wenn sie nicht bald etwas unternahm, würden sie morgen noch hier stehen. Und für Liam zählte gerade jede Sekunde.

»Mein Name ist Amy Bell«, verkündete sie und hielt Oscar de Barra die Hand hin, der sie aber nicht ergriff.

Jonah nutzte die Gunst der Stunde, um sich wieder in die Gruppe der übrigen Grünlinge zurückzuziehen.

»Mein Bruder wurde von den Dullahan entführt«, fuhr Amy fort. »Ich muss ihn retten, ehe ihn dieser Magier Tarlock, vor dem man mich gewarnt hat, für irgendeinen bösen Zauber benutzen kann. Helft ihr mir?«

Oscar de Barras linkes Auge zuckte einmal und dann noch einmal. Amy hätte schwören können, dass selbst die Bäume schauderten.

Dann öffnete der Anführer der Fianna seinen Mund und brüllte so laut, dass sämtliche Vögel des Elderglen-Waldes erschrocken in den Himmel aufflogen: »JOOONAAA-AHHHH!«

Sosehr sich Amy auch bemühte, es nicht zu tun – sie zuckte vor Schreck zusammen.

Kapitel 7

Die Geschichte des Kriegers

Nachdem Jonah zitternd gebeichtet hatte, was vorgefallen war, fielen die Jungen über den Wildschweinbraten her. Amy hingegen bekam keinen Bissen herunter. Anschließend berief Oscar eine umgehende Versammlung der Fianna ein. Die Krieger saßen um das knisternde Feuer herum, während sich die Grünlinge so weit von Oscar entfernt wie möglich in die Lücken quetschten. Amy hockte eingeklemmt zwischen Jonah und Owen auf einem Baumstamm und wartete aufgeregt ab, wie über Liams Schicksal entschieden wurde.

Oscar erhob sich und stierte sie finster an. »Amy Bell. Du hast keine Ahnung, was du mit deinem Erscheinen in diesem Land angerichtet hast.«

Amy ballte die Fäuste, damit niemand mitbekam, wie stark ihre Hände zitterten, und sah den Anführer der Fianna unverwandt an, als sie erwiderte: »Dann sag es mir doch! Ich muss wissen, womit es mein Bruder zu tun hat.«

Und was ich tun muss, um ihn zu retten.

Oscar schluckte. Er sah zwischen den übrigen Männern hin und her.

»Na los, erzähl ihr alles«, forderte ihn ein sonnenverbrannter Krieger auf, der die Haare zu einem dicken weißen Zopf zusammengefasst hatte und ein Durcheinander aus silbernen Narben auf der linken Wange trug. »Sie muss erfahren, was ihre Anwesenheit für uns bedeutet. Für uns und das Königreich.«

Oscar ließ sich die Worte des Kriegers durch den Kopf gehen, dann nahm er auf einem Baumstamm Platz, nachdem er zwei nervöse Grünlinge auf den Boden gescheucht hatte.

»Niall hat recht«, knurrte er und beugte sich zu den Flammen vor. »Ich bin Oscar de Barra, Anführer der Fianna-Krieger und ein Nachfahre ihres Gründers, des Kriegsgottes Lugh. Also fällt mir die Aufgabe zu, die Geschichte zu erzählen.«

Gespannt beugte sich auch Amy vor.

»*Fadó, fadó* … Vor langer, langer Zeit, als die Welt noch jung war und der Himmel ohne Sterne, da kamen zwei der alten Götter auf die Insel Irland, um sich dort niederzulassen. An dem Ort, den ihr nun euer Zuhause nennt«, begann er seine Erzählung. »Damals waren sie bereits viele Jahrhunderte alt, und doch waren die Götter noch jung, denn in ihren Knochen steckte Magie. Als sie Irland zu ihrer neuen Heimat erklärten, wurden das Land und seine Menschen gesegnet. Die Götter zeugten viele Kinder, die stark und tapfer und klug waren. Zu ihren Lebzeiten gediehen die Pflanzen und das Vieh. Es gab stets Nahrung im Überfluss, die Jahreszeiten waren mild und warm, und es gab kein Leid und keine Krankheiten.

Aber Glück gebärt Neid, und eine derart strahlende Magie zieht die Dunkelheit an. Denn in allen Dingen muss Gleichgewicht herrschen«, fuhr Oscar fort. »Es gab andere, die das Land für sich wollten. Aus dem Schlick und den Steinen am Meeresgrund tauchte eine Gruppe gewissenloser Riesen auf und durchquerte die Wellen, bis sie die irische Küste erreichten. Sie nannten sich die Fomori, und sie waren keine Götter, sondern Ungeheuer, die Gier und Chaos im Herzen des Landes säten.«

Amy schauderte, als sie sich ausmalte, wie die Riesen, übersät von Algen und verfaultem Fischgedärm, durch den Ozean stapften.

»Wo die Riesen auch auftauchten, die Finsternis folgte ihnen. Die Bäume verdorrten, die Tiere wurden krank, die Ernte verdarb, und die Sonne verlor ihre Kraft. Kälte, Regen und Donner kamen nach Irland, und es dauerte nicht lang, bis das Leben dem Tod wich. Die Götter begannen zu altern. Die Magie verließ sie, und das Land, das sie einst gewässert hatten, bebte nun unter den Schritten ihrer Feinde und entzog den Göttern die Kraft. Die Erde von Irland und alles, das darauf wuchs, wurde giftig.«

»Deswegen können wir auch niemals den Schleier durchqueren und eure Welt betreten«, flüsterte Jonah Amy zu.

Ohne weiter auf ihn zu achten, fuhr Oscar fort: »Die Götter und ihre Nachfahren flohen in den Westen, so weit, bis sie kein Land mehr vor sich hatten. Und dies war der Ort, an dem Danú, die Göttin der Natur und des Neuanfangs, einen letzten Hauch Erdmagie entdeckte, der noch nicht zerstört worden war: einen Wasserfall, der aufwärts floss, so langsam und golden wie Honig.«

Amy schnappte nach Luft.

Cade bedeutete ihr, den Mund zu halten.

»Danú nutzte den Wasserfall, um eine Öffnung in den Rand der Welt zu reißen, gerade eben breit genug, um hindurchzuschlüpfen. Als die Götter den Riss durchquerten, fanden sie sich in einer neuen Welt wieder, die unberührt war von der Finsternis. Verborgen vor dem Übel der Fomori. Sie nannten dieses neue Land Tír na nÓg, das Land der ewigen Jugend. Es war ein Ort der Hoffnung. Des neuen Lebens.«

Amy sah sich um. Selbst die Bäume schienen gespannt zu lauschen. »Und was ist mit den Riesen passiert?«, fragte sie. »Wenn die Geschichte stimmt, warum habe ich dann nie einen gesehen?« Außer vielleicht Direktor Gresham, der mindestens zwei Meter zehn groß war und einen übernatürlich bösen Blick hatte.

»Mit der Zeit starben sie aus.« Die Falte zwischen Oscars Augenbrauen wurde tiefer, und Amy spürte, dass die Geschichte nun eine neue Wendung nehmen würde. »Die fünf Götter wachten fünftausend Jahre lang über dieses Königreich, und als sie müde wurden und den Wunsch verspürten, in den Himmel zu ziehen, überließen sie den letzten Rest ihrer Magie der Erde, damit das Land in alle Ewigkeit seine Schönheit bewahrte und seine Bewohner ein langes, friedliches Leben führen würden. Eine Zeitlang gedieh Tír na nÓg unter der Herrschaft vieler gutherziger Königinnen und Könige, die unter dem Schutz der Fianna herrschten.«

»Einer Gruppe fähiger, edelmütiger Krieger, die ebenso stattlich wie mutig waren«, warf Niall ein, womit er schallendes Gelächter von den übrigen Männern erntete.

Oscar warf ihnen einen warnenden Blick zu. »Lugh persönlich hatte die Fianna gegründet«, erzählte er weiter. »Und die ersten Krieger waren noch vom Kriegsgott selbst ausgebildet worden.«

»Mann, hatten die ein Glück«, murmelte Jonah wehmütig.

»Wir streiften in großer Zahl durchs Land und beschützten es vor Rebellionen, sorgten dafür, dass die Selkies zufrieden waren, und verbreiteten Frieden in Dörfern und Städten. Niemand konnte es mit unserer Stärke aufnehmen …«

Amy wartete nur auf das »Aber«, das jetzt kommen würde.

Oscar seufzte. »Aber dann kam Tarlock.«

Die Männer fluchten in sich hinein, die Grünlinge rutschten unbehaglich auf ihren Hintern herum.

»Tarlock ist der letzte lebende Sohn der Göttin Danú«, berichtete Oscar mit grimmiger Miene. »Er stahl ihr auf dem Sterbebett die letzten Tropfen ihrer Magie und verwendete sie heimlich für seine Zauber. Schon bald war er das mächtigste Wesen im Königreich. Er schöpfte aus einer Magie, gegen die niemand – nicht einmal die Fianna – etwas auszurichten vermochte. Unsere einzige Hoffnung war die Zeit, die ihn eines Tages besiegen würde. Aber als Tarlock alt und grau geworden war und der Stoff, aus dem sein Leben gewebt war, langsam ausfranste, wurde ihm klar, dass er nicht sterben wollte. Also erschuf er einen Zauber, mit dem er die Zeit anhielt.«

»Er verfluchte unsere Sonne«, knurrte ein Krieger, dem fast alle Schneidezähne fehlten. Manus hieß er, das hatte sie vorhin im Stimmengewirr aufgeschnappt. »Und damit auch jeden Einzelnen von uns. Nun ist die Sonne wütend. Sie kriecht in unsere Köpfe und lässt uns keinen Frieden. Sie macht die Knochen schwer. Und die Herzen auch. Wir haben vergessen, wie man glücklich ist. Aber wie sollten wir auch glücklich sein, wenn es kein Morgen gibt?«

Die übrigen Männer nickten finster und ließen die Schultern hängen.

Da begriff Amy, dass die Fianna trotz ihres großspurigen Auftretens nur noch Schatten der bedeutenden Krieger von einst waren. Dass sie ihren glorreichen Tagen hinterherhingen und nicht aufhören konnten, an den Mann zu denken, der sie ihnen gestohlen hatte.

»Dann hat dieser Tarlock also die Sonne an den Himmel gekettet, um seinen eigenen Tod zu verhindern?«

Oscar nickte. »Um einen Zauber zu wirken, der die Zeit zum Stillstand brachte, brauchte Tarlock Zutaten, die so giftig waren, dass sie in Tír na nÓg nicht aufzutreiben waren. Er brauchte etwas aus dem Land der Fomori. Genauer gesagt: jemanden.«

»Ein Menschenkind«, murmelte Amy.

»Als die Dullahan das Kind zu ihm in den Turm auf Silverstone Castle brachten, befahl er seinem Schmied, die stärkste Kette anzufertigen, die er zustande brachte. Und als sie fertig war, benutzte er das Kind, um seinen bösartigen Zauber zu wirken.«

Amy unterdrückte einen entsetzten Aufschrei. »Und musste er das Kind dafür töten?«

»Schlimmer«, sagte Oscar düster. »Tarlock fesselte es an die Sonne. Das Grenzgängerkind wurde zum Anker. Ein lebendiges Opfer. Jeder seiner Atemzüge, jedes Blinzeln, jeder Gedanke dient nun dazu, den Fluch des Magiers aufrechtzuerhalten.«

Amy hielt die Luft an. Das klang ja fast noch schlimmer als der Tod!

»Aber zumindest konnte das andere Kind fliehen«, warf Jonah ein, um die Stimmung etwas aufzulockern. Doch dann fuhr er mit betretener Miene fort: »Allerdings versiegelte Tarlock den Schleier zwischen den Welten, ehe es mit Verstärkung zurückkehren konnte.«

Oscar rieb sich das Kinn, als wollte er verbergen, wie traurig ihn die Geschichte machte. »Als der Kettenzauber vollendet war, konnte die Sonne den Himmel nicht mehr verlassen, und in Tír na nÓg stand die Zeit still. Ohne unsere Nächte sind selbst unsere Sterne fort. Unsere Götter können nicht mehr über uns wachen.« Ruckartig stand er auf und tigerte auf und ab. »Aber jetzt hat Tarlock den Schleier nach all den Jahren wieder gelüftet. Und das kann nur bedeuten, dass er etwas ausheckt.«

»Ich verwette mein bestes Schwert darauf, dass es etwas mit dem Sonnenfluch zu tun hat«, sagte Niall. »Die Kette quietscht und knarrt im Wind. An manchen Stellen rostet sie sogar. Sie wird schwächer. Was vermutlich heißt, dass auch seine Macht nachlässt.«

»Die Druiden aus dem Schwarzdornwald erzählen, dass in ihrer Gegend mehrere Púcas wieder zu Leuten geworden sind«, sagte Manus. »Und unten in Buttereich hat der Weizen auf dem Feld eines Bauern ganz von selbst wieder zu wachsen begonnen.«

»Glaubt ihr, der Magier stirbt vielleicht?«, fragte Jonah hoffnungsvoll.

»Das kann ich nicht beurteilen«, antwortete Oscar. »Aber er muss besorgt sein.«

Der Krieger neben Niall – Ultan, der wild abstehendes, rotes Haar und ein paar Fleischreste im Bart hatte – schnaubte verächtlich. »Dabei sind *wir* es, die sich Gedanken machen sollten, jetzt, wo er diesen Jungen hat.«

»Dafür haben wir das Mädchen.« Manus deutete auf Amy. »Was sollen wir jetzt mit ihr machen?«

Die Fianna-Krieger und die Grünlinge drehten sich zu Amy und starrten. Sie bemühte sich, den Blicken standzuhalten.

»Wir könnten sie doch einfach zurück durch den Wasserfall schicken«, überlegte Niall.

Amy mahlte mit den Kiefern. »Ohne meinen Bruder gehe ich nirgendwo hin!«

Oscar hielt inne. »Na gut. Das heißt, entweder wir behalten sie oder wir müssen sie töten.«

»Das kann doch nicht euer Ernst sein!«, platzte es aus Amy heraus.

Doch Oscar zog seinen bernsteinfarbenen Speer, als hätte er sie gar nicht gehört. »Ich sage, wir stimmen ab. Wer ihren Tod will, hebt die Waffe.«

Amy sah sich auf der Lichtung um. Panisch zählte sie durch. Es waren siebenunddreißig mürrische Krieger, die zwischen ihr und dem Tod standen. Und zu ihrem Entsetzen hoben nicht wenige von ihnen sofort die Schwerter.

»Ist nichts Persönliches«, bemerkte Manus sachlich. »Weißt du, wenn wir dich töten, kann dich der Magier nicht in die Finger bekommen.«

»Aber dann seid ihr Mörder!«, rief Jonah wütend dazwischen. »Ihr könnt doch niemanden umbringen, der nichts Unrechtes getan hat!«

Conan keckerte aufgebracht, um Jonahs Punkt zu untermauern.

Amy schluckte.

Oscars Finger zuckten an seinem Speer, während er die Stimmen für Amys Tod zählte. »Sechzehn!«, verkündete er dann. »Und jetzt die Waffen hoch, wenn wir sie hierbehalten sollen.«

Achtzehn Waffen wurden gehoben, diesmal allerdings langsamer.

Jonah klatschte vor Erleichterung in die Hände. »Puh. Mit zwei Stimmen Vorsprung gerettet.«

Amy atmete auf.

»Moment mal«, sagte Oscar. »Das ergibt nur vierunddreißig. Wer hat sich enthalten?«

»Ich«, meldete sich ein älterer Krieger mit Glatze zu Wort, der bisher die ganze Zeit über geschwiegen hatte. »Ich hätte gern mehr Bedenkzeit gehabt. Aber wenn ich mich entscheiden muss, dann hebe ich meinen Speer für die erste

Abstimmung. Es ist zu gefährlich, das Mädchen zu behalten.«

Amy schnürte sich die Kehle zu. Jetzt hatte sie nur noch eine Stimme Vorsprung. Und dann geschah etwas Schreckliches.

Ultan erhob sich.

»Ich schließe mich ebenfalls an«, sagte er, senkte dabei aber den Blick, weil er Amy offenbar nicht mehr in die Augen sehen konnte.

Damit stand es achtzehn zu achtzehn. Gleichstand.

»Nein«, flüsterte Jonah erstickt.

Amy hielt die Luft an.

Oscar wog den Speer in seiner Hand. »Es ist viele Jahre her, dass zuletzt eine Abstimmung unentschieden ausgefallen ist«, sagte er mehr zu sich als zu seinen Männern. »Damit bin ich das Zünglein an der Waage.«

Er zögerte, dachte nach. In seiner Wange zuckte ein Muskel. Wenn Amy jetzt nichts sagte, war das ihr Todesurteil, das spürte sie genau.

Sie sprang auf. »Aber ihr wollt doch Helden sein!«, rief sie. »Ich bin zu euch gekommen, weil ich Hilfe brauche. Wenn ihr mich tötet, seid ihr nicht besser als der Magier. Und ist es nicht eure Aufgabe zu helfen? Ist das nicht der Grund, aus dem es euch überhaupt gibt?« Sie sah sich um, schaute jedem Einzelnen von ihnen in sein verhärmtes Gesicht. Wenn diese Männer ihren Tod wollten, dann sollten sie ihr dabei zumindest in die Augen sehen! »Damit ihr besser seid als dieser Tarlock? Und die Leute vor ihm schützt?«

Oscars Nasenflügel bebten. »Wir debattieren nicht während unserer Abstimmungen.«

»Ihr stimmt aber darüber ab, ob ihr mich umbringt oder nicht!«, rief Amy. »Da muss ich doch wenigstens versuchen, um mein Leben zu kämpfen!«

Oscar wirbelte seinen Speer herum, bis die scharfe Spitze nur wenige Zentimeter vor Amys Kehle ruckartig zum Halten kam. »Setz sich!«, stieß er hervor.

Amy setzte sich.

Nach einer gefühlten Ewigkeit ergriff Oscar wieder das Wort. »Meine Entscheidung lautet, dass wir das Kind verschonen«, verkündete er ruhig. »Sie bleibt zunächst in unserer Obhut.«

Amy war drauf und dran, vor Erleichterung umzukippen. Eine Träne stahl sich aus ihrem Augenwinkel, aber sie wischte sie hastig weg.

Einige Krieger brummelten unzufrieden vor sich hin.

Oscar hob seinen Speer, um sie zum Schweigen zu bringen. »Die Fianna reiten, um die Unschuldigen zu verteidigen, nicht, sie zu töten. Ganz gleich, woher sie stammen.« Er musterte seine Männer eindringlich. »Und daran wird sich auch heute nichts ändern. Nicht unter meinem Kommando.«

Jonah tätschelte Amy das Knie und zeigte ihr unauffällig ein Daumen-hoch. Sie erwiderte die Geste und bemühte sich dabei, nicht auf die finsteren Blicke der Krieger zu achten.

»Was den anderen Grenzgänger betrifft«, fuhr Oscar fort, »müssen wir noch entscheiden, ob wir ihn retten oder seinem

Schicksal überlassen wollen. Was auch immer ihm blühen mag.«

»Aber natürlich retten wir ihn!«, rief Amy, ehe Oscar sie zum Schweigen bringen konnte. Sie sprang auf den Baumstamm, auf dem sie gesessen hatte, und hob die Stimme, damit jeder sie hören konnte. »Liam hat das nicht verdient. Er ist schlau und klug und nett und ...«

»RUHE!«, brüllte Oscar.

Als Amy die versteinerten Mienen der Männer sah, rutschte ihr das Herz in die Hose. Keiner hier schien sich für ihre Ansprache zu interessieren.

»Du hast recht, es wäre leichtsinnig zuzulassen, dass die Dullahan deinen Bruder zu dem Magier bringen«, sprach Oscar. »Aber abstimmen müssen wir trotzdem. Wer ihn retten will, hebe seine Waffe.«

Zu Amys großer Erleichterung wurde Liams Rettung mit einem Vorsprung von zwölf Stimmen beschlossen.

»Dann brechen wir auf der Stelle zu Silverstone Castle auf«, sagte Oscar. »Wenn wir uns beeilen, erwischen wir die Dullahan vielleicht noch vor dem Mount Arrigal.«

»Und wenn nicht?«, fragte Owen nervös.

»Dann müssen wir das Schloss eben stürmen«, erklärte Oscar, als wäre das die einfachste Sache der Welt.

Amy biss sich auf die Zunge. Oscars Plan war beunruhigend einfach. Wie viele Krieger das Schloss des Magiers wohl bewachten? Die Fianna waren mutig und stark, aber sie waren nur siebenunddreißig. Das konnten sie allein doch unmöglich schaffen!

Niall schien das anders zu sehen, denn er trat zu seinem Anführer vor und klopfte ihm aufmunternd auf die Schulter. »Tarlock weiß nichts von dem Mädchen. Und dass wir von dem Jungen wissen, auch nicht. Er rechnet nicht mit einem Angriff.«

»Aber das heißt noch lange nicht, dass er nicht gewappnet ist«, gab Ultan zu bedenken. »Er hat seine Spione überall im Königreich. Der Himmel gehört ihm und die meisten Dörfer und Städte ebenso. Vielleicht versucht er ja sogar, uns schon auf dem Weg zu ihm abzuschießen.«

»Wir halten uns bedeckt und meiden die Ortschaften«, verkündete Oscar unbeeindruckt. »Es ist uns nicht grundlos sechzig Jahre lang gelungen, Tarlock zu entgehen.«

»Allerdings mehr schlecht als recht«, gab Manus stur zu bedenken. »Wir haben weit mehr Männer an die Dullahan verloren, als noch übrig sind. Die Fianna sind nicht mehr, was sie einst waren, Oscar. Wir sind der Armee des Magiers zahlenmäßig hoffnungslos unterlegen.«

Oscars Miene wurde ernst. »Jeder Krieger hier kämpft mit der Kraft und Geschwindigkeit von zwanzig Mann, Manus. Wir sind es gewohnt, in der Unterzahl zu sein.«

»Und was, wenn es Tausende von Dullahan gibt?«, fragte Manus weiter.

Oscars Augen blitzten warnend auf. »Dann werden wir uns eben anstrengen müssen.«

»Und was ist mit Tarlock selbst?«, bohrte Manus weiter. »Wir glauben nur, dass er geschwächt ist. Aber mit Sicherheit wissen wir bisher noch gar nichts.«

»SOLL DAS ETWA HEISSEN, DU FORDERST MICH HERAUS?«, donnerte Oscar.

Sein plötzlicher Wutausbruch führte dazu, dass alle Mann augenblicklich verstummten. Eine tödliche Stille senkte sich über die Lichtung.

Manus wich zurück. »Ich wollte doch nur sagen, dass …«

»Die Entscheidung ist gefallen. Und es steht dir nicht zu, sie anzuzweifeln. Aber wenn du dich der Aufgabe nicht gewachsen fühlst, steht es dir selbstverständlich frei, gemeinsam mit den Grünlingen hier zurückzubleiben.«

Manus presste die Lippen zusammen und beugte sich mit geballten Fäusten dem Befehl. »Natürlich begleite ich euch.«

Oscar winkte ihn weg, und Manus verkrümelte sich wie ein Hund, der gerade Schelte kassiert hatte.

Die Fianna zerstreuten sich über die Lichtung, um ihre Sachen zusammenzusuchen und sich für die bevorstehende Reise zu wappnen.

»Wann brechen wir auf?«, fragte Amy Jonah und sprang auf.

Plötzlich stand Oscar vor ihr. »Du gehst nirgendwo hin, kleine *sionnach*. Bis zu unserer Rückkehr bleibst du hier in der Obhut der Grünlinge.« Er drohte Cade und den anderen mit dem Finger. »Lasst sie nicht aus den Augen.«

»Ich bleibe auf keinen Fall!« Amy verschränkte die Arme vor der Brust. »Das ist genauso mein Kampf wie eurer. Und nur, damit du's weißt: Ich bin extrem mutig und die zweitschnellste Läuferin an meiner Schule.«

Ein paar Fianna, die sich in der Nähe aufhielten, blickten bei ihren Worten von ihren Vorbereitungen auf. Ein oder zwei von ihnen lachten.

Oscar dagegen lachte nicht. Die hervorstehende Ader in seiner Schläfe pulsierte.

Amy war im Lauf der Jahre schon das ein oder andere Mal mit Lehrern aneinandergeraten, ganz zu schweigen von ihren leidgeplagten Babysittern. Aber noch nie war sie so wütend angefunkelt worden wie jetzt von Oscar de Barra. Es sah fast so aus, als würde er sie mit seinen Augen in Flammen setzen wollen.

»Wir reiten nicht in Begleitung von Kindern. Abgesehen davon, dass du ein Mädchen bist.«

»Und?«

»Und die Fianna reiten nicht in Begleitung von Mädchen.«

Die Krieger lachten so schallend, dass es durch den ganzen Wald hallte.

Amy kam es so vor, als würden sogar die Bäume mitlachen. Ihr Gesicht wurde glühend heiß. »Und wieso nicht?«

»Weil die Bruderschaft der Fianna genau das ist«, entgegnete Oscar ungeduldig. »Eine *Bruder*schaft. Wie der Name schon sagt. Lass es mich dir erklären, kleines Mädchen.« Als sie etwas sagen wollte, hob er die Hand, um ihr das Wort im Mund abzuschneiden, und Amy verkniff sich ihren Protest. Als er weiterredete, sprach er nicht nur mit ihr, sondern mit allen Anwesenden auf der Lichtung. »So ist es seit damals, als der Kriegsgott Lugh die Fianna in den frühen Tagen von Tír na nÓg gründete. Wir sind Jäger und Kämpfer, furchtlos in all unserem Tun. Wir leben an den Rändern des Königreichs und durchstreifen die Wildnis, bis wir dazu aufgerufen werden, für unsere Leute zu kämpfen und unsere Werte zu verteidigen.«

Zur Antwort erhob sich um ihn herum ohrenbetäubendes Kampfgebrüll.

»Und was hat das alles mit mir zu tun?«, fragte Amy, als sich die Fianna wieder ihren Aufgaben zuwandten.

»Nichts. Das ist ja der springende Punkt.«

Ehe Amy etwas erwidern konnte, hatte sich Oscar auch schon auf den Weg zu seiner Hütte gemacht. »Packt eure Sachen und sattelt die Pferde!«, rief er seinen Männern dabei zu. »Die Dullahan haben einen gehörigen Vorsprung. In einer Viertelstunde reiten wir los.«

Während die Fianna ihren Angelegenheiten nachgingen, stürzten sich die Grünlinge erneut auf die Wildschweinbratenreste und vergaßen darüber vor lauter Hunger sogar Amy, die mit Jonah am Rand des Lagers herumstand.

»Ich will aber nicht hierbleiben«, grummelte sie. »Das ist total unfair.«

»Du brauchst kein schlechtes Gewissen zu haben, Amy. Du hast dein Bestes getan.« Aufmunternd tätschelte er ihr die Schulter. »Und hey – sie haben dich nicht getötet. Das ist doch immerhin ein schwacher Trost, oder?«

Sie warf ihm einen vernichtenden Blick zu. »Und jetzt bin ich eure Gefangene?«

»Tut mir leid.« Jonah musterte seine Stiefelspitzen. »Das ganze Chaos hier ist allein meine Schuld. Wenn ich es doch nur irgendwie wiedergutmachen könnte!«

Amy dachte an Liam. An sein blasses, verängstigtes Gesicht. Sie würde ihn doch nicht im Stich lassen, nur weil irgend so ein riesengroßer, schlechtgelaunter Kerl es von ihr verlangte!

»Jonah? Wo stehen eigentlich die Pferde?«

»Wieso fragst du?«, antwortete er misstrauisch.

»Weil du gerde gemeint hast, du würdest es gern wiedergutmachen. Und das kannst du. Du kannst mir helfen, Liam zu retten.«

Jonah machte so große Augen, dass Amy ihr Spiegelbild darin erkennen konnte. »Aber … Aber so war das eigentlich nicht gemeint.«

»Ich dachte, ihr seid hier alle so mutig und tapfer«, entgegnete sie spitz. »Dann willst du mir also nicht helfen?«

Jonah wich einen Schritt zurück. »Du bittest mich, ein Mitglied der Grünlinge aus dem Elderglen-Wald, mich einem Befehl von Oscar de Barra, Hauptmann der Fianna, zu widersetzen, ihm ein Pferd zu stehlen und mich auf ein dem Untergang geweihtes Abenteuer quer durch die verfluchten Ebenen von Tír na nÓg zu begeben, um irgendeiner dahergelaufenen Distelköpfin zu helfen, die offenbar noch nie was von dem Wort *Bitte* gehört hat? Kommt gar nicht in Frage! Die würden uns umbringen oder entführen oder schmoren, ehe du *Dullahan* sagen kannst!« Er sah sich um, dann senkte er die Stimme. »Oder jemand verwandelt uns in ein rotes Eichhörnchen.«

Conan, der auf seiner Schulter saß, gab ein beleidigtes Quieken von sich.

Jonah verzog das Gesicht. »Tut mir leid, Conan. Ich hatte dich gar nicht gesehen.«

»Ist mir egal, wie gefährlich es ist.«

Amys Blick zuckte zu Cade, der gerade damit beschäftigt war, dem Wildschwein einen Hauer auszureißen.

»Ich hocke doch nicht mit einem Haufen alberner Jungs in irgendeinem Wald herum und drehe Däumchen, während das Leben meines Bruders auf dem Spiel steht! Ich finde Liam. Mit oder ohne deine Hilfe. Und dann sorge ich dafür, dass wir irgendwie wieder nach Hause nach Connemara gelangen. Wenn du nicht mutig genug bist, dann ziehe ich eben alleine los. Du brauchst mir nur zu sagen, wo entlang es zum Schloss geht.«

Jonah musterte sie argwöhnisch. »Versuchst du gerade, mich zu manipulieren?«

»Funktioniert es denn?«, fragte Amy hoffnungsvoll.

»Schon irgendwie.« Seufzend wechselte er einen Blick mit Conan, der drei abgehackte Keckerer von sich gab.

»Aber sie ist ein Mädchen«, entgegnete Jonah. »Und wir kennen sie doch gar nicht richtig.«

Ein einzelner Keckerer.

»Ich hab doch keine *Angst*! Darum geht es nicht!«

Conan fuchtelte nun wild mit seinen kleinen Ärmchen herum.

»Ich weiß, du bereust es nicht. Aber wir können auch nicht einfach die Tatsache ignorieren, dass du jetzt ein …«

Das Eichhörnchen schnappte nach Luft und hob warnend den Finger.

»Okay, okay, tut mir leid«, murmelte Jonah verlegen. »Na gut, okay. Ja doch!« Er wandte sich an Amy. »In Ordnung, wir helfen dir«, brummte er widerwillig.

Amy war so erleichtert, dass sie den beiden um den Hals fiel. »Danke, danke, danke! Ihr werdet es nicht bereuen, versprochen!«

»Ich bereue es eigentlich jetzt schon«, murmelte Jonah vor sich hin. Amy war allerdings zu beschäftigt damit, sich Gedanken über die nächste Phase ihres Plans zu machen, um auf ihn zu achten.

Während die übrigen Grünlinge mit einer spontanen Partie Hauer-Wettwerfen beschäftigt waren, zog Jonah Amy zwischen die Bäume. »Hier entlang, schnell!«, flüsterte er. »Wenn das hier vorbei ist, sind wir, was die Sache mit dem Fangnetz betrifft, übrigens quitt.«

Amy schlich ihm gebückt hinterher, damit die anderen Grünlinge sie nicht entdeckten. »Klingt fair. Sag mal, was meinte Oscar eigentlich vorhin damit, als er mich *kleine sionnach* genannt hat?« Sie versuchte, das Wort so auszusprechen wie er: *Schannack.*

»Das bedeutet *kleine Füchsin*«, antwortete Jonah. »Vermutlich, weil du rote Haare hast.«

»Oh. Und ich dachte schon, es ist was Schlimmes.«

»Na ja, er hasst Füchse aus tiefster Seele«, fügte Jonah nach kurzem Überlegen hinzu. »Weil ihm als Junge mal einer das Ohrläppchen abgeknabbert hat. Seitdem kann er die Viecher nicht leiden.«

Amy zog ein langes Gesicht. »Ich verstehe.«

Nach einer Weile erreichten sie den Rand des Elderglen-Waldes. Die Bäume wurden immer kleiner und standen weiter auseinander, bis sie schließlich ganz in Weideland übergingen. Die meisten Fianna waren schon dort und befestigten ihr Gepäck an den grasenden Pferden oder banden sich Waffen an die Gürtel und Stiefel und Rücken sowie sämtliche weitere zur Verfügung stehenden Körperteile.

Amy trat zwischen den Bäumen hervor und geriet ins Stolpern. Eine merkwürdige Schwere hatte sich auf sie gelegt. Als würde sie auf einmal durch Treibsand waten und dabei einen Bleimantel tragen. Das Schlimmste aber waren die dröhnenden Kopfschmerzen. »Uff!«, stöhnte sie. »Was ist denn jetzt plötzlich los?«

Jonah hakte sich bei ihr unter, um sie zu stützen. »Ich fürchte, das ist der Sonnenfluch. Hier draußen sind wir nicht vor ihm abgeschirmt. Aber man gewöhnt sich dran.«

Jetzt, wo sie den Elderglen-Wald verlassen hatten, sah Amy zum ersten Mal seit ihrem Erlebnis auf dem Baum die Sonne. Dumpf hing sie am Himmel. Das Klirren der Kette, mit der sie gefesselt war, hallte durch die Weite.

»Ich kann nicht glauben, dass ihr schon so lange so lebt«, sagte Amy.

Jonah zuckte mit den Achseln, aber sein Blick war traurig. Auf ihm lastete der Schatten eines Lebens, das auf ewig pausierte. Das Flüstern einer Zukunft, die stets außer Reichweite lag. Conan saß verdrießlich auf seiner Schulter und ließ das kleine Köpfchen so tief hängen, dass man sein Gesicht nicht sehen konnte.

Wenn sie Liam retteten, würde sie nach Hause zurückkehren und etwas aus sich machen können. Erwachsen werden. Aber Jonah und Conan hatten diese Möglichkeit nicht. Also schwor sich Amy, dass sie nicht nur nach Silverstone Castle reiten und ihren Bruder vor diesem Tarlock retten würde. Sondern dass sie dabei auch diesen grauenvollen Fluch für immer und ewig brechen würde, damit auch die anderen Kinder hier älter werden konnten.

Entschieden ballte sie die Fäuste und betrat die Weide.

Kapitel 8

HANDEL IN LETZTER SEKUNDE

Die Tatsache, dass die meisten Fianna-Krieger bereits auf ihren Pferden saßen, verringerte Amys Chancen, eines zu stehlen, ganz gewaltig. Aber sie war zu weit gekommen, um jetzt zu kneifen, und zu Fuß brauchte sie sich gar nicht erst auf die Suche nach ihrem Bruder zu machen.

Während sie noch überlegte, wie sie vorgehen sollte, entdeckte sie ein Pferd, das abseits von den anderen am Waldrand graste.

Es handelte sich um eine wunderschöne weiße Stute mit weizenblonder Mähne. Viel wichtiger aber war: Ihr Reiter ließ noch auf sich warten.

»Das würde ich an deiner Stelle lassen«, sagte Jonah, der ihren Blick bemerkt zu haben schien. »Das ist Arrow. Sie ist zwar schön anzuschauen, aber entsetzlich launisch.«

»Aber sie ist auch das einzige Pferd hier, dass ich mir vielleicht schnappen könnte, ehe mich die Fianna aufhalten«, sagte Amy und lief unbeeindruckt weiter. Als sie das Pferd erreicht hatten, fiel ihr allerdings auf, dass es viel zu groß war, um einfach aufzusteigen.

»Schnell, mach mir eine Räuberleiter.«

»Aber das Pferd gehört …«

»Angsthase.«

»Ich *bin* kein Angsthase. Es ist nur so, dass …«

Mit einem frustrierten Schnauben drehte sich Amy wieder zu dem Pferd um.

»Bitte lass mich rauf«, flüsterte sie. »Ich bin in einer sehr wichtigen Mission unterwegs.«

Arrow unterzog sie mit dem Blick einer gründlichen Prüfung.

Amy sah sich um, denn unter den Fianna war plötzlich Stille eingekehrt, und das konnte nur bedeuten, dass sie ihre Anwesenheit bemerkt hatten. Gerade wollte sie sich wieder in den Wald flüchten, da warf die Stute ihren Kopf in den Nacken und wieherte. Dann ging sie mit den Vorderläufen auf die Knie. Amy unterdrückte einen Jubelschrei und stieg dankbar auf. Als Arrow sich wieder erhob, schlang Amy die Arme um ihren Hals und vergrub das Gesicht in ihrer Mähne. »Danke, Arrow, du bist echt die Beste!«

Die Stute wieherte erneut, als wollte sie »Gern geschehen« sagen.

Als Amy aufschaute, starrte jeder einzelne der Fianna sie an. Und die Pferde machten mit.

Jonah war mehrere Schritte zurückgewichen. Seine Lippen formten ein perfektes O. Conan, der immer noch auf seiner Schulter saß, war starr vor Schock.

Niall, der Krieger mit den weißen Haaren, war der Einzige, der lächelte. »Na, da erschlag mich doch die Feder.«

»Was ist los?«, fragte Amy.

»Arrow hat in ihrem Leben niemals jemand anders auf sich sitzen lassen als Oscar.«

Oh. Dann war Arrow also Oscars Pferd?

Amys Triumphgefühl verflog schlagartig. Hier oben, hoch auf dem Pferderücken, kam sie sich vor wie eine Kriegerin. Aber beim Anblick von Oscar, der mit dem Speer in der Hand aus dem Wald auf sie zumarschiert kam, hätte sie sich trotzdem am liebsten in ein Mauseloch verkrümelt.

Als er Amy auf seinem Pferd sitzen sah, erstarrte er mitten in der Bewegung.

Die übrigen Krieger traten besorgt von einem Bein aufs andere.

»War schön, dich kennenzulernen«, murmelte Jonah und versteckte sich hinter Nialls geschecktem Hengst.

Amy winkte Oscar betont fröhlich zu. »Hi!«

Unter seinem linken Auge zuckte ein Nerv.

Sie schluckte gegen das Beben in ihrer Stimme an. »Wie gesagt, ich will mitkommen.«

»Wie bist du auf mein Pferd gekommen?« Oscar richtete seinen anklagenden Blick auf die übrigen Fianna.

»Uns brauchst du nicht anschauen!«, antwortete Ultan und hob in einer Geste der Unschuld die Hände. »Wir wussten nicht mal, dass sie hier ist.«

»Ich bin selbst aufgestiegen«, warf Amy ein. Der erstaunte Ausdruck auf seinem Gesicht freute sie diebisch. »Wenn du in eurem kleinen Club mehr Mädchen aufnehmen würdest, wärst du jetzt garantiert nicht halb so überrascht.«

Jonah verzog das Gesicht. *»Amy.«*

Aber jetzt, wo sie auf Arrow saß und Oscar unter sich hatte, wurde ihr klar, dass sie gerade das Sagen hatte. Und das verlieh ihr frischen Mut.

»Wenn ihr mich nicht mitnehmt, bleibt mir nur eine Möglichkeit, zu meinem Bruder zu gelangen: Ich reite auf deinem Pferd zu den Dullahan und liefere mich ihnen freiwillig aus«, drohte sie. »Dann sind euch gleich zwei Grenzgänger durch die Lappen gegangen.«

Schweigen senkte sich über die Weide. Amys Herz klopfte so laut, dass es ihr in den Ohren dröhnte. Sie griff nach Arrows Zügeln. »Sogar dein Pferd will, dass ich mitkomme. Und das heißt was, findest du nicht?«

Eigentlich hatte sie damit gerechnet, dass Oscar sich wutentbrannt auf sie stürzen würde. Doch stattdessen richtete er seine Aufmerksamkeit auf Jonah, der noch immer hinter Nialls Pferd kauerte. »Und was hast du zu deiner Verteidigung vorzubringen?«

Jonah kam aus der Deckung hervor. »Na ja, wenn ihr sowieso nach Silverstone Castle reitet, um es mit Tarlock aufzunehmen, wüsste ich nicht, was dagegenspricht, sie mitzunehmen. Ihr Bruder ist dort. Und er gehört zu ihrer Familie. Wir Grünlinge würden das auch füreinander tun, wenn einer von uns entführt worden wäre. Und *ihr* genauso.« Conan, der immer noch auf seiner Schulter saß, nickte zustimmend. »Und da es meine Schuld ist, dass ihr Bruder überhaupt entführt wurde, werde ich ihr helfen.« Jonah legte sich die Hand auf die Brust. »Das ist eine Frage der Ehre.«

Amy blinzelte überrascht. Der kleine Grünling war deutlich mutiger, als sie gedacht hätte.

Oscar wirkte nicht sonderlich beeindruckt. »Die Reise ist zu beschwerlich, Jonah.«

»Glaubst du wirklich, dass ich hier bei den Grünlingen sicher bin?«, fragte Amy. »Du siehst doch, wie leicht es für mich war, mich wegzuschleichen. Ich wette, die anderen haben noch gar nicht bemerkt, dass wir weg sind.«

Oscar seufzte tief. »Wir haben keine Zeit für diesen Unsinn.«

Amy tätschelte das Pferd. »Wir können ja auf der Reise weiterdiskutieren.«

Zu ihrer Überraschung gab Oscar nach. Unter verärgertem Gebrumm wühlte er in seiner Satteltasche herum, dann zog er einen kratzigen braunen Umhang hervor und warf ihn ihr zu. »Anziehen. Wenn dich jemand bemerkt, haben wir jeden einzelnen Kopfgeldjäger im gesamten Königreich an den Hacken. Ganz zu schweigen von den Dullahan.«

Amy schlüpfte in den Umhang. Ihr Gesicht verschwand unter der weiten Kapuze. »Ihr werdet gar nicht merken, dass ich da bin.«

»Gut. Und im Namen meiner geistigen Gesundheit bitte ich dich darum, so wenig zu reden wie möglich, kleine *sionnach*.«

Während Jonah mit Nialls Hilfe auf dessen Pferd stieg, befestigte Oscar seinen Speer am Sattel, sprang mit einem zugegebenermaßen ziemlich beeindruckenden Satz auf Arrows Rücken und riss Amy kommentarlos die Zügel aus der Hand.

Sie drehte den Kopf zu ihm um. Er war ihr jetzt so nah, dass sie die weißen Haare in seinem dunklen Bart und die Falten um seine Augen erkennen konnte. »Das war echt cool.«

»Schon vergessen, was ich zum Thema Reden gesagt habe?«, antwortete Oscar nur und ließ Arrow angaloppieren.

Als sie den verzauberten Wald hinter sich ließen, brannte die Sonne erbarmungslos auf sie nieder. Je weiter sie sich vom Schutz des Elderglen entfernten, desto stärker wurde der Fluch. Er lastete schwer auf Amys Schultern und kroch ihr zwischen die Rippen, bis ihr der Nacken schmerzte und sie nur noch flach atmen konnte. Es fühlte sich an, als würde er wie eine Murmel durch ihren Kopf rollen. Aber jedes Mal, wenn der Schmerz besonders grell aufflammte, kniff sie die Augen zu und dachte an Liam.

*

Eine ganze Weile lang hörte Liam nichts als das regelmäßige *Ba-dumm, ba-dumm* der Hufe und das panische Keuchen seines eigenen Atems. Die Schattenkrieger verschleppten ihn. Längst hatten sie den Wald weit hinter sich gelassen. Zwischendrin hatte ihr Anführer Liam einen Jutesack über den Kopf gezerrt und ihn vor sich über die Pferdekruppe geworfen. Seine Hände waren an die Zügel gefesselt. Anfangs hatte er sich noch nach Kräften gewehrt und gebrüllt, bis er ganz heiser war. Doch es war zwecklos gewesen. Es war niemand da, der ihm hätte helfen können.

Ich hätte schneller sein müssen, warf er sich vor. *Und schlauer. Für Amy.*

Seine nervige kleine Schwester, die jetzt ganz allein irgendwo dort draußen durch Tír na nÓg irrte.

Er schob sich auf dem Pferd nach vorn und versuchte, durch den Boden des Sacks zu schauen. Jeder noch so kleine Anhaltspunkt konnte ihm später helfen, allein wieder zurück in den Wald zu finden. Der Boden fegte verschwommen unter ihm hinweg, und die Pferde galoppierten so schnell, dass ihre Hufe kaum den Boden berührten. Sie waren ebenso wenig natürlich wie ihre Reiter – schneller als die Geparden in der Savanne, schneller als jeder Hochgeschwindigkeitszug.

Dann wich das Donnern der Hufe dem leisen Rascheln von Sand, und Liam stieg der faulige Geruch von angespültem Seetang in die Nase. Er konnte das Meer zwar nicht sehen, aber riechen. Es schien auszutrocknen, denn es stank nach totem Fisch und starren Algen, die in der heißen Sonne vor sich hin trockneten. Der Geruch stieg ihm bis in den Mund, und er musste würgen.

Dann war das Meer auf einmal wieder weg, und der Weg wand sich ins Landesinnere wie eine Schlange. Die Pferde donnerten weiter, sie schienen kaum Ruhepausen zu benötigen. Niemand bot Liam etwas zu essen an, aber er verspürte sowieso keinen Hunger. Dafür hatte er viel zu große Angst. Hin und wieder flehte er darum, freigelassen zu werden. Aber der Reiter saß ungerührt hinter ihm, und bei jedem Atemzug streifte seine tonnenförmige Brust Liam am Rücken.

Irgendwann nickte Liam trotz der unbequemen Haltung ein. Es verstrichen mehrere Stunden, in denen er regelmäßig aus dem Schlaf hochfuhr und wieder wegdämmerte. Je mehr Zeit verstrich, desto deutlicher regte sich eine ganz neue Angst in ihm. Anfangs glaubte er noch, er würde sich alles nur einbilden. Aber der Tag hielt immer weiter an, und es wurde einfach nicht Abend. Liams ungutes Gefühl wurde immer stärker. Die Sonne in Tír na nÓg ging nicht unter! Und dadurch konnte er unmöglich sagen, wie viel Uhr es war.

Dann fiel ihm wieder ein, was Amy über die Sonne gesagt hatte, die am Himmel festgekettet war.

Und wenn es hier überhaupt keine Zeit gab? Was, wenn ganz Tír na nÓg verflucht war? Und er selbst nun auch?

Kapitel 9

Blaggards Feste

Amy und die Fianna galoppierten durch weites Ackerland. Die Felder wurden durch ordentliche kleine Steinmauern begrenzt, doch die Ernte war schwarz und verbrannt oder wuchs gar nicht erst. Die meisten Tiere lagen zusammengerollt auf dem Boden und atmeten nur flach. In der Ferne gab irgendein Geschöpf ein grauenvolles, klagendes Stöhnen von sich.

»Geht es den Tieren gut?«, rief Amy nach hinten zu Oscar.

Er schüttelte den Kopf. »Sie sind krank. Halb tot und halb am Leben. Das ist doch kein Zustand.«

Seine Worte versetzten Amy einen Stich ins Herz. »Die Armen.«

Immer wieder kamen sie an verschlafenen Dörfern vorbei, die sich in die Landschaft schmiegten. Dann lugte Amy jedes Mal durch einen Spalt in ihrer Kapuze, um die Leute von Tír na nÓg zu beobachten, die aus ihren Häusern gerannt kamen, um die Fianna zu begrüßen. Sie hatten alle spitze Ohren und große, schreckgeweitete Augen. Immer wieder schwebte der geflüsterte Name Tarlock im Wind. Der Magier schien zwar weit fort von hier zu wohnen, aber Amy sah, dass trotzdem alle hier in Angst vor ihm und seinem nächsten grauenvollen Fluch lebten.

Die Fianna hielten nicht an, sondern nickten den Bewohnern nur im Vorbeireiten zu und trieben ihre Pferde weiter an, durch ein Dorf nach dem nächsten. Manchmal liefen ihnen Kinder hinterher und bettelten, mitkommen zu dürfen. Aber die Krieger mit den stählernen Blicken beachteten sie kaum.

Als Amys Beine vom Reiten schon ganz taub waren und ihr Rücken steif, erreichten sie eine mächtige Eiche, die allein auf einem Feld stand. Der Stamm war dick und knorrig und hatte ein Astloch, das so groß war, dass Amy es bereits vom anderen Ende des Feldes aus sehen konnte. Es hatte die Form des Gesichts einer erschrockenen Eule.

Ohne Arrow abzubremsen, zückte Oscar seinen Speer und hob ihn ab. »Duck dich, sonst erwischt es dich!«

Amy hatte gerade noch Zeit, zur Seite wegzutauchen, da schleuderte er den Speer auch schon von sich. Er sirrte durch die Luft wie ein bernsteinfarbener Komet und blieb bebend genau in der Mitte des eulenförmigen Astlochs stecken.

»Guter Schuss«, keuchte Amy. »Aber was soll die plötzliche Angeberei?«

»Sieh und lerne, kleine *sionnach.*« Oscar trieb Arrow weiter. »Hüa!«

Als sie weiter auf die Eiche zugaloppierten, begann die Luft um sie herum zu schimmern. Amy klappte die Kinnlade herunter. Die Welt jenseits des Baums verschwamm zu Wellen wie die Farben auf einem Aquarellgemälde. Und dann verschwand sie ganz.

Oscar streckte den Arm aus und riss den Speer im Vorbeireiten aus dem Stamm. Dann zog er hart an den Zügeln. Amy schrie auf, weil Arrow sich aufbäumte und abrupt zum Stehen kam. Auch der Rest der Fianna hatte hinter ihnen gehalten.

Als Arrow wieder auf allen vier Hufen stand, brauchte Amy kurz, um sich zu beruhigen. Dann blinzelte sie ungläubig. Sie standen am Rand eines Tals, das gerade eben ganz sicher noch nicht dort gewesen war. Überrascht sah sie sich zu den anderen um, doch außer ihr schien der Anblick niemanden zu überraschen.

»Wo sind wir hier?«

»Willkommen in Lughs Tal«, sagte Oscar. Dann trieb er Arrow sachte den steilen Abhang hinab. Zerklüftete Felsen erhoben sich rechts und links von ihnen wie Wellenkronen. Je tiefer sie kamen, desto mehr veränderte sich die Luft. Denn die langen Schatten der Hügel schützten sie vor dem grellen Blick der Sonne. Amys Kopfschmerzen ließen ein wenig nach und mit ihnen das Gewicht des Fluchs. Als sich ihre Schultern entspannten, seufzte sie erleichtert auf.

»Früher hat Lugh hier seine Männer trainiert«, erzählte Oscar. »Es heißt, er war stärker und schneller als all seine Krieger zusammen. Ein Gott des Krieges und des Sieges. Mit weniger gab er sich nicht zufrieden.«

Amy war sich ziemlich sicher, dass Lugh Oscars Held war. Wenn er über ihn redete, dann bekam er denselben Tonfall wie Liam, wenn er von dem Naturforscher David Attenborough schwärmte – voller Bewunderung, gewürzt mit einer winzigen Prise Neid.

Sie sah sich zu der gewaltigen Eiche um, die nun von weit oben zu ihnen herabspähte. »Aber das Tal ist wie aus dem Nichts erschienen.«

»Lugh hat sein Tal verborgen, ehe er diese Welt verlassen hat«, erklärte Oscar. »Nur sein Speer kann den Zugang öffnen.«

Amy beäugte die bernsteinfarbene Waffe von der Seite. »Du hast seinen Speer?«

»Es ist eins der ältesten Relikte in Tír na nÓg«, antwortete Oscar eine Spur selbstgefällig. »Weitergegeben von Fianna zu Fianna, von Anführer zu Anführer. Denn bei allen Veränderungen, die unser Königreich durchlaufen hat, blieb eine Wahrheit stets bestehen: dass Lughs Speer niemals sein Ziel verfehlt.«

Jetzt war Amy aber wirklich beeindruckt. »Dann schleuderst du ihn also einfach auf den großen Baum und hoffst, dass er das Astloch trifft?«

»Wie gesagt, er verfehlt niemals sein Ziel.« Das Gold in Oscars Augen schimmerte, als würde er ihr ein Geheimnis verraten. »Und ich auch nicht.«

Die Pferde suchten sich vorsichtig den Weg hinab in Lughs Tal, wo sie einem Fluss folgten, der zu den Ruinen einer alten Festung führte. Hier und da standen Bäume. Obwohl überall sonst ewiger Sommer herrschte, hatte sich in der Talsohle ein heimlicher Herbst halten können. Die Luft hier unten war kühler, und die Blätter an den Bäumen waren rot und orange verfärbt.

»Dies ist Blaggards Feste, Übungsgelände und sicherer Unterschlupf der Fianna-Krieger.« Oscar sprang vom Pferd und lief zu seinen Männern, während er weitererzählte: »Wir lassen Jonah und dich aus Sicherheitsgründen hier, wenn wir nach Silverstone Castle reiten. Aber vorher müssen wir rasten.«

Er wollte sie hier zurücklassen? In dieser verfallenen Ruine? War das etwa von Anfang an sein Plan gewesen? Er hatte sie reingelegt!

Sie sprang ebenfalls von Arrows Rücken und rannte ihm hinterher.

»Ich bleibe nicht hier bei diesem Haufen alter Steine, während ihr gegen den Zauberer kämpft! Ich hab doch gesagt, ich komme mit nach Silverstone Castle!«

Aber Oscar beachtete sie nicht weiter.

Im baufälligen Inneren von Blaggards Feste entzündeten die Fianna ein Feuer und setzten sich zum Essen. Amy hielt sich außerhalb ihres Kreises und bombardierte Oscar mit wütenden Blicken.

»Du kannst ihn anstieren, solange du willst. Er wird seine Meinung nicht ändern«, sagte Jonah, der sich zu ihr gesellt hatte. »Ich wusste gleich, dass er uns nicht bis zum Mount Arrigal mitnimmt.«

»Wenn er sich einbildet, dass er mich einfach hier im Nirgendwo sitzenlassen kann, dann hat er sich aber geschnitten!«

»Er ist der Anführer der Fianna«, seufzte Jonah. »Er kann machen, was er will.«

Das werden wir ja noch sehen, dachte Amy.

Jonah hielt ihr einen Brotkanten und einen leuchtend roten Apfel hin. »Ich hab was zu essen gefunden. Hast du Hunger?«

Amys Magen antwortete mit einem lauten Knurren. Seit ihrer Ankunft in Tír na nÓg hatte sie nichts mehr gegessen. Und auch, wenn sie keine Ahnung hatte, wie viel Zeit seitdem verstrichen war, hatte ihr Magen schon vor einer Weile zu knurren begonnen wie ein Tiger.

»Danke.« Sie schnappte sich das Brot und biss in die dicke Kruste.

»Bevor du das isst, sollte ich dich besser warnen, dass …«

»BÄH!« Amy spuckte den Bissen sofort wieder aus. »Das schmeckt ja widerlich!«

»Ja, also, was ich sagen wollte …«, bemerkte Jonah. »Das Brot ist vergammelt.«

»Du hast mich reingelegt!« Amy klatschte ihm das Brot gegen die Brust. »Wieso hast du das getan?«

»Ich wollte dich nicht reinlegen. *Alles* Brot hier in Tír na nÓg ist vergammelt«, erklärte Jonah. Dann biss er von der Kruste ab, kaute und schluckte, ohne mit der Wimper zu zucken. »Bis auf das, was es in Silverstone Castle gibt, versteht sich. Wobei ich bezweifle, dass wir jemals in den Genuss kommen werden.«

Amy musterte ihn entsetzt. Conan kletterte ihm auf die Schulter und hielt ihr eine Nuss hin. Als sie nicht zugriff, schleuderte er die Nuss gegen Jonahs Holzschwert. Sie zersprang, und eine Made wand sich hervor.

Amy kreischte auf.

Die Nüsse waren auch vergammelt?

Sie langte nach dem Apfel – aus dessen schimmernder roter Schale im selben Moment ein Wurm den Kopf schob.

Amy ließ den Apfel fallen. Er rollte davon und wurde von einem der Krieger mit dem Stiefel aufgehalten. Der Fianna hob ihn auf und verschlang ihn mit zwei Bissen.

Amy drehte sich der Magen um, aber gleichzeitig war ihr ganz schlecht vor Hunger.

»Der Fluch steckt in allem hier. Tír na nÓg mag von außen hübsch anzusehen sein, aber sein Inneres ist verdorben«, seufzte Jonah und gab ihr den Brotkanten zurück. »So schlimm ist es gar nicht. Mit der Zeit gewöhnt man sich dran.«

»Hör auf, das zu sagen. Es hätte nie nötig werden dürfen, dass ihr euch daran gewöhnt«, schimpfte Amy wütend.

Aber eigentlich war ihr klar, dass ihr keine andere Wahl blieb, als zu essen, was es eben gab. Widerwillig knabberte sie an dem Brotkanten herum, dann spülte sie den Bissen mit schalem Wasser aus Jonahs Flasche hinunter.

Auf der anderen Seite des Lagerfeuers hatten Oscar und Niall ihr Essen beiseitegestellt und schienen ein wichtiges Gespräch zu führen. Amy rutschte unauffällig näher, um zu lauschen.

»… müssen herausfinden, was der Magier vorhat«, sagte Niall. »Filly ist nicht weit von hier. Meine Schwester lebt noch dort. Ich könnte bei ihr vorbeischauen. Versuchen, mehr herauszufinden.«

Oscar rieb sich den Bart und nickte nachdenklich. »Aber beeil dich, Niall. Wir können uns keine lange Pause erlauben. Ich wünschte, wir hätten mehr Zeit.«

»Dann kann ich mich jetzt davonstehlen?«

»Warte noch. Bis die anderen schlafen«, sagte Oscar. »Ich will nicht, dass jemand auf dumme Ideen kommt …«

*

Satt und erschöpft von dem langen Ritt an diesem endlosen Tag legten sich die Fianna nach dem Essen hin, um ein kurzes Nickerchen zu machen.

Amy schlich sich zu Jonah, der in einer Ecke kauerte und versuchte, ebenfalls eine Mütze Schlaf zu bekommen.

»Hey.« Sie stupste ihn mit dem Fuß an. »Was ist Filly?«

Er öffnete ein Auge. »Eine Stadt voller unverbesserlicher Klatschmäuler. Ich wette, die Hälfte von denen wird von Tarlock geschmiert. Wieso?«

»Ach, einfach so.« Amy setzte sich neben ihn und zog sich die Kapuze tiefer ins Gesicht. »Wir sollten versuchen zu schlafen.«

*

Ungefähr eine Viertelstunde später schallte ein Durcheinander an Schnarchgeräuschen durch die Feste.

Jonahs Kopf sank gegen Amys Schulter, und bei jedem Ausatmen gab er ein leises Pfeifen von sich. Oscar hatte sich auf der anderen Seite des Raums wie ein umgefallener Sack Kartoffeln auf der Seite eingerollt. Amy konnte zwar sein

Gesicht nicht sehen, aber an dem regelmäßigen Auf und Ab seines Rückens erkannte sie, dass er schlief. *Gut.*

Sie hielt mucksmäuschenstill und beobachtete durch den Spalt in ihrer Kapuze, wie sich Niall leise aufsetzte, seinen Umhang anlegte und sich auf leisen Sohlen davonstahl.

In Gedanken zählte sie bis sechzig, dann bettete sie vorsichtig Jonahs Kopf um und stand ebenfalls auf. Mit dem Geschick einer Einbrecherkatze schlich sie unbemerkt aus dem Gebäude –

Und rannte in Conan.

Das Eichhörnchen verschränkte die Arme und musterte sie streng.

Amy hob einen Finger an die Lippen.

Conan schüttelte zwar missbilligend den Kopf, aber Amy hatte keine Zeit, ihm alles zu erklären. Die Leute aus Filly wussten vielleicht, wie es Liam ging, und wenn sie jetzt zu lange herumtrödelte, würde sie Niall nicht dorthin folgen können.

»Wenn du mich bitte entschuldigen würdest?«, flüsterte sie und stieg einfach über Conan hinüber. Dann hastete sie Niall hinterher, der bereits auf seinem Pferd saß und den Abhang hinaufritt. Amy rannte zu den übrigen Pferden, doch die schliefen genauso wie die Krieger. Arrow öffnete zwar kurz ein Auge, schloss es aber sofort wieder.

»Bitte!«, sagte Amy verzweifelt. »Hilf mir noch mal.«

Aber Arrow schien ihren Schlaf zu brauchen und keinerlei Absicht zu haben, Amys Plan zu unterstützen.

Niall hatte den Hang bereits zur Hälfte erklommen. Schon war sein silberner Zopf kaum mehr zu erkennen. Amy bekam

Panik. Ihr blieb keine Wahl – sie musste ihm zu Fuß folgen. Keuchend und schnaubend rannte sie bergauf. Auf ihrer Stirn und unter ihrem Mantel sammelten sich Schweißperlen, und schon bald fühlte sie sich, als würde sie durch Watte atmen. Aber stehen zu bleiben, traute sie sich nicht.

Als sie endlich oben auf dem Hügel war und Flachland vor sich hatte, war sie kurz davor, sich vor Anstrengung zu übergeben.

Rund um die hohe Eiche war keine Spur von Niall zu entdecken. Er war nach Filly davongaloppiert, und sie hatte keine Ahnung, welche Richtung er genommen hatte.

Amy stand allein auf einem Feld, das genauso aussah wie alle anderen hier, und die verfluchte Sonne knallte gnadenlos auf sie hinab. Die hämmernden Kopfschmerzen setzten wieder ein.

Zutiefst erschöpft ließ sie sich ins Gras fallen. Eine Träne rann ihre Wange hinab.

»Den heimlichen Fluchtversuch hättest du dir genauso gut sparen können, was?«, hörte sie plötzlich hinter sich eine Stimme sagen. Amy sah sich um. Es war Jonah, der mit schlafzerzausten Haaren auf sie zukam. Conan sprang neben ihm her.

Sie warf dem Eichhörnchen einen bösen Blick zu. »Petze.«

Das Eichhörnchen warf ihr einen Luftkuss zu.

»Conan kann nichts dafür«, sagte Jonah, während er ihr die Hand reichte, um ihr aufzuhelfen. »Als du mich über Filly ausgefragt hast, wusste ich sofort, dass du irgendwas ausheckst.«

»Ich dachte, ich schaff das schon allein. Vielleicht hat dort ja jemand Liam gesehen.«

Jonah schnaubte. »Filly ist meilenweit weg, du Distelhirn. Viel zu weit, um einfach hinzurennen.«

»Du scheinst ja eine Menge darüber zu wissen«, stocherte Amy. »Warum zeigst du mir den Weg dann nicht einfach?«

»Da kann ich auch gleich Oscar meinen Kopf auf dem Silbertablett servieren«, schnaubte Jonah. »Wenn du weißt, was gut für dich ist, kommst du auf der Stelle mit mir zurück zur Feste, ehe er aufwacht und merkt, dass du weg bist.«

»Geht nicht.« Amy deutete hinter ihn auf die Eiche, hinter der sich wieder flaches grünes Weideland erstreckte. Das Tal war verschwunden, und sie hatten keinen magischen Speer dabei, um den Durchgang zu öffnen.

Jonah stöhnte. »Na toll.«

»Da wir sowieso schon in Schwierigkeiten stecken, können wir wenigstens das Beste draus machen.« Amy zupfte ihn am Ärmel und zog ihn weg von dem Baum. »Wenn du mich nach Filly bringst, bitte ich dich nie wieder um einen Gefallen. Versprochen!«

Jonah zog ein Gesicht. »Wie kommt es nur, dass ich dir nicht glaube?«

Sie grinste. »Ach, hör schon auf. Das wird ein Abenteuer!«

Seufzend gab er nach. »Na gut. Aber wir gehen nicht zu Fuß.«

»Meinetwegen gern«, erwiderte Amy. »Die Pferde sind allerdings im Tal. Wie sollen wir sonst …?«

Dann zuckte sie erschrocken zusammen, weil Jonah zwei Finger an die Lippen hob und einen schrillen Pfiff von sich gab.

In der Ferne ertönte ein tiefes Donnern.

Amy erstarrte. Einen lähmenden Augenblick lang befürchtete sie, dass die Dullahan kamen. Aber dann brachen weit weg von ihnen zwei gigantische Kreaturen zwischen den Bäumen hervor und kamen auf sie zugerast.

Sie sprang schutzsuchend hinter Jonah. »Was sind das für Dinger?«

»Wyldbullen«, antwortete er gelassen. »Hast du noch nie welche gesehen?«

»Nein!«, rief Amy. Der Boden unter ihren Füßen bebte. »Die gibt es in Connemara nicht!«

»Hm. Da verpasst ihr was.«

Einer der Wyldbullen war braun, der andere weiß, und beide hatten riesige, in sich gedrehte Hörner, die im Sonnenlicht glitzerten. Sie waren viel größer als jede Kuh, die Amy in ihrem Leben gesehen hatte. An ihren Hälsen war das Fell lang und lockig, sodass es aussah, als würden sie struppige Wollschals tragen. Und ihre Beine waren zwar kurz und stämmig, aber sie donnerten mit beachtlicher Geschwindigkeit auf Amy und Jonah zu. Ihre Hörner schienen mit jedem Schritt größer und spitzer zu werden und …

»Wieso bremsen die nicht? Die rennen uns noch um!«

»Nicht, wenn wir uns ihren Respekt verdienen«, antwortete Jonah seelenruhig.

»Was soll das denn jetzt wieder heißen?«, fragte Amy beunruhigt.

»DU DARFST IHNEN DEINE ANGST NICHT ZEIGEN!«, brüllte Jonah, rannte auf die rasenden Bullen zu und drückte sich vom Boden ab. Mit einem lauten »Uff!« landete er auf dem braunen Bullen, vergrub die Finger in seiner Mähne und zog sich mit wild strampelnden Beinen auf seinen Rücken.

Amy rannte ebenfalls los und schloss zu dem weißen Wyldbullen auf. Ihre Angst brach sich in einem lauten Kampfruf die Bahn.

»AAAAAAHHHHHH!«

Als der Bulle sie gerade aufspießen wollte, packte sie ihn an einem Horn, stieß sich vom Boden ab und landete mit einem heftigen Rumms auf seinem Rücken. Dort schlang sie die Arme um seinen Hals und krallte sich in sein fluffiges weißes Fell.

Als sie aufblickte, galoppierte Jonah neben ihr her. Conan klammerte sich mit aller Kraft an seinem Umhang fest. »Das war ziemlich beeindruckend!«, rief Jonah ihr zu. »Vor allem für ein Mädchen!«

Amy streckte ihm die Zunge raus. Diesen kurzen Moment lang war das Triumphgefühl stärker als die dröhnenden Kopfschmerzen. »Du wirst schon noch sehen, was Mädchen alles draufhaben!«

»Dann wird es dir ja wohl nicht schwerfallen hinterherzukommen!« Jonah grinste ihr zu, dann galoppierte er auf seinem Bullen davon.

Auch Amy trieb ihren Wyldbullen an, und ihr lautes Lachen hallte durch die Luft, als sie wie zwei Blitze nebeneinanderher nach Filly rasten.

Kapitel 10

Die Stadt der Geschichten

Bald kam es Amy so vor, als hätte sie ihr Leben lang nichts anderes getan, als Wyldbullen zu reiten. Sie sprang über gewundene Bäche und donnerte runde Hügel hinauf und wieder hinunter, bis sich schließlich in der Ferne eine Stadt am Horizont abzeichnete.

»Da, siehst du?«, rief Jonah, der neben ihr hergaloppierte. »Ist es nicht wunderschön?«

Filly war deutlich größer als die Städtchen und Dörfer, durch die sie auf dem Weg zu Blaggards Feste gekommen waren.

Die Stadt ragte bunt wie ein Regenbogen in den Himmel. Hohe, schmale Häuser in Blau, Gelb, Grün und Rosa drängten sich am Rand weißer Kopfsteinpflastergassen aneinander. Aus Kupferschornsteinen stieg silbriger Rauch in den Himmel auf. Es gab Marktbuden und Tavernen, über denen gewaltige Planen aufgespannt waren, um die Stadtbewohner vor der Sonne zu schützen.

»Es sieht wirklich hübsch aus«, stimmte Amy zu, als sie näher kamen. Aber trotzdem lag eine merkwürdige Schwere über Filly. Als hätte sich ein unsichtbarer Nebel an die Dächer geheftet.

Kurz später waren auch die ersten Bewohner auszumachen. Sie trugen dieselben graubraunen, abgewetzten Tuniken, die Amy bereits aus den Dörfern kannte, und stapften durch die Straßen wie Zombies. Immer wieder blieben sie stehen und rieben sich gähnend die Augen.

Amy und Jonah ließen die Wyldbullen zum Grasen an einem Fluss zurück, rückten sich die Kapuzen zurecht und eilten über eine Brücke ins Getümmel der Stadt.

Ein aufwendiger steinerner Springbrunnen hieß sie willkommen. In der Mitte stand eine Statue, die einen kurzen, rundlichen Mann zeigte. Er hatte spitze Ohren und einen üppigen Haarmopp auf dem Kopf und posierte mit erhobenem Federkiel. Sein lächelnder Mund war geöffnet, als hätte er gerade etwas sagen wollen. Doch statt Worten spuckte er einen Wasserstrahl aus, der in das Becken zu seinen Füßen plätscherte.

»Das ist Ogma, Gott der Kunst und Künstler«, sagte Jonah. »Er hat Filly zu seinen Lebzeiten errichtet, um der Kreativität ein Denkmal zu setzen.« Er lächelte kaum merklich. »Filly war einmal einer der glücklichsten Orte im ganzen Königreich. Die Leute tanzten und sangen auf den Straßen und trugen Regenbogenkleider, Glitzertuniken und riesige, alberne Hüte.« Er streckte die Arme aus, um ihr zu zeigen, wie groß die Hüte gewesen waren. »Die Musiker hier waren so talentiert, dass von überall Besucher angereist kamen, um ihnen zuzuhören, und die Geschichten der Barden waren so spannend, dass selbst die Wolken vom Himmel kamen, um auch ja kein Wort zu verpassen.«

Amy sah zu der Statue hoch. Eine seltsame Traurigkeit hatte sie erfasst.

Als sie sich wieder abwandte, bemerkte sie eine Gestalt in einer langen, grauen Robe, die auf der anderen Seite des Brunnens herumschlich.

Jonah nahm Amy bei der Hand. »Sag jetzt nichts«, zischte er ihr aus dem Mundwinkel zu. »Halte den Kopf gesenkt und folge mir.«

Jonah zog sie unauffällig vom Brunnen weg, doch sie sah sich noch einmal um. Das Gesicht der Gestalt war zwar in den Schatten ihrer Kapuze verborgen, doch Amy sah es darunter silbern aufblitzen und spürte einen stechenden Blick auf sich ruhen. Ihre Nackenhaare stellten sich auf.

»Wer war das?«, flüsterte sie.

Jonah wartete bestimmt eine Minute lang, ehe er antwortete. Ihre raschen Schritte klackerten über die Pflastersteine. »Das war ein Aufseher.«

»Und was sind diese Aufseher?«, fragte sie, auch wenn sie ziemlich sicher war, dass ihr die Antwort nicht gefallen würde.

»Verfluchte Verräter, das sind sie! Die Aufseher sind Tarlocks Spione. Man erkennt sie an ihren grauen Mänteln und den gruseligen Silberaugen. Sie lungern in den Dörfern und Städten herum und beobachten die Bewohner. Sie schlafen nie. Und sie blinzeln auch nicht. Der Magier hat sie mit einem Zauber belegt, sodass sie rund um die Uhr wachsam sind. Sie tragen ein Zauberpulver bei sich, und wenn sie etwas bemerken, das gegen Tarlocks Regeln verstößt – zum Beispiel, dass sich ein Fianna-Krieger oder eine kleine Grenzgängerin in der Stadt herumtreiben –, schicken sie eine leuchtend rote Stichflamme in den Himmel empor, die man meilenweit sehen kann. Und dann …« Jonahs Blick zuckte nervös über den Platz.

»… dann kommen die Dullahan?«, riet Amy.

Jonah nickte.

Sie schluckte. »Glaubst du, dieser Aufseher hier hat gemerkt, dass …«

»Nein.« Er schüttelte den Kopf. »Sonst hätte er längst eine Stichflamme abgesetzt. Aber er ist sicher nicht der Einzige hier. Wir müssen vorsichtig sein.«

Amy zog ihren Umhang fester um sich, damit auch ja niemand ihre Ohren entdeckte. Wenn sie sich nach Liam umhören wollte, würde sie vorsichtig sein müssen, damit sie sich nicht verriet.

Jonah bog mit ihr in eine andere Gasse ab. »Wenn hier jemand etwas über deinen Bruder weiß, dann die Händler«, sagte er, als hätte er ihre Gedanken gelesen. »Sie sind die größten Klatschmäuler in ganz Filly.«

Sie drückten sich durch eine belebte Straße, in der sich die Marktstände unter frischgebackenem Brot, riesigen Käserädern und Schalen voller gerösteter Nüsse und frischer Früchte bogen. Es gab auch dampfende Kuchen und Pasteten, dazu kleine Marmeladen- und Honigtöpfe. Doch Amy ahnte, dass alles nur Illusion war. Das Essen hier war genauso verdorben wie das Brot, das sie in Blaggards Feste gegessen hatte. Trotzdem knurrte ihr der Magen.

Sie steckte die Hand in die Hosentasche und fuhr mit dem Finger über den Rand von Liams Brille, dann umfasste sie Peggys silberne Sixpence-Münze und zog sie heraus.

Doch als sie damit zum nächsten Stand gehen wollte, hielt Jonah sie an ihrem Umhang zurück. »Steck dein Menschengeld weg, ehe du uns die Aufseher auf den Hals hetzt!«, flüsterte er aufgebracht. »Da kannst du dich auch gleich mitten auf den Marktplatz stellen und laut rufen, dass du eine Grenzgängerin bist!«

»Tut mir leid«, murmelte Amy betreten und steckte die Münze wieder weg.

»Außerdem kommt man hier mit Geld sowieso nicht weit. Die Währung hier sind nicht Münzen, sondern Geschichten. Am meisten ist Tratsch wert. Komm, ich zeig es dir.«

Sie traten an eine Holzbude, wo Jonah auf ein Stück Käse deutete, das ungefähr die Größe seines Kopfes hatte. »Eins davon bitte.«

»Was für eine Geschichte bietest du?«, fragte die Verkäuferin. Sie hatte ein längliches, schlaffes Gesicht und strähniges graues Haar. Ihr Kinn war ähnlich spitz wie ihre Ohren.

Jonah räusperte sich. »Kennen Sie *Der Lachs der Weisheit*?«

»Die hab ich gestern bestimmt viermal gehört«, entgegnete die Verkäuferin gelangweilt.

Er zog ein langes Gesicht. »Und wie wäre es mit *Königin Maeve und die wilde Jagd*?«

Die Frau gähnte. »Die kenne ich in- und auswendig.«

»Die Legende des Riesen von Schwarzdorn?«

Nun seufzte die Frau. »Hast du denn nichts Neues zu bieten?«

Jonah wurde rot.

»Wie wäre es mit einem Witz?«, schlug Amy vor.

Die Frau neigte den Kopf zur Seite. »Ein Witz? Es muss Jahre her sein, dass mir zuletzt jemand einen Witz erzählt hat.«

Amy dachte an ihren Bruder. Sie war sich ziemlich sicher, dass niemand auf der Welt so viele Flachwitze kannte wie Liam. Und heute konnte sie ein paar davon vielleicht nutzen, um an die Informationen zu gelangen, die sie benötigte, um ihm zu helfen.

»Was liegt zitternd auf dem Meeresgrund?«

Die Frau fuhr sich abwartend mit der Zunge über die Lippen.

»Ein … ein nervöses Wrack«, sagte Amy verlegen.

»Oh.« Kurz herrschte Stille, dann warf die Frau den Kopf in den Nacken und lachte so schallend, dass es eher so klang, als würde sie schreien.

Amy musterte sie beunruhigt, Jonah dagegen hielt sich den Bauch vor Lachen.

»Wow«, murmelte Amy.

Der Witz war so schlecht, dass es ihr fast schon peinlich gewesen war, ihn zu erzählen. Trotzdem war sie ein kleines bisschen stolz, die beiden damit so zum Lachen gebracht zu haben. Wenn die Frau lächelte, sah sie vollkommen anders aus. Als hätte jemand das Licht in ihren Augen eingeschaltet.

Bisher schien Amys Plan aufzugehen.

Sie rückte noch ein Stückchen näher. »Willst du noch einen hören?«

»Oh?« Die Frau hob eine graue Augenbraue.

Auf einmal hatte Amy das Gefühl, auf einem Drahtseil zu balancieren. Ihren nächsten Witz musste sie klug wählen und dabei trotzdem Vorsicht walten lassen.

»Warum galoppiert das Pferd durch die Stadt?« Sofort platzte Amy mit der Pointe heraus: »Um auf die andere Seite zu kommen!«

Aber diesmal lachte die Frau nicht. »Das ist nicht witzig«, sagte sie stirnrunzelnd. »Erst vorhin sind die Dullahan an der Stadt vorbeigekommen, und meine Kinder haben sich beide unterm Bett versteckt. Aus einer Meile Abstand haben sie die Schattenreiter schon kommen riechen.« Sie unterdrückte ein Schaudern. »Ich habe nur ganz kurz hingesehen, als sie da waren, und trotzdem ist mir speiübel geworden.«

»Sie meinen, Sie haben sie mit eigenen Augen gesehen?«, fragte Amy viel zu eifrig.

Jonah drückte ihren Arm. *Vorsichtig.*

»Sicher.« Die Frau knetete ihre Hände. Sie sah auf ins Licht der verfluchten Sonne, die sich durch die Plane über der kleinen Bude zu brennen versuchte. »Eine ganze Gruppe ist an der Stadtmauer vorbeigeritten. Schienen es richtig eilig zu haben.«

»So wie wir, fällt mir gerade ein«, bemerkte Jonah und versuchte, Amy wegzuziehen. Aber sie schüttelte ihn ab.

»Und warum hatten sie es so eilig?« Amys Stimme überschlug sich. »Hatten sie jemanden dabei?«

Jonah vergrub die Finger in ihrem Arm, aber Amy rührte sich nicht von der Stelle.

Die Frau beugte sich verschwörerisch vor, und Amy tat dasselbe, wobei ihre Kapuze ein wenig verrutschte. Die beiden steckten unter der Plane die Köpfe zusammen. »Es geht ein Gerücht um …«, sagte die Verkäuferin.

Amy hielt den Atem an.

»Angeblich hatte der Anführer einen *Grenzgänger* dabei«, flüsterte die Frau weiter.

Amys Herz geriet ins Stolpern.

»Ob das stimmt, weiß ich aber nicht. Ich weiß nur, dass er einen Sack mit etwas Magerem, Zappligem darin bei sich hatte. Das habe ich selbst gesehen.«

Liam lebte noch! Und er war nicht weit weg!

»Und wo sind sie langgeritten?«, fragte sie weiter und beugte sich eifrig vor. Die Kapuze rutschte ihr nun ganz vom Kopf. »Welchen Weg haben sie genommen?«

Jonah versuchte, sie zu retten, indem er ihr die Kapuze wieder überstreifte. Aber die Frau wich bereits nach hinten weg und musterte Amy argwöhnisch.

»Warum bist du so neugierig?«

»Ach, nur so«, antwortete Amy hastig. »Was liegt am Strand und redet undeutlich?«

Die Frau blinzelte.

»Eine Nuschel!«, verkündete Amy.

Sie beobachtete, wie der Witz bei der Frau ankam und sich der Argwohn in schallendes Gelächter auflöste.

»Schnell.« Jonah stupste sie an. »Erzähl noch einen.«

»Was sitzt auf dem Ast und weint?«, sagte Amy wie aus der Pistole geschossen. »Eine Heule.«

Diesmal quiekte die Verkäuferin vor Lachen. Irgendwo hinter Amy prustete jemand, und links von ihr ertönte ein Kichern. Die Leute von Filly hatten Wind von den Witzen bekommen, und jetzt sammelten sie sich um den Marktstand, um mehr zu hören.

»Was sitzt auf dem Baum und winkt? Ein Huhu!«

Erneutes Gelächter. Die Leute rückten immer näher um Amy zusammen. Ihre Augen waren groß, sie gierten nach mehr. Mit zunehmendem Entsetzen wurde ihr klar, dass sie gerade einen riesigen Aufruhr verursachte. Also das genaue Gegenteil von dem, was sie eigentlich tun sollte!

»Danke für das nette Gespräch, aber ich muss jetzt wirklich los.« Amy winkte der Frau. »Wiedersehen!«

Jonah zerrte sie durch das Gedränge, bis sie den Marktplatz endlich hinter sich gelassen hatten.

»Ich meinte noch *einen* Witz«, zischte Jonah, als sie zur Brücke hasteten. »Was hast du dir nur dabei gedacht, so viel Aufmerksamkeit zu erregen?«

»Tut mir leid«, murmelte Amy. »Mir war nicht klar, dass ich so witzig bin.«

»Diese Leute hier finden alles lustig. Sie haben seit sechzig Jahren keinen Witz mehr gehört!«

Sie waren fast wieder auf der Brücke, als wie aus dem Nichts eine große Gestalt mit grauer Kapuze vor ihnen auftauchte und ihnen den Weg versperrte. Sie beugte sich über sie und musterte sie aus ihren silberleuchtenden Augen. Ein Aufseher!

»Jonah?«, flüsterte Amy zitternd.

»Schon gut«, sagte Jonah und hob die Hände. »Das war nur … ein Missverständnis, mehr nicht.«

Die Gestalt sendete keine Stichflamme in den Himmel empor. Aber sie sagte auch nichts. Sie packte die beiden nur mit einem Schraubstockgriff an den Handgelenken und zerrte sie zurück in die Stadt.

»Mach jetzt bloß nichts Dummes«, flüsterte Jonah Amy zu. »Wenn wir fliehen, ruft er die Dullahan.«

Der Aufseher zerrte sie am Marktplatz vorbei und weiter über den Hauptplatz.

Jonah und Amy hielten den Blick gesenkt, um nicht noch mehr Aufmerksamkeit auf sich zu lenken, und Conan versteckte sich in den Falten von Jonahs Umhang. Trotzdem spürte Amy, dass sie von allen Seiten angestarrt wurden, und sie hörte auch das Getuschel, das sie durch die Kopfsteinpflastergassen verfolgte. Die Gerüchteküche von Filly brodelte bereits.

Als der Aufseher um eine Ecke bog und sie auf ein turmartiges, lilafarbenes Haus zuführte, von dessen oberstem Stockwerk aus man einen Überblick über die ganze Stadt hatte, blickte Jonah auf.

»O nein«, stöhnte er. »Nicht Violetta Nebelpfiff.«

Amy starrte ihn ratlos an. »Wer?«

»Die Stadtflüsterin«, erklärte er. »Sie hütet sämtliche Gerüchte von Tír na nÓg wie die Gans ihre goldenen Eier. Violetta Nebelpfiff weiß einfach alles, was im Königreich vor sich geht.«

»Und warum will sie uns jetzt sehen?«, fragte Amy beunruhigt.

»Weil sie vor einer Weile von Tarlock auf seine Seite gezogen wurde.« Jonah schluckte. »Jetzt ist sie oberste Aufseherin von Filly.«

Kapitel 11

Die Stadtflüsterin

Violetta Nebelpfiff, die diensthöchste Aufseherin von Filly, saß in ihrem Lehnstuhl, als Amy und Jonah in ihr Wohnzimmer geschubst wurden. Der Aufseher, der die beiden aufgegabelt hatte, machte kehrt, um draußen im Gang zu warten. Verunsichert blieben sie neben der Tür stehen, die hinter dem Aufseher ins Schloss gefallen war.

Sie saßen in der Falle.

Die oberste Aufseherin kraulte einen plüschigen grauen Kater, dessen Gesicht so breit und flach war wie ein Pfannkuchen. Statt einer langen, grauen Robe trug sie Schwarz von Kopf bis Fuß und einen kleinen schwarzen Schleier wie zu einer Beerdigung vor dem Gesicht. Im Feuerschein konnte Amy gerade eben so den silbernen Schimmer in ihren Augen ausmachen.

»Jonah von den Elderglen-Grünlingen«, bemerkte Violetta Nebelpfiff. Ihre Stimme war tief und affektiert. »Dein letzter Besuch hier in Filly ist lange her.« Dann wandte sie sich an Amy. »Und du hast eine kleine Freundin mitgebracht. Seid willkommen im Haus des Flüsterns. Setzt euch, bitte.«

Amy *wollte* sich nicht setzen. Sie wollte *davonlaufen*! Aber sie zwang sich, einen kühlen Kopf zu bewahren. Wenn sie diese Begegnung heil überstehen wollten, durften sie sich jetzt keinen Fehler erlauben.

Jonah ließ sich in einen grünen Samtsessel neben der Tür sinken, während Conan ängstlich unter den Falten seines Umhangs hervorlugte. Amy zog ihre Kapuze weiter nach unten und kauerte sich zu Jonah auf die Armlehne. Ihr Blick fiel auf den knisternden Kamin und den eleganten Schreibtisch daneben, auf dem sich Bücher und Landkarten häuften. Ob wohl auch eine von Silverstone Castle dabei war?

»Du kannst dem Eichhörnchen ausrichten, dass Ralph es nicht fressen wird«, sagte Violetta Nebelpfiff und streichelte dabei ihren Kater. »Er darf keine Púcas fressen.«

»Danke, Madam Nebelpfiff«, sagte Jonah ehrerbietig. »Wir wissen den herzlichen Empfang wirklich zu schätzen, aber ich fürchte, wir müssen uns jetzt auf den Weg machen.«

»Ach ja?«, fragte Madam Nebelpfiff neugierig. »Und wo genau wollt ihr hin?«

»Nach … ähm, nach nirgendwo«, antwortete Jonah hastig. »Wir haben nur einen kurzen Abstecher nach Filly gemacht. Die anderen Grünlinge vermissen uns sicher schon.«

Madam Nebelpfiff zeigte mit einem spindeldürren Finger auf Amy. »Sie ist aber kein Grünling.«

Amy zuckte zusammen.

»Stimmt, das ist eine entfernte Cousine von mir. Sie stammt aus Buttereich und ist gerade zu Besuch«, sagte Jonah.

»Superweit entfernt«, krächzte Amy.

»Buttereich also«, sagte Madam Nebelpfiff. Der Kater auf ihrem Schoß schien Amy genau zu mustern. »Hast du dort diese ganzen urkomischen Witze gelernt?«

Amy war sich ziemlich sicher, dass sie gerade in eine Falle tappte. Aber sie konnte die Antwort schlecht verweigern. Also versuchte sie, der Frage stattdessen auszuweichen. »Na ja, eigentlich kenne ich nur ein paar.«

»Und trotzdem hast du sie dir irgendwie merken können.« In Violetta Nebelpfiffs Stimme klang noch immer dieselbe affektierte Neugierde mit. »Obwohl alle anderen in diesem Land vergessen haben, dass es so etwas wie Witze je gegeben hat.« Sie lehnte sich in ihrem Stuhl zurück und trommelte mit ihren helllila Fingernägeln auf der Armlehne herum.

Amys Blick wanderte zurück zum Schreibtisch. Es juckte sie in den Fingern, in den Karten zu stöbern.

»Und ich dachte schon, du wärst nach Filly gekommen, weil du den Jungen verfolgst. Den, der mit den Dullahan reitet.«

Amy drehte ruckartig den Kopf zu der Aufseherin, sodass ihr einige rote Haarsträhnen aus der Kapuze rutschten. Eilig stopfte sie sie wieder hinein.

Madam Nebelpfiffs Zähne blitzten hinter dem Schleier auf. »Hast du dich auf dem Marktplatz nicht nach ihm erkundigt?« Nach kurzem Schweigen fügte sie hinzu: »Das heißt natürlich, zwischen deinen kleinen Witzen.«

Amy zwang sich zu einem Lachen. »Oh, ich habe nur ein bisschen geplaudert. Die Verkäuferin hat ihn ganz von selbst erwähnt.«

»Sie hat gar nicht mehr aufgehört zu reden«, fügte Jonah hinzu. »Dabei wollten wir doch nur ein Stück Käse kaufen.«

Madam Nebelpfiff gab einen freudlosen Lacher von sich. »Ihr seid den ganzen weiten Weg nach Filly gekommen, um ein Stück *Käse* zu kaufen?«

Amy und Jonah nickten gleichzeitig. »Ja.«

»Dann seid ihr also nicht an dem Grenzgänger interessiert?«

Amys Herz klopfte wie wild. Sie musste unbedingt herausfinden, was Violetta Nebelpfiff wusste.

»Der Junge ist ein Grenzgänger?« Jonah stieß einen Laut der Überraschung aus. »Das hören wir zum ersten Mal!«

»Schwer zu glauben«, sagte die Aufseherin trocken. »Wo du doch ein Grünling bist.«

Jonah zuckte mit den Schultern.

Ralph machte einen Buckel und miaute, dann sprang er seinem Frauchen vom Schoß. Conan wuselte hektisch in Jonahs Umhang herum, während der Kater angetapst kam und an Amys Mantelsaum herumschnüffelte.

»Husch, husch!«, machte Amy und versuchte, ihn von sich wegzuschieben.

»Und was ist mit dem Gift in ihrer Tasche?«, fragte Madam Nebelpfiff. »Ich nehme an, das ist dir auch entgangen?«

Amy erstarrte. Auf einmal fühlte sich Peggys Münze in ihrer Jeanstasche tonnenschwer an.

Jonahs Blick huschte zur Tür. »Ich weiß nicht, wovon Sie da reden.«

Madam Nebelpfiff schnalzte mit der Zunge. »Von etwas, das nicht aus dieser Welt stammt. Ich kann es spüren.«

Und Ralph offenbar auch.

O nein!

Amy sprang auf. »Jetzt müssen wir aber wirklich los. Sonst kommen wir noch zu spät!«

»Zu was denn?« Madam Nebelpfiff stand auf. Ihre schwarze Spitzenschleppe raschelte hinter ihr her, als sie mit drei raschen Schritten den Raum durchquerte und ihnen den Weg zur Tür versperrte.

Ihre Hand schoss hervor, und sie zerrte Amy die Kapuze vom Kopf.

Amy schnappte nach Luft, als ihr das lange, rote Haar ins Gesicht fiel und ihre sommersprossigen Wangen und die runden Ohren zum Vorschein kamen.

»Soso«, sagte Violetta Nebelpfiff selbstzufrieden. »Wen haben wir denn da?«

Amy wich ihr blitzschnell aus und zerrte die Tür auf, aber die oberste Aufseherin packte sie bei den Schultern und drückte sie gegen die Wand. Ihre Augen blitzten auf, und Amy glaubte, einen Anflug von Verzweiflung darin zu erkennen. »Wie viele seid ihr, Grenzgängerin?«

Amy versuchte, sich aus ihrem Griff zu winden. »Lassen Sie mich los!«

Doch der Griff der Frau wurde nur noch fester, und ihre Fingernägel gruben sich tief in Amys Haut. »Warum bist du mit einem Grünling unterwegs? Sag die Wahrheit, Grenzgängerin! Hast du dich den Fianna angeschlossen?«

Jonah erstarrte.

Amy blinzelte. »Was sind denn Fianna?«

»Alles Lügen!«, zischte Madam Nebelpfiff. Dann wandte sie sich an Jonah. »Wo ist Oscar de Barra?«

»Woher soll ich das wissen? Sie wissen genau, dass die Fianna uns Grünlingen nichts erzählen.« Jonahs Lachen klang gezwungen. »Außerdem: Wer zieht schon freiwillig mit einer Grenzgängerin durch die Gegend? Damit bettelt man ja förmlich darum, von den Dullahan angegriffen zu werden!«

Die Aufseherin verzog ihre silbernen Augen zu Schlitzen. »Oscar de Barra weiß genau, wie wertvoll Grenzgänger sind. Besonders jetzt, wo Tarlock im Sterben lie...« Hastig brach sie ab und riss erschrocken die Augen auf.

Diesmal schien es von Herzen zu kommen, als Jonah nach Luft schnappte. »Dann stimmt es also? Der Magier stirbt?«

Madam Nebelpfiff lachte zwar auf, aber Amy konnte die Angst in ihrem Blick sehen. Die Aufseherin hatte zu viel verraten. »Nur bis es ihm gelingt, die Sonnenkette zu reparieren. Was bloß eine Frage der Zeit ist. Bald schon hat er es geschafft!« Sie versuchte sich an einem weiteren Lacher, wurde aber von einem schrillen Kreischen unterbrochen, gefolgt vom Trippeln winziger Pfoten. Conan war aus Jonahs Umhang gesprungen und wurde von Ralph in einer wilden Hatz durchs Wohnzimmer gejagt. Jedes Mal, wenn sich der Kater auf Conans buschigen Schwanz stürzte, gab er ein lautes Maunzen von sich.

Madam Nebelpfiff ließ Amy los. »RALPH SCHNÄUZELSCHNURR!«, schrie sie. Ihre Stimme klang plötzlich ganz anders. »JETZT REISS DICH ABER ZUSAMMEN!« Der affektierte, neugierige Tonfall war wie weggeblasen. Sie sprach nun eher wie die Marktschreierinnen, die Amy vom Sonntagsmarkt in Galway kannte.

Madam Nebelpfiff verhedderte sich mit dem Fuß in ihrem Kleidersaum und fiel keuchend auf die Knie. Dann riss sie sich verärgert den Schleier vom Gesicht. »Dieses blöde Ding! Wie soll man damit was erkennen?«

Amy rannte zum Schreibtisch und schnappte sich einen Stapel Landkarten.

Gleichzeitig sprang der Kater aufs Sofa und holte mit seinen schimmernden Krallen nach Conan aus. Amy schnappte sich einen Briefbeschwerer und schleuderte ihn auf den Kater, dann rannte sie zur Tür zurück. Das Eichhörnchen sprang auf Jonah, der es mühelos auffing, und die drei rasten durch die offene Tür davon.

Der Aufseher, der sie zu Madam Nebelpfiff gebracht hatte, jagte ihnen den Gang entlang hinterher, aber Jonah zog sein Holzschwert und rammte es ihm in den Bauch. Dem Aufseher entfuhr ein schmerzerfülltes Keuchen, und er krümmte sich nach vorn. Jonah rammte ihm den Schwertknauf in die Schulter, und der Aufseher ging zu Boden.

»Netter Trick!«, schnaubte Amy. Die Karten fest an ihre Brust gedrückt, kickte sie die Haustür auf.

Jonah flitzte ihr hinterher. »Siehst du? Das Holzschwert ist gar nicht so verkehrt!«

Die beiden rasten durch die Straßen von Filly, ohne auf das aufgebrachte Getuschel zu achten, das ihnen folgte, wo sie auch hinliefen. Inzwischen war es egal, ob sie entdeckt wurden. Denn die Aufseher wussten bereits von ihrer Anwesenheit, und je schneller sie von hier wegkamen, desto besser.

Als sie die Brücke erreichten, war irgendwo in der Ferne ein »Plopp!« zu hören. Amy fuhr herum und sah eine leuchtend rote Stichflamme aus Madam Nebelpfiffs Kamin in den Himmel schießen. Sie explodierte wie ein Feuerwerkskörper und ließ ihre Funken in alle Himmelsrichtungen fliegen.

»Heiliges Juckgras!«, keuchte Jonah, während sie über die Brücke rannten. »Die Dullahan kommen!«

Amy schnappte nach Luft. »Lauf weiter!«, brüllte sie. »Und nicht umsehen!«

*

Amy und Jonah redeten erst wieder, als sie auf den Wyldbullen saßen und die Stadt ein gutes Stück hinter ihnen lag. Nachdem die Tiere anfangs losgaloppiert waren, als wäre ihnen der Teufel auf den Fersen, trabten sie nun ruhiger durch die Landschaft, um Kräfte zu sparen.

»Puh, das war knapp!«, keuchte Jonah, als sie nebeneinander herritten.

»Zumindest konnten wir die hier ergattern«, sagte Amy und holte die Karten unter ihrem Umhang hervor. »Mit etwas Glück ist eine davon für Silverstone Castle. Und wir wissen jetzt, dass Tarlock im Sterben liegt. Das ist doch gut, oder?«

Jonah runzelte die Stirn. »Aber dafür weiß Madam Nebelpfiff jetzt von dir.«

»Den Teil vergessen wir lieber«, sagte Amy und wechselte hastig das Thema, ehe sie von der Angst überwältigt wurde. »Was ist ein Púca? Madam Nebelpfiff hat das Wort genannt, und im Elderglen-Wald haben sich die Fianna auch darüber unterhalten.«

»So nennt man ein Tier, das früher mal eine Person war«, erklärte Jonah. »Mit Tarlock geht manchmal die Wut durch. Dann verwandelt er jeden in seiner Nähe in einen Púca.«

Bei dem Gedanken wurde Amy bleich. Dann wanderte ihr Blick zu Conan, der auf Jonahs Schulter saß. »Bist du auf diese Weise zum Eichhörnchen geworden?«

Conan nickte und begann, mit Gesten einen komplizierten Schwertkampf nachzustellen.

Jonah interpretierte seine kleine Aufführung für Amy. »Als Tarlock den Schleier zwischen unseren Welten zum ersten Mal geöffnet hat, gehörte Conan zu der Gruppe, die die beiden Grenzgängerkinder entdeckte, die im Elderglen-Wald herumliefen. Die Fianna waren gerade zum Training in Blaggards Feste, und wir hatten keine Waffen, um uns gegen die Schattenreiter zu wehren, die kamen, um die Menschenkinder einzusammeln. Aber Conan war immer der Mutigste von uns gewesen, und er versuchte trotzdem, den beiden zur Flucht zu verhelfen.«

Jonah spielte mit der Lockenmähne des Wyldbullen herum. Seine Wangen verfärbten sich rot. Schämte er sich etwa? Nicht für seinen Freund, sondern für sich selbst?

»Eins der Kinder konnte er befreien. Aber als das andere gefangen genommen wurde, haben die Dullahan auch Conan erwischt. Tarlock war so wütend, dass er ein Exempel an ihm statuierte, mitten im Elderglen. Als Warnung für uns übrige Grünlinge, die sich in den Bäumen versteckten.«

Amy hätte nie gedacht, dass sie eines Tages Bewunderung für ein Eichhörnchen empfinden würde. »Das war sehr mutig von dir, Conan. Es tut mir so leid, was mit dir passiert ist.« Sie beugte sich zu dem anderen Wyldbullen hinüber und hielt dem Eichhörnchen ihren Zeigefinger hin. Conan schüttelte ihn mit stolzgeschwellter Brust mit beiden Pfoten.

Zu Jonah sagte sie: »Und von dir war es sehr mutig, mitzukommen und mir zu helfen, meinen Bruder zu retten. Vor allem, weil du weißt, wie es für dich enden könnte.«

Jonah berührte gedankenverloren das Muttermal unter seinem Auge. »Manchmal glaube ich, wenn ich an dem Tag damals mutiger gewesen wäre – wenn wir *alle* mutiger gewesen wären –, dann wäre unser Königreich heute nicht in dieser Lage. Aber manchmal reißt einen die Angst einfach mit wie eine Welle, und wenn man nicht aufpasst, ertrinkt man darin.«

Conan nickte grimmig.

Die Geschichte des kleinen Eichhörnchens versetzte Amy einen Stich ins Herz. »Nichts dauert ewig«, sagte Amy.

»Außer hier in Tír na nÓg«, seufzte Jonah. »Hier ist alles für die Ewigkeit.«

»Hey«, sagte Amy leise. »Wie nennt man einen Keks unter einem Baum?«

Die beiden musterten sie erwartungsvoll.

»Ein schattiges Plätzchen.«

Auf Jonahs Gesicht breitete sich ein Grinsen aus, und Conan keckerte, als würde er lachen.

Amy machte sich daran, die Karten durchzusehen. Als sie schon kurz davor war, die Hoffnung aufzugeben, entdeckte sie auf dem vorletzten Pergament die Worte *Silverstone Castle*.

»Schau mal, Jonah!«, rief sie und wedelte damit herum. »Eine Karte vom Schloss!«

»Den Göttern sei gedankt!« Jonah klatschte triumphierend in die Hände. »Vielleicht bringt Oscar uns ja doch nicht um!«

Amy grinste vor sich hin, faltete die Karte vorsichtig zusammen und verstaute sie wieder in ihrem Umhang. Es fühlte sich an, als wäre sie Liam gerade mehrere Schritte näher gekommen.

Kurze Zeit später erschien in der Ferne der mächtige, knotige Stamm der alten Eiche. Dahinter zog von Norden her ein dunkler Nebelstreifen auf. Der Himmel, der gerade noch blau und blendend hell gewesen war, bewölkte sich von jetzt auf gleich, und die Sonne verschwand hinter einem Schleier aus grauen Schatten. Dann prasselte ein heftiger Regen vom Himmel herab, und der Donner grollte so laut, dass Amy brüllen musste, um noch verstanden zu werden.

»Ich habe noch nie erlebt, dass sich das Wetter so schnell verändert!«, rief sie, während sie auf ihren Wyldbullen dem Baum entgegenjagten. »Und ich stamme aus Westirland!«

»Das passiert in letzter Zeit häufiger«, rief Jonah. »Der König muss gerade einen Wutanfall gehabt haben.«

Amy sah zum Himmel auf. Ein Blitz riss ihn entzwei, und die Erde bebte, dass es Amy durch Mark und Bein ging. Das Gleißen der verfluchten Sonne fehlte ihr zwar kein bisschen, aber sie war nicht sicher, ob dieses Gewitter hier wirklich besser war.

»Soll das dein Ernst sein?«, rief sie Jonah zu. »Und wieso habe ich bisher noch nichts von diesem König gehört?«

»Dazu wollte ich gerade kommen!«, brüllte Jonah gegen den Regen an. Doch dann wurde ihre Unterhaltung schlagartig unterbrochen. Denn durch den peitschenden Regen und die Nebelschleier konnten sie eine Gestalt ausmachen, die unter der Eiche auf sie wartete. Und der bernsteinfarbene Schimmer ihres Speers verriet Amy auch, um wen es sich handelte.

Oscar machte keinen Hehl daraus, dass er stinkwütend war.

Und auf einmal war sich Amy nicht mehr sicher, welches Donnerwetter schlimmer war: das am Himmel oder das, das sie am Eingang zu Lughs Tal erwartete.

Kapitel 12

Die kreischende Finsternis

Liam ritt mit den Schattenreitern von Tír na nÓg, bis ihm der Gestank des Todes in jeder Hautfalte haftete, bis sein Rücken vor Schmerzen brüllte und seine Kehle brannte. Seine Angst wurde mit jeder Meile größer, denn die Pferde galoppierten so schnell, dass es manchmal eher so wirkte, als würden sie fliegen.

Er wusste, dass seine Chancen, Amy je wiederzusehen, immer geringer wurden, je weiter sie sich von dem verzauberten Wald entfernten. Und je länger sie ritten, desto sicherer wurde sich Liam, dass er sterben würde.

Er versuchte, sich vorzustellen, wie sich Amy an seiner Stelle verhalten würde. Sie würde nicht den Mut verlieren, da war er sicher. Aber vor allem würde sie bis zum bitteren Ende weiterkämpfen. Eine leise Stimme in seinem Kopf flüsterte ihm zu: *Wenn du sowieso sterben wirst, warum machst du es ihnen dann so leicht? Warum gehst du nicht mit Pauken und Trompeten unter?*

Er senkte sein Kinn und musterte die Fesseln um seine Handgelenke. Sie waren immer noch an den Zügeln festgebunden und die Haut darunter wund. Wenn er sich fallen ließ, würde entweder das Seil reißen, oder er brach sich alle Knochen. Aber er musste einen Fluchtversuch wagen. *Weil es das ist, was Amy jetzt tun würde.*

Er atmete tief durch. *Jetzt oder nie.*

Doch gerade als er sich vom Pferd stürzen wollte, wurde es langsamer. Liam riss das Kinn hoch und stieß mit dem Hinterkopf gegen die Brust des Reiters hinter ihm. Sie schienen einen engen, felsigen Pass zu durchqueren.

Dann wurde ihm auf einmal der Sack vom Kopf gezerrt, und er hatte freie Sicht auf einen zerklüfteten grauen Berg, der hoch in den Himmel aufragte. In seine Flanke war ein Schloss gehauen, dessen Türme bis in den Nebel ragten. Ohne seine Brille sah er zwar nur verschwommen, aber Liam fand, dass es ein bisschen an einen Grabstein erinnerte, der über Tír na nÓg wachte.

»*Oh*«, flüsterte er überrascht.

Die Pferde sammelten sich am Fuß des Berges, wo der Weg steil und felsig wurde. Der kopflose Reiter vor ihm rutschte lautlos zu Boden, band Liam von den Zügeln los und zerrte ihn vom Pferd. Liam kniff die Augen zu und wünschte, er hätte den Schattenkrieger, der ihn den Berg hinauftrug, nie richtig gesehen – weder die gewaltige Brust, die sich unter seinem Phantom-Atem blähte, noch den Halsstumpf, der nach oben hin zu finsteren Schatten verschwamm. Die Schnallen an seinen Stiefeln klirrten bei jedem Schritt.

Das Sonnenlicht brannte selbst hinter Liams Augenlidern noch, und in seinem Schädel breitete sich ein hämmernder Schmerz aus.

Es fühlte sich an, als wäre eine Kreatur in ihm gefangen, die sich den Weg nach draußen bahnen wollte.

Klirr. Klirr. Klirr.

Als Liam seine Augen wieder öffnete, näherten sie sich einem hoch aufragenden schwarzen Doppeltor. Der kopflose Reiter schleuderte ihn davor auf den Boden und machte auf dem Absatz kehrt. Dann war er wie ein kalter Windhauch verschwunden und ließ Liam allein auf dem struppigen Gras zurück.

Erst handeln, später denken, sagte er sich.

Auf Händen und Knien krabbelte er den Hang hinab, wobei er versuchte, seinen verletzten Knöchel nicht allzu stark zu belasten.

Irgendwo hinter sich hörte er Schritte knirschen. Aber er krabbelte weiter, selbst als die Schritte schneller wurden und eine wütende Stimme nach ihm rief.

Doch dann tauchte ein Wachmann vor ihm auf, der sich ihm direkt in den Weg stellte. Er trug eine schwarze Rüstung, auf der eine goldene Sonne prangte, und einen passenden Helm mit einem offenen Visier.

Liam war bewusst, dass die Situation aussichtslos war, aber er versuchte trotzdem, dem Wachmann auszuweichen.

Doch dieser versperrte ihm erneut den Weg. Er wirkte riesig und brutal und finster, aber zu Liams Erleichterung besaß er wenigstens einen Kopf. Die bloße Tatsache, dass der

Soldat Ohren hatte, bedeutete, dass zumindest die Chance bestand, mit ihm ins Gespräch zu kommen.

Liam kam taumelnd auf die Beine. »Ich … Ich muss dann mal los«, stammelte er.

Der Soldat hob ihn ungerührt hoch.

»Lassen Sie mich runter!«, protestierte Liam, aber er war zu schwach, um sich zu wehren. Der Soldat trug ihn so mühelos den Berg hinauf, als wäre er ein Sack Kartoffeln.

Ohne seine Brille verschwammen die Ränder der Welt, aber Liam tat sein Bestes, sich alles genau einzuprägen. Überall ragten Türme in den Himmel, von deren Spitzen grün-silberne Fahnen wehten. Der höchste von ihnen ragte aus der Mitte des Schlosses empor wie ein Finger, der in den Himmel zeigte. Es war ein Uhrenturm mit einem mondweißen Zifferblatt und einem tickenden schwarzen Zeiger.

Liam spürte die kühle Rüstung des Wachmanns an seiner Wange. »Das ist ein Irrtum«, sagte er und versuchte, sich zu befreien. »Ich gehöre hier gar nicht her.«

Doch der Soldat schleppte ihn nur schnaubend weiter durch das schwarze Tor und hinein in die Tiefen des Schlosses. Sie stiegen eine steinerne Treppe hinab, die sich weit in die Dunkelheit hinabwand, bis die Luft so feucht war, dass sie Liam einhüllte wie eine zweite Haut. Das einzige Licht stammte von einer einsamen Wandlampe. Es ließ die Rüstung des Wachmanns so grell schimmern wie die Sonne am Himmel. Eine Tür quietschte laut, dann wurde Liam auf dem strohbedeckten Boden abgesetzt. Ein Schlüssel drehte sich im Schloss, bis er klickend einrastete.

Liam sah auf. Er saß hinter Gittern. »Moment!« Er warf sich gegen die Eisenstäbe. »Wo bin ich hier? Was passiert jetzt mit mir?«

Aber der Soldat ging einfach davon. »Hüte dich vor der Banshee, wenn dir dein Leben lieb ist«, rief er ihm zum Abschied zu. Dann war er fort.

Liam versuchte, sich durch die Gitterstäbe zu quetschen. »Warten Sie! BITTE!«

Aber nur das Echo seiner Stimme antwortete ihm.

BITTE! Bitte … *Bitte* …

»SIE KÖNNEN MICH HIER DOCH NICHT EINFACH …«

Ein markerschütterndes Kreischen ertönte, und eine Kreatur kam aus der Finsternis geflitzt. Liam machte einen Satz rückwärts, als das Wesen seine knorrigen Finger um die Gitterstäbe schloss.

Das Gesicht der Banshee war unbeschreiblich runzelig. Mit ihren milchweißen Augen schien sie nicht sehen zu können, und ihr zahnloser Mund klaffte so weit auf, dass Liam bis in ihre schwarze Kehle sehen konnte. Und noch etwas sah er. Nämlich den Schlüssel, der um ihren Hals hing.

»Bitte friss mich nicht!«, flehte er.

Die Wandlampe erlosch. Die Banshee regte sich nicht, aber er spürte ihren Blick auf sich ruhen, als er sich hinten in seinem Verlies auf einem Strohhaufen zusammenkauerte.

Er fuhr sich durchs Haar, versuchte, sich zu beruhigen. Doch da waren einfach zu viele Gefühle in ihm – Angst und Verwirrung, Grauen und Hoffnungslosigkeit.

Einfach nur atmen.

Aber plötzlich kam ihm das unmöglich vor. Alles in ihm war zu eng. Sein Schädel, seine Kehle, sein Brustkorb, alles schien sich zusammenzuziehen wie ein Akkordeon.

Er musste an seine letzte Panikattacke denken. Das war vor sechs Monaten gewesen, direkt vor einer Klavieraufführung. Auch damals hatte sich alles in ihm zusammengezogen, und er war hysterisch in der Küche auf und ab gelaufen und hatte nach Luft geschnappt. Amy war von draußen angerannt gekommen, hatte ihm die Hände auf die Schultern gelegt und ihm geholfen, die Sekunden zu zählen, die er für jeden Atemzug brauchte, bis seine Wangen nicht mehr brannten und er wieder genug Luft bekam.

Jetzt versuchte er das wieder. Fünf Sekunden lang einatmen, fünf Sekunden lang ausatmen. Wieder und wieder und wieder. Bis die Welt aufhörte, sich zu drehen.

Dann rollte er sich ganz klein zusammen, vergrub das Gesicht in den Händen und verbarg sich vor der Finsternis.

Er hoffte, dass es Amy gut ging. Und dass sie vielleicht – ganz vielleicht nur – kommen würde, um ihn zu retten.

Kapitel 13

Der Wunschbrunnen

Oscar sagte kein Wort zu Amy und Jonah, als sie die Eiche erreichten. Aber er bedachte sie mit einem so wütenden Blick, dass Jonah ein leises Wimmern von sich gab. Der Anführer der Fianna öffnete mit seinem Speer den Zugang zu Lughs Tal und führte die beiden zurück zu Blaggards Feste, wobei er ununterbrochen aufgebracht vor sich hin murmelte.

Amy konnte nur einzelne Worte wie »ungehorsam« und »lebensmüde« ausmachen. Aber etwas verriet ihr, dass es ihre Situation nicht besser machen würde, wenn sie jetzt versuchte, sich zu erklären. Also verkniff sie sich jeden Kommentar, so schwer es ihr auch fiel.

Doch als sie sich in der Halle von Blaggards Feste mit den übrigen Fianna zusammensetzten, kam sie nicht mehr darum herum, die gesamte katastrophale Wahrheit über ihre Taten preiszugeben.

»Erzählt!«, befahl ihnen Oscar. »Sag den Männern, was ihr angerichtet habt.«

Amy nahm all ihren Mut zusammen. »Ich war in Filly, um Informationen über meinen Bruder zu sammeln …«

»… was eigentlich meine Aufgabe war«, unterbrach sie Niall, dem es gelungen war, dieselbe Reise anzutreten und noch vor ihnen wieder zurückzukehren, ohne dabei den leisesten Aufruhr anzuzetteln.

»Ich wollte aber nicht mehr warten«, erwiderte Amy. »Ich wollte selber sehen, was ich erreichen kann.«

»Und da hast du einen Grünling mitgenommen?«, sagte Oscar mit einem anklagenden Blick in Jonahs Richtung. »Der dabei seinen *grünen Mantel* anhatte? Und sein *grünes Stirnband*? Das hättest du doch besser wissen müssen, Junge.«

Jonah musterte seine Stiefelspitzen. »Tut mir leid«, murmelte er.

Amy räusperte sich. »Das ist aber nicht alles.«

Oscar unterdrückte einen Fluch. »Warum nur war mir das klar?«

Ohne die Fianna anzusehen, erzählte sie ihnen in einem einzigen Atemzug von Violetta Nebelpfiff und kniff ganz fest die Augen zu, nachdem sie ihren Bericht beendet hatte.

Eine lange, dröhnende Stille senkte sich über den Raum.

»Dann … Dann weiß Tarlock also von dir«, sagte Manus leise.

Amy nickte.

»Und von Jonah auch.«

Wieder nickte sie.

»Was bedeutet, dass er vermutlich auch von unserem Kommen weiß«, folgerte Ultan.

»Aber habt ihr denn nicht gehört, dass Tarlock stirbt?«, fragte Amy, damit auch der hilfreiche Teil ihres Abenteuers nicht in Vergessenheit geriet. »Und das bedeutet, ihr hattet recht! Es ist der perfekte Augenblick, um ihn anzugreifen. Außerdem haben wir das hier.« Sie zog die Karte von Silverstone Castle hervor und wedelte Oscar damit vor der Nase herum. »Das ist eine Karte vom Schloss!«

Oscar riss sie ihr aus der Hand und überflog sie mit zusammengekniffenen Augen. »Dann bist du also doch nicht ganz so nutzlos, wie du aussiehst«, murmelte er und steckte die Karte in eine Innentasche seines Umhangs. »Allerdings vertraue ich nicht darauf, dass die Karte bei dir in guten Händen ist. Ich meine ja nur. Weil es dir ja noch nicht einmal gelingt, ordentlich auf dich selbst aufzupassen.«

Er wandte sich vom Kreis seiner Krieger ab. »Tarlock wird seine Reiter in unsere Richtung schicken«, sagte er, als er ans Feuer trat. »Wir müssen aufbrechen. Ehe er uns hier im Tal einkesselt und wir leichte Beute sind.«

»Und was ist mit Liam?«, rief ihm Amy hinterher.

»Dein Bruder ist schon zu weit weg«, sagte Niall, der auf seinem Ausflug nach Filly offenbar wertvolle Informationen von seiner Schwester erhalten hatte. »Die Dullahan waren viel schneller, als wir dachten. Anders als auf uns hat der Fluch keine lähmende Wirkung auf sie. Er stärkt sie sogar. Vermutlich haben sie Silverstone Castle längst erreicht.«

Die Welt um Amy drehte sich, und einen Moment lang befürchtete sie, in Ohnmacht zu fallen. »Dann steckt Liam jetzt in gewaltigen Schwierigkeiten.«

»Noch bleibt uns Zeit, ihn zu retten«, versuchte Niall, sie zu beruhigen. »Tarlock befindet sich derzeit nicht im Schloss. Ich habe gehört, dass er sich in den Weinenden Weiten aufhält, um die Zutaten für seinen neuen Zauber zu sammeln. Es wird noch dauern, bis er zum Mount Arrigal zurückkehrt.«

Sofort kam wieder Leben in Amy. »Dann können wir ihn ja vielleicht rechtzeitig abfangen! Los, wir dürfen keine Zeit verlieren!«

»Du bleibst hier«, befahl Oscar ihr streng und warf sich dabei seinen prallen Beutel über die Schulter. »Und du auch«, fügte er an Jonah gewandt hinzu. »Wenn wir unsere Angelegenheiten erledigt haben, holen wir euch wieder ab.«

Doch Amy schüttelte den Kopf. »Jetzt bin ich schon so weit gekommen, dass ich mich nicht mehr abwimmeln lasse.«

»Wenn sie geht, gehe ich auch«, verkündete Jonah, und nicht zum ersten Mal hätte Amy ihn umarmen können vor Dankbarkeit.

»Außerdem finden uns die Dullahan, wenn ihr uns hier zurücklasst«, drohte sie.

Oscar rieb sich das Gesicht. Niall, der neben ihm aufgetaucht war, wirkte ähnlich hin- und hergerissen. »Da hat sie schon recht«, brummte er vor sich hin. »Dank ihres Auftritts in Filly werden die Dullahan garantiert ihr Lager vor dem Eingang zum Tal aufschlagen, sobald sie hier eintreffen.«

Oscar gab einen tiefen Seufzer von sich. »Und wie ich diese aufsässige kleine *sionnach* inzwischen kenne, ist sie dreist genug, um zu versuchen, sich an ihnen vorbeizuschleichen.«

»Allerdings«, pflichtete Niall ihm missbilligend bei.

»Genau!«, sagte Jonah, und Amy nickte eifrig.

Und so war es beschlossene Sache. Die Fianna würden nach Silverstone Castle reiten und Amy und Jonah mitnehmen.

Als sie losritten, war das Gewitter vorüber, und die Sonne brannte wieder erbarmungslos vom Himmel. Während sie den Weg Richtung Norden einschlugen, behielt Oscar die ganze Zeit über den Himmel im Blick.

»Tut das nicht weh?«, fragte Amy, die sich unter ihrem Umhang vor dem Licht schützte.

»Schon, aber bei weitem nicht so wie ein Angriff«, erwiderte Oscar angespannt. »Nach deinem großen Auftritt in Filly müssen wir noch vorsichtiger sein als zuvor. Und der Himmel hier ist voller Spione.«

»Ich wünschte, ich hätte eine Waffe.« Amy warf einen sehnsüchtigen Blick auf Oscars Speer, der am Rand ihres Sichtfelds schimmerte.

»Denk nicht mal dran, ihn auch nur anzufassen. Dieser Speer würde bei der kleinsten Berührung deine Finger zerfetzen.«

Doch das befeuerte Amys Interesse nur. »Und was kann er sonst noch so?«

»Lughs Speer wurde vom Kriegergott höchstpersönlich aus den letzten Strahlen der untergehenden Sonne geformt. Wer ihn trägt, kann sich schneller bewegen und hat mehr Geschick im Kampf. Der Speer ist federleicht, aber stärker als Stahl. Er kann schwarze Magie abwehren und dafür sorgen, dass Flüche sich selbst vernichten. Vor allem aber verfehlt er niemals sein Ziel. Ist dir bewusst, was das bedeutet?«

Amy musterte ihn fragend.

»Dass er nicht für kleine Mädchen gedacht ist.«

Sie runzelte verärgert die Stirn. »Und was, falls ich eines Tages mal dein Leben retten muss?«

Oscar brach in schallendes Gelächter aus, verstummte aber schlagartig wieder, als die Sonnenkette über ihnen laut quietschte.

Ohne jede Vorwarnung fiel ein schimmerndes Metallstück von der Kette ab und schwebte wie eine Feder zu Boden. Einige Meter vor den Fianna landete es auf dem Boden und brannte ein tiefes Loch hinein.

»Tarlock scheint tatsächlich schwächer zu werden«, murmelte Oscar vor sich hin. »Wir haben keine Möglichkeit herauszufinden, wann genau er von seiner Reise zurückkehrt. Hoffen wir einfach, dass wir ihn aufhalten können, ehe er bei deinem Bruder ist.« Er umfasste die Zügel fester und trieb Arrow an. »*Hüa!*«

*

Wenig später erreichten sie einen Fluss namens Dabberlock. Er wand sich durch die Landschaft wie ein grauer Gürtel, und als Amy die Strömung beobachtete, hätte sie schwören können, zwischen den Wellen ein Gesicht entdeckt zu haben. Doch schon war es wieder in der Gischt verschwunden, und am Ende war Amy sich nicht sicher, ob sie es auch wirklich gesehen hatte.

Die Strömung war schnell, aber die Fianna fanden eine Flussbiegung, die so flach war, dass die Pferde auf die andere Seite waten konnten. Bei der Überquerung entdeckte Amy vor ihnen einen runden, gemauerten Brunnen. Um ihn herum schien die Luft ein winziges bisschen zu schimmern, so als wäre der Brunnen in eine Seifenblase gehüllt.

»Was ist das?«, fragte sie.

»Oh, das ist der Wunschbrunnen«, antwortete Oscar. »Er besteht aus alter Magie.«

Amy erstarrte. »Bedeutet das, er kann Wünsche erfüllen? Also, in echt?«

»Er kann einem Dinge *zeigen*«, erwiderte Oscar vorsichtig. »Aber er funktioniert nicht mehr richtig, deswegen muss man aufpassen, was man …«

Amy sprang von Arrows Rücken und landete mit einem lauten Platschen im flachen Wasser, das ihr bis zur Brust schwappte, als sie aufs Ufer zuwatete und sich am Riedgras nach oben zog.

»Hey, komm sofort zurück!«, rief Oscar, aber sie war längst losgerannt. Als sie beim Brunnen ankam, hatten die Pferde mit etwas Abstand im Riedgras gehalten, und die Reiter musterten Amy genervt.

»Amy!«, rief Jonah, glitt von Nialls Pferd und rannte ihr hinterher. »Könntest du bitte ausnahmsweise mal machen, was man dir sagt?«

Aber Amy achtete nicht auf ihn, sondern beugte sich über den Brunnen. Das Wasser an seinem Grund war türkis. Die Blase aus Magie umschloss sie, und ihre Kopfschmerzen ließen nach.

»Das ist ja *herrlich* hier!«, seufzte sie. Ihre Stimme hallte aus den Tiefen zu ihr zurück.

»Herrlich *gefährlich* höchstens.« Jonahs verärgertes Gesicht tauchte neben ihr im Spiegel des Brunnens auf. »Wenn du nicht wieder aufsteigst, reiten die Fianna weiter und lassen uns hier zurück.«

»Aber es dauert auch nur ganz kurz.« Amy langte in ihre Tasche und streifte auf der Suche nach Peggys Sixpence-Münze mit den Fingern Liams gesprungene Brille. »Ich will doch nur rausfinden, wo genau mein Bruder steckt.«

»STOPP, AMY!«, rief Jonah, als sie die Münze fallen ließ, die mit einem leisen Platschen auf dem Wasser aufkam und auf den Grund sank.

Amy blinzelte überrascht. »Was denn? Es ist doch nur eine Münze.«

Jonah raufte sich die Haare. »Aber eine Münze aus deiner Welt. Und das bedeutet, sie ist hier giftig! Deswegen bricht sie den …«

Er wurde von einem lauten Gurgeln unterbrochen.

Amy erstarrte. »Oh, oh.«

Der Brunnen rülpste. Dann bebte er. Das Wasser begann zu schäumen und drehte sich schneller und schneller. Dann spuckt es die Münze unter gewaltiger Anstrengung wieder aus. Sie wirbelte hoch und immer höher, über Amys und Jonahs Köpfe hinweg –

Ohne nachzudenken, streckte Jonah die Hand aus und fing die Münze auf.

»Argh!«, machte er, als sie ihm die Handfläche verbrannte.

Amy riss ihm die Münze weg und stopfte sie in ihre Tasche. »Tut mir so, so, so leid!«

Jonah rannte zurück zum Fluss, um seine brennende Hand ins kühle Wasser zu halten.

Amy kam sich unendlich dumm vor. Sie wollte gerade zurück zu den wartenden Fianna laufen – die inzwischen so wütend auf sie zu sein schienen wie nie zuvor –, als Conan auf sie zugehuscht kam. Er zerrte ein kleines Messinghorn hinter sich her und sprang auf den Brunnenrand. Dann musterte er Amy kurz, hangelte sich hinab und füllte das Horn mit Wasser. Es reichte gerade so für einen einzigen Schluck. Er reichte Amy das Horn und nickte ihr aufmunternd zu.

Sie trank es leer, und sofort wurde ihr schwindelig, und sie fühlte sich leicht wie ein Ballon, so leicht, dass sie glaubte, jeden Moment davonzuschweben.

Das Brunnenwasser riffelte sich, und aus der Tiefe hörte sie ganz leise, so als würde das Wasser selbst sprechen, eine Stimme singen:

Was willst du sehen? Wünsch es dir.
Was willst du seh'n? Ich zeig es dir.

»Liam Bell«, flüsterte Amy. »Zeig mir, wo mein Bruder steckt.«

Die Wasseroberfläche beruhigte sich. Stille senkte sich über sie …

Und dann kam die Finsternis. Das Wasser verfärbte sich schwarz, und in dieser Schwärze konnte Amy ihren Bruder erkennen. Er lag irgendwo zusammengerollt auf einem steinernen Boden. In der Stille des Wunschbrunnens hörte sie

Liams leises Wimmern. Bei dem Klang zog sich ihr Herz schmerzhaft zusammen.

»Liam!«, rief sie. »Liam, ich bin's! Keine Angst, ich komme, um dich zu retten!«

Aber Liam war eine ganze Welt weit weg, und je lauter Amy rief, desto leiser wurde sein Wimmern. Die Finsternis schien sich um ihn herum zusammenzuziehen, und seine zusammengekauerte Gestalt wurde kleiner und kleiner, rückte immer weiter weg, bis Amy die hohen Türme eines Schlosses erkennen konnte. Das musste Silverstone Castle sein!

Überall auf den Türmen liefen Aufseher in ihren langen grauen Roben herum. Sie wachten von oben über das Schlossgelände, während unten Wachen in schwarzen Rüstungen herummarschierten. Die Sicht wurde noch ein wenig weiter, bis auch der Mount Arrigal mit seinem messerscharfen Gipfel erschien. An seinem Fuß waren wie ein Schatten Hunderte von kopflosen Reitern postiert. Sie bildeten eine lückenlose Reihe, die sich so weit erstreckte, wie das Auge reichte.

Amy wich zurück, aber der Brunnen zog sie zurück in seinen Bann. Er war noch nicht fertig mit ihr. Das Wasser schwoll an. Ein heller Blitz, dann erschien eine neue Gestalt. Unter den Falten ihrer Kapuze konnte Amy ein zerfurchtes Gesicht erkennen. Eine lange Nase, einen schmalen, hassverzerrten Mund, ein silberleuchtendes Augenpaar. Der Blick lähmte Amy. Sie saß in der Falle, wollte wegsehen, doch es gelang ihr nicht!

Das Wasser zischte und schäumte, doch über das Brodeln hinweg vernahm Amy eine leise Stimme. *»Zeig mir das Mädchen.«*

»Nein!«, brüllte sie, als sich die Luft um sie herum zusammenzog wie ein Seil, das sie in den Brunnen hinabzog. Ihre Füße lösten sich vom Gras, wild umherstrampelnd suchte sie nach Halt.

»Aaaah!« Das Gelächter des Magiers hallte um sie herum. *»Jetzt kann ich dich spüren.«*

Die Luft lastete schwer auf Amys Schultern und drückte sie nach unten, immer weiter Richtung Wasseroberfläche. Sie verlor ihren Halt am Brunnenrand. Die Finsternis stieg auf, um sie zu verschlingen. Aber dann wurde sie plötzlich nach hinten weggerissen.

Keuchend lag sie auf dem Rücken und versuchte, ihre Atmung zu beruhigen. Das Gelächter des Magiers hallte noch durch ihren Kopf.

Oscars Gesicht erschien über ihr. Es wunderte sie kein bisschen, dass er eine finstere Miene zog. Anstatt sie auszuschimpfen, fragte er aber nur: »Was hast du im Brunnen gesehen, kleine *sionnach*?«

»Tarlock.« Sie schloss fest die Augen. »Und ich fürchte, er hat mich auch gesehen.«

Neben Oscars Gesicht erschien ein zweites. Es war Niall. »Wie sah er aus? Schwach? Müde? Verängstigt?«

Amy schüttelte den Kopf. »Nichts von alledem. Er wirkte … glücklich.« Sie schluckte schwer. »Er hat gelacht.«

Die Fianna um sie herum verstummten.

Jonah kehrte vom Fluss zurück. Die verletzte Hand drückte er sich schützend gegen die Brust.

Amy setzte sich auf. »Es tut mir ja so leid, Jonah. Ich habe einfach nicht nachgedacht. Ich hätte vorsichtiger sein müssen.«

Er hob seine Hand. Die Haut zwischen den Fingern war mit Blasen übersät. »Jetzt weißt du, warum keiner von uns jemals durch den Schleier in eure Welt gegangen ist. Du kannst dir die Mühe also sparen, mich zum Abendessen einzuladen, wenn das alles hier vorbei ist. Hast du wenigstens auch deinen Bruder sehen können?«

Amy nickte, aber ihre Laune blieb getrübt. »Er lebt, aber er hat große Angst. Ich glaube, er steckt in einem Kerker.«

»Gut«, erwiderte Oscar nur und drehte sich wieder zu den Pferden um. »Dann wissen wir, wo wir nach ihm suchen müssen, wenn wir das Schloss erreicht haben.«

»Warte!« Amy rappelte sich auf. »Da … Da war noch etwas.«

Die Fianna lauschten mit ernsten Mienen, als sie ihnen erzählte, dass das Schloss vor Wachen und Aufsehern fast aus allen Nähten platzte und Aberhunderte von Dullahan am Fuß des Mount Arrigal postiert waren.

Während sie berichtete, zählte sie noch einmal die anwesenden Männer. Es waren siebenunddreißig Krieger, ein Grünling und eine Grenzgängerin, dazu ein zugegebenermaßen sehr mutiges Eichhörnchen. Sie warf Oscar einen mitfühlenden Blick zu. »Ich fürchte, du wirst mehr Krieger brauchen.«

Der Anführer der Fianna verschränkte die Arme vor der Brust. »Wir sind das Beste, was Tír na nÓg zu bieten hat. Und es war von Anfang an unser Schicksal, das Königreich zu retten.«

Ein fernes Rumpeln verriet ihnen, dass das nächste Gewitter im Anmarsch war. Amy blickte auf in den Himmel, der schlagartig dunkler geworden war. »Tja, dann ist wohl die Zeit gekommen, dieses Schicksal zu teilen.«

Kapitel 14

Das Königsmädchen

Tief in den Eingeweiden des Kerkers versuchte Liam, den Überblick zu bewahren, wie viel Zeit verstrich, indem er sich an den Mahlzeiten orientierte. Morgens gab es einen Klecks glibberiges Porridge, mittags einen weiteren. Das Abendessen bestand aus kalter Brühe, die nach abgestandenem Badewasser roch und auch so schmeckte. Er aß, um bei Kräften zu bleiben, und hielt sich beim Schlucken die Nase zu.

Er hätte gern etwas gegen die Finsternis getan, aber hier unten im Verlies herrschte ewige Schwärze.

Die Banshee flitzte wie eine Fledermaus im Verlies umher. Ihre Zehennägel kratzten bei jedem Schritt über den Steinboden. Offenbar war es ihre Aufgabe, Liam im Blick zu behalten, und er ging davon aus, dass der Schlüssel um ihren Hals zu seiner Zelle gehörte. Aber sie kam kein einziges Mal so nah an die Gitterstäbe heran, dass er hätte versuchen können, ihn ihr wegzunehmen. Wobei er auch gar nicht sicher war, ob er überhaupt den nötigen Mut dazu aufgebracht hätte.

Hin und wieder kam ein Soldat vorbei, um nach ihm zu sehen. Die meisten von ihnen verschwanden sofort wieder, sobald sie sich versichert hatten, dass er noch zusammengerollt in seiner Ecke lag. Doch es gab eine Soldatin, die stets ein bisschen länger blieb und mit jedem Besuch einen Schritt näher kam. Einmal hatte sie sogar den Helm abgesetzt und Liam zugelächelt. Doch sobald er aufgesprungen war, um mit ihr zu reden, war sie weggelaufen, als hätte sie Angst vor ihm.

Das Verlies hatte zwar keine Fenster, doch das Donnergrollen war sogar durch die dicken Wände zu hören. Das Gewitter verstärkte seine Angst, die er mit Gesang zu bändigen versuchte. Er entschied sich für ein Lied von Gran, das er auswendig kannte, und sang es immer lauter und lauter vor sich hin, bis er den Donner nicht mehr hören konnte.

»Durch Felder, so grün, und Berge, so alt,
schimmert die goldne Magie …«

Als er verstummte, hatte sich auch das Gewitter gelegt, und es gelang ihm endlich einzuschlafen.

Irgendwann öffnete sich die Kerkertür, und ein Lichtkeil fiel die Treppe hinab. Eine Soldatin kam zu den Zellen hinunter. Es war dieselbe, die ihn angelächelt hatte. Ihre Haut und ihre Augen waren dunkelbraun, das Haar schwarz und so kurz, dass ihre spitzen Ohren zu sehen waren.

»Na, kleine Singdrossel?«, sagte sie, als wäre Liam kein verängstigter Gefangener, sondern ein guter Freund. »Ich hoffe, die Banshee hat dich noch nicht gebissen. Das meine ich übrigens ganz wörtlich. Manchmal knabbert sie den Leuten am Finger herum.«

Liam hätte sich zwar lieber über ein anderes Thema unterhalten, gleichzeitig war er aber froh, dass die Frau überhaupt mit ihm redete. Es kam ihm so vor, als würde seine letzte Unterhaltung Jahre zurückliegen. Er rappelte sich auf. »Wie viel Uhr ist es?«

»Wer weiß.« Die Soldatin zuckte mit den Achseln. »Um ehrlich zu sein, spielt das auch gar keine Rolle.«

»Aber natürlich spielt das eine Rolle«, erwiderte Liam. »Wo bin ich hier?«

Die Soldatin neigte den Kopf zur Seite. »Auf Silverstone Castle. Hat dir das denn niemand gesagt?«

»Seit ich hier bin, hat mir niemand mehr irgendwas gesagt.«

Sie schnalzte missbilligend mit der Zunge. »Immer bleibt die Erklärerei an mir hängen«, brummte sie vor sich hin. Dann fuhr sie an Liam gewandt fort: »Ehrlich gesagt hatte ich gehofft, das Thema Wir-stehlen-Kinder-aus-ihren-Familien-und-benutzen-sie-für-düstere-Flüche hätte sich erledigt. Aber wie es aussieht, habe ich mich geirrt.«

Liam wich entsetzt zurück. »Bitte tun Sie mir nicht weh.« Hastig sah er sich um, aber sie waren immer noch allein im Verlies. Abgesehen von der Banshee, die laut schnarchend in einer Ecke schlief, war niemand da. »Können Sie mich nicht einfach rauslassen? Ich sage es auch niemandem, verspr…«

»Dich rauslassen?«, wiederholte die Soldatin. »Was glaubst du denn, was Tarlock dann mit mir anstellt? Am nächsten Morgen wäre ich ein Eichhörnchen. Und ein Eichhörnchen kann keine fünfköpfige Familie ernähren.«

Liam runzelte die Stirn. »Wer ist denn Tarlock?«

Die Soldatin räusperte sich. Ihr Blick zuckte durchs Verlies. »Je weniger ich sage, desto besser.«

»Aber Sie haben ihn doch überhaupt erst erwähnt!«

»So oder so bist du ein offizieller Gefangener von Silverstone Castle«, entgegnete die Frau ausweichend. »Egal, was du sagst, hier kommst du nicht raus. Da kannst du so traurig und bemitleidenswert aus der Wäsche gucken, wie du willst.«

»Aber ich bin doch noch ein *Kind*!«

»Schluss jetzt mit dem Getrödel.« Sie schloss Liams Zelle auf und zog ihn am Ärmel hinter sich her. »Wir müssen dich in den Thronsaal schaffen, bevor das nächste Gewitter ausbricht. Der König will Musik hören. Und ich glaube, deine Lieder haben beruhigende Wirkung.«

»Aber ich habe mir den Knöchel verletzt. Ich kann doch gar nicht richtig laufen.«

»Stehen kannst du offenbar ganz prächtig.«

Stirnrunzelnd verließ Liam seine Zelle. Zu seiner Überraschung tat sein Fuß gar nicht mehr weh. Er musste im Schlaf geheilt sein. »Das ging aber schnell«, murmelte er vor sich hin.

Zu schnell.

Die Wärterin legte ihm eine schwere Hand auf die Schulter und schob ihn die Treppe hinauf ins Herz von Silverstone

Castle. Die Gänge mit den gewölbten Decken waren mit flauschigen roten Läufern ausgelegt, der ihre Schritte schluckte, und an den Wänden hingen farbenfrohe Bildteppiche, auf denen lang vergangene Schlachten abgebildet waren. Liam konnte jeden einzelnen Faden erkennen.

»Moment mal. Ich kann ja wieder sehen!« Er berührte seinen Nasenrücken, um sicherzugehen, dass er nicht doch wie durch Zauberei plötzlich wieder seine Brille trug. »Aber … das kann doch nicht sein!«

»Du befindest dich in Silverstone Castle, Grenzgänger. Es gibt *nichts,* was hier nicht wieder repariert werden könnte.« Die Soldatin senkte die Stimme. »Außer natürlich, Tarlock *will,* dass du kaputt bist. Ich fürchte, dann kann dir niemand mehr helfen.«

Schon wieder dieser Name. »Was bedeutet das?«, fragte Liam. »Hat das was mit diesen grauenhaften kopflosen Reitern zu tun?«

»Schschsch!«, zischte sie. »Leise! Eigentlich darf ich gar nicht mit dir reden. Wenn der Magier das herausfindet, lässt er mich köpfen.«

Eine Rüstung reckte den Hals, als sie vorbeikamen, und Liam kam der Verdacht, dass er von weitaus größeren Kräften bewacht wurde als nur von der Soldatin. Überhaupt ging es auf Silverstone Castle zu wie in einem Taubenschlag. Abgesehen von den gehetzt wirkenden Bediensteten glitten auch merkwürdige Gestalten in grauen Roben durch die Gänge. Liam fühlte sich von ihnen beobachtet, und jedes Mal, wenn eine von ihnen an ihm vorbeikam, richteten sich seine

Nackenhaare auf. Draußen grollte wieder der Himmel, und die ersten vereinzelten Regentropfen klopften an die Bogenfenster.

Es würde nicht leicht werden zu fliehen. Allein schon wegen der Krieger, die an sämtlichen Türen Wache standen. Wenn er entkommen wollte, konnte er nicht einfach draufloslaufen. Er würde sich etwas einfallen lassen müssen.

»Ich bin mehr als nur ein Grenzgänger, wissen Sie?«, sagte er. »Mein Name lautet Liam. In einem Monat habe ich Geburtstag. Ich habe eine Mum und einen Dad und eine Gran, und meine besten Freunde aus der Schule heißen Jakub und Alex. Eine Schwester habe ich auch, und sie ist der mutigste Mensch, den ich kenne. Sie hat vor gar nichts Angst.«

»Na, dann hoffe ich, dass sie nicht so dumm war, ebenfalls durch den Schleier zu gehen«, murmelte die Soldatin. »Denn wenn sie auch nur einen Fuß auf den Mount Arrigal setzt, schnappt der Magier schneller zu, als man *Oh, schaut mal, mehr Grenzgänger für meine finsteren Zauber* sagen kann.«

Draußen zerriss ein Blitz den Himmel.

Die Soldatin legte einen Zahn zu. »Schnell, bevor hier wieder die Wände beben. Beim letzten Gewitter haben wir drei Kronleuchter verloren.«

»Und wie heißen *Sie*?«, fragte Liam, der sich bemühen musste, Schritt zu halten.

Die Soldatin ließ zwei von den grauen Gestalten vorbei, ehe sie antwortete. »Kit«, sagte sie leise. »Auch wenn du das eigentlich gar nicht wissen darfst.« Nach kurzem Schweigen fügte sie hinzu: »Du kannst du sagen.«

Wieder zuckte ein Blitz über den Himmel. Er war näher als der letzte, und es regnete jetzt wie aus Eimern.

»Schön, dich kennenzulernen, Kit.«

Sie warf ihm einen warnenden Blick zu. »Ich durchschaue dich. Aber dein Plan wird nicht aufgehen. Ich kann nicht mit dir befreundet sein.«

»Aber vielleicht könntest du dich ja an mich gewöhnen?«, sagte Liam voller Hoffnung. »So wie an Rosenkohl oder Blutwurst?«

Kit verzog keine Miene.

Am Ende des Gangs befand sich eine schwere Tür aus Eichenholz, die bis zur Decke ragte. Dahinter war ein ohrenbetäubendes Kreischen zu hören, gefolgt von einem lauten Klirren. Kit warf Liam einen Blick zu und legte die Hand an die Tür. »Duck dich besser.«

Dann schwang die Tür auf. Dahinter lag ein gewaltiger, marmorvertäfelter Thronsaal, der von oben bis unten in blendendem Weiß gehalten war. Die Decke bestand aus einer wunderschönen Glaskuppel, über der sich der wolkenverhangene Himmel erstreckte. Riesige Statuen von Königinnen und Königen blickten mit leeren Augen auf Liam herab.

Kit zog Liam zu einem Marmorpodest am anderen Ende des Saals. Dort stand ein goldener Thron vor einem halbrunden Fenster. Die Scheiben bebten unter dem tosenden Gewitter.

Auf dem Thron saß ein kleines Mädchen, aber ehe Liam es genauer in Augenschein nehmen konnte, flog eine Teekanne an seinem linken Ohr vorbei und verpasste ihn nur um Haaresbreite. Sie prallte gegen eine Statue hinter ihm und zersprang in tausend Scherben. »Nicht genug Minze!«, kreischte das Mädchen. »Und zu heiß! Viel zu heiß!«

»Wer ist das?«, fragte Liam, während er sich unter einem fliegenden Teelöffel wegduckte.

»Das ist der König. Und wie du siehst, hat er schlechte Laune.«

Liam wollte gerade fragen, weshalb es sich beim König von Tír na nÓg um ein kleines Mädchen handelte, da segelte eine Untertasse über seinen Kopf und traf eine Dienerin an der Wange. Mit einem Aufschrei ging die Frau zu Boden.

»Du musst singen!«, drängte ihn Kit.

Liam zwinkerte irritiert. »Was, *jetzt*?«

»Ja! Und zwar schnell! Das Lied aus dem Kerker, ja?«, zischte Kit und schob ihn in Richtung Thron. »Egal, was du tust, schau ihr auf keinen Fall in die Augen.«

Der nächste ohrenbetäubende Schrei zerriss die Luft, gefolgt von einem gewaltigen Donnerschlag. Diesmal war der Blitz so nah, dass es sich anfühlte, als wäre er direkt durch den Thronsaal gezuckt.

»Bei den Göttern, mach schnell, Junge!«

Ein kurzer Blick in Kits panisches Gesicht reichte, und Liam sang los:

»Durch Felder, so grün, und Berge, so alt,
schimmert die goldne Magie …«

Anfangs klang er noch heiser, und in seinem Kopf herrschte ein solches Chaos, dass er sich bei den Worten verhaspelte. Aber die Melodie traf er, und je lauter der Donner grollte, desto lauter wurde auch seine Stimme, bis er das Lieblingslied seiner Großmutter so laut durch den Thronsaal schmetterte, dass das Klirren abbrach.

Stille senkte sich über den Saal, als Liam die zweite Strophe anstimmte. Er schloss die Augen und dachte an Gran, die mit ausgebreiteten Armen in ihrer Küche stand, umgeben von Rhabarber-Crumble-Duft. Ein warmes Gefühl breitete sich in seiner Brust aus, als er wieder den Refrain anstimmte. Die letzten Töne verhallten. Im Thronsaal war es nun mucksmäuschenstill. Zu seiner Überraschung donnerte es auch nicht mehr, und vor den Fenstern strömte kein Regen, sondern strahlender Sonnenschein vom Himmel. Er fiel durch die Glaskuppel in der Decke und malte goldene Feuerräder auf den Boden.

Das kleine Mädchen musterte ihn stumm. Ihr Gesicht war im hellen Licht nicht genau zu erkennen.

»Wusste ich doch, dass es funktioniert«, flüsterte Kit. »Ein Lied wie deines habe ich schon lange nicht mehr gehört.«

Das kleine Mädchen lockte ihn mit dem Finger näher. »Du da. Komm her.«

Liam schlug das Herz bis zum Hals. Langsam lief er den Gang entlang auf sie zu.

Der König von Tír na nÓg sah eher wie eine Puppe aus als wie ein Mensch. Das Mädchen hatte lange braune Haare, die von kupferfarbenen Strähnen durchzogen und zu einem komplizierten eingeflochtenen Zopf frisiert waren. Ihre Haut war weiß wie Porzellan, und ihre Augen leuchteten silbern.

Sie trug ein silberfarbenes Samtkleid mit Spitzenbesatz am Kragen und weiße Kniestrümpfe. Auf dem Kopf hatte sie eine Krone, die ihr viel zu groß war. Sie hing ihr bis über die Ohren und saß so knapp über ihren Augen, dass es wirkte, als hätte das Mädchen dicke, goldene Augenbrauen.

»Du bist ja ein Mädchen«, sagte Liam überrascht.

»Ein *Königs*mädchen«, korrigierte sie und ließ die Beine baumeln.

Liam sah sich im Thronsaal um. Er rechnete fest damit, dass gleich der echte König von Tír na nÓg aus seinem Versteck gesprungen kommen würde. »Aber Könige können keine Mädchen sein. Oder … Na ja, also, ein Mädchen kann doch nicht König sein.«

Das Königsmädchen streckte ihm die Zunge raus. »Wenn du so was glaubst, scheinst du ja nicht sonderlich viel zu wissen.«

Langsam kam Liam der Verdacht, dass sie damit recht haben könnte.

»Hast du auch einen Namen?«, fragte der König.

»Ja, ich heiße Liam.« Er räusperte sich. »Und wie darf ich dich … ähm, ich meine natürlich Euch nennen, mein … mein König?«

Das kleine Mädchen lächelte, sodass seine winzigen weißen Milchzähne aufblitzten. »Da du gerade so schön für mich gesungen hast, darfst du mich Gilda nennen.«

Überall im Saal standen Wachen in schwarzen Rüstungen herum, die das Gespräch beobachteten. Auch ein paar von den grauen Gestalten waren da, und obwohl ihre Gesichter unter Kapuzen verborgen waren, spürte Liam genau, dass sie ihn musterten. Einige Bedienstete hatten mit ihrer Arbeit innegehalten, um zu lauschen.

Nun, wo der Wutausbruch des Königsmädchens vorüber war, nutzte Liam die Gelegenheit, um seine Bitte vorzubringen. »Gilda, es hat da eine schreckliche Verwechslung gegeben. Ich sollte gar nicht hier sein. Ich bin nur zufällig nach Tír na nÓg geraten, aber dann wurde ich von den kopflosen Reitern gefangen genommen, und jetzt sitze ich hier im Kerker, dabei habe ich gar nichts Falsches getan. Ich habe versucht, es zu erklären, aber niemand hört mir zu. Zu Hause wartet meine Familie auf mich, und wenn ich nicht bald wiederkomme, machen sie sich große Sorg…«

Er wurde von einem schrillen Kichern unterbrochen. »Himmel! Ich glaube, ich habe noch nie jemanden so schnell reden hören«, sagte das Königsmädchen fröhlich. »Ehrlich gesagt habe ich kein Wort verstanden.«

Liam starrte sie nur an.

Sie pustete sich eine Haarsträhne aus dem Gesicht. »Hast du sonst noch was zu sagen? Es ist eine Ewigkeit her, dass ich zuletzt Besuch hatte.«

»Ich bin kein Besucher«, bemerkte Liam. »Ich bin ein *Gefangener.*«

Das Königsmädchen verzog seine Silberaugen zu Schlitzen. »Und was genau hat das mit mir zu tun?«

»Du bist doch der König hier! Du kannst mich freilassen!«

»Kann ich nicht. So funktioniert das nicht. Aber weißt du was? Wir trinken jetzt zusammen Tee, danach geht es dir bestimmt besser.« Sie schnipste, und zwei Dienerinnen kamen mit einem Tablett voll glasiertem Gebäck und einer frischen Kanne Tee herangeeilt.

Gilda sprang von dem Podest. Sie war einen ganzen Kopf kleiner als Liam, und jetzt, wo sich ihre Laune gebessert hatte, hopste sie offenbar lieber, als zu gehen. Liam folgte ihr zu einem kleinen Tischchen und überlegte währenddessen, wie es ihm gelingen konnte, ihr Interesse an seinem Schicksal zu wecken.

Sie sprang auf einen Stuhl und versenkte die Zähne in einem Gebäckteil. »Worauf wartest du?«, fragte sie. Brösel flogen ihr aus dem Mund und blieben an Liams Kapuzenpulli haften. »Die sind nicht vergammelt. Und selbst wenn – du steckst hier jetzt fest, also solltest du dich besser an den Geschmack gewöhnen.«

Liam nahm Platz und knabberte an einem Gebäckteil herum. »Und warum kannst du mich nicht einfach freilassen? Du scheinst doch ein nettes Mädchen zu sein.«

Gilda schlurfte ihren Tee. »Ein nettes *Königs*mädchen.«

»Königsmädchen«, wiederholte Liam und legte sein Gebäck weg. »Ich glaube nicht, dass es dir jemand übelnehmen würde, wenn du mich …«

Gilda lachte auf. Aber diesmal war es nicht das trillernde Kichern von vorhin, sondern ein kalter, leerer Laut. Ihr Blick blieb ernst. Als sie fertig gelacht hatte, sank sie in ihrem Stuhl zusammen, als wäre sie auf einmal zutiefst erschöpft. »Wenn ich schon selbst nicht von hier wegkomme, wie sollte ich *dir* dann dabei helfen können?«

Das Prickeln in Liams Wangen setzte wieder ein. Er sah sich um. All die Leute im Thronsaal – die grauen Gestalten in den Ecken, die Wachen an den Türen, Kit, die ein paar Schritte weiter immer noch wartete … »Heißt das, du bist auch hier gefangen?«, fragte er leise.

Das Königsmädchen nickte. »Hörst du es nicht?«

Liam runzelte die Stirn. Jetzt, wo sie es sagte, vernahm er ein leises, metallisches Hämmern, das von oben kam. Er legte den Kopf in den Nacken und blickte hinauf in die Glaskuppel, über der nun auch die letzten Wolken davonzogen. Amy hatte ihm zwar erzählt, was sie im Wald von dem Baumwipfel aus entdeckt hatte, aber nun sah Liam es zum ersten Mal mit eigenen Augen. Er schnappte nach Luft. Amy hatte nicht übertrieben! Und je länger er den Blick auf die gefesselte Sonne richtete, desto stärker wurden seine Kopfschmerzen, bis ihm zu seinem Entsetzen klarwurde, dass er gleich in Ohnmacht fallen würde.

»Man darf sie nicht direkt ansehen. Davon tut einem nur der Kopf weh.« Als ihn das Königsmädchen wieder ansah, wirkte es müde und rieb sich die Augen mit den Fäusten. »In letzter Zeit bin ich immer so erschöpft.«

Liam beugte sich vor. »Was ist mit der Sonne passiert, Gilda?«

»Tarlock«, flüsterte sie. *Schon wieder dieser Name!* Liam lief es kalt den Rücken hinab. »Er ist der mächtigste Zauberer in Tír na nÓg, und wenn er aus den Weinenden Weiten zurückkehrt, wird er über dein Schicksal entscheiden.« Ihre Worte wurden immer undeutlicher, und ihre Lider hingen schwer. »Wir sind hier alle gefangen. Du und ich und jeder sonst in diesem verfluchten Königreich.« Ihre Nasenflügel bebten, und sie gähnte mit weit ausgestreckten Armen. »Ich kann dir nicht helfen. Niemand kann das.«

Als Liam den Mund öffnete, um zu antworten, war das Königsmädchen bereits eingeschlafen.

Kapitel 15

Der Selkie-Prinz

Nach einem weiteren Gewitter, das Amy bis auf die Knochen durchnässte, brannte die Sonne wieder gnadenlos vom Himmel und folgte ihnen nach Westen über die Ebenen bis zum Meer. Sie wusste, dass die Dullahan Jagd auf sie machten, versuchte aber, sich nicht umzusehen oder nach entferntem Hufgetrappel im Wind zu lauschen.

Unter Oscars Führung mieden die Fianna die Städte und Dörfer, die immer wieder am Horizont auftauchten. Stattdessen hielten sie auf das verschlafene Fischerdörfchen Wetterglas am Rand des Westmeers zu.

Das Dorf schmiegte sich unter eine Kalksteinklippe, die über die See hinausragte wie ein zerklüftetes Maul.

Der Meereswind heulte, als die Fianna über den Sand auf Wetterglas zugaloppierten. Amy verzog das Gesicht, als sich plötzlich ein säuerlicher Geschmack auf ihre Zunge legte.

Die Küste hätte eigentlich wunderschön sein sollen, aber mit den goldenen Buchten von Connemara konnte sie nicht mithalten. Denn das Wasser hier war verdorben. Delfine trieben lustlos auf der Seite umher, die Möwen am Himmel klagten, und auf den sonnengebleichten Felsen schmorte ein toter Wal.

»Dieser Gestank«, sagte Amy. »Er wird immer schlimmer. Was ist das?«

»Der Tod«, sagte Oscar grimmig. »Versuch einfach, dich daran zu gewöhnen.«

»Und wenn ich das nicht kann?«

»Dann hör wenigstens auf, dich darüber zu beschweren.«

Amy drehte sich zu ihm um und warf ihm einen bösen Blick zu. Aber dann entdeckte sie etwas im Wasser – ein rundes, blasses Gesicht, das sie von den Wellen aus beobachtete. Die Augen waren schwarz und groß wie Monde, und das Haar hatte das grünliche Braun von ausgetrocknetem Seetang. Nein, das *war* Seetang! Amy blinzelte, und das Gesicht verschwand, doch schon bald sah sie aus dem Augenwinkel ein weiteres, das aber ebenfalls so schnell wieder verschwand, wie es gekommen war. Sie sah sich um und suchte die Wellen nach weiteren Gesichtern ab.

»Selkies«, erklärte Oscar, der den Blick weiter auf das Fischerdorf vor ihnen gerichtet hielt. Es war kaum mehr als eine lose Ansammlung von strohgedeckten Hütten und einfachen Fischerbooten, die sich an den Fuß der weißen Klippe schmiegten. »Starr sie bloß nicht an. Das macht sie nur wütend.«

»So einen Selkie habe ich im Wunschbrunnen gesehen«, sagte Amy, die jetzt noch konzentrierter starrte als vorher.

Oscar stupste sie an. »Kannst du nicht einfach mal hören, was man dir sagt?«

»Das sind ja richtig viele!« Jedes Mal, wenn Amy glaubte, nur ein Algenkissen entdeckt zu haben, das auf dem Wasser trieb, tauchte doch noch ein Kopf darunter auf.

Die Selkies schwammen neben den Fianna her und folgten ihnen die Bucht entlang. Einmal abgesehen von ihren tiefliegenden schwarzen Augen und den flachen, geschlitzten Nasenlöchern sahen sie fast menschlich aus. Amy entdeckte einen, der über eine Welle sprang, und schrie beim Anblick seiner braunen Flosse vor Begeisterung auf.

»Die sehen ja aus wie Robben!«

»Hör auf, über sie zu reden!«, zischte Oscar. »Du ruinierst uns noch alles.«

»Was denn genau?«

Aber der Krieger antwortete nicht. Amy war bewusst, dass er ihr keine wichtigen Informationen mehr anvertrauen würde. Also verschränkte sie die Arme und schmollte schweigend, konnte aber nicht verhindern, dass ihr Blick ab und zu wie von selbst in Richtung Meer zuckte.

Als sie Wetterglas erreichten, stiegen die Männer ab und gingen zu den Leuten, die aus ihren Hütten gekommen waren, um sie zu begrüßen. Das Fischervolk des Westmeers zählte schon seit langem zu den Verbündeten der Fianna, und Oscar zufolge waren einige Fianna sogar mit den Leuten von hier verwandt. Während die Männer die Bewohner begrüßten und ihren Proviant aufstockten, ging Amy sich die Beine vertreten. Erst als sie von unten zur Klippe hochschaute, bemerkte sie die steinerne Figur, die aus dem Felsgestein ragte. Es handelte sich um eine Selkie – eine Frau mit üppigem Seetanghaar und einem ordentlich eingerollten Robbenschwanz. Auf dem Kopf trug sie eine fünfzackige Krone. Obwohl es sich nur um eine Skulptur handelte, hatte Amy den Eindruck, als würde die Selkie sehnsüchtig aufs Meer hinausblicken.

»Das ist die Meeresgöttin Manann«, erklärte Jonah, der sich zu ihr gesellt hatte. »Das hier waren ihre Klippen und ihre See. Bis zu ihrem Tod hat sie mehr Zeit im Meer als an Land verbracht.«

Amy deutete auf ihren Robbenschwanz. »Das finde ich aber auch naheliegend.«

»Selkies nehmen nur im Wasser die Form von Robben an«, erzählte Jonah. »An Land legen sie den Schwanz ab und nehmen Menschengestalt an. Angeblich sind sie auch an Land tapfere Krieger.« Er knirschte mit den Zähnen. »Aber das ist nur ein Gerücht. Denn seit Manann und die übrigen Götter gegangen sind, bleiben die Selkies fast nur noch unter sich.«

Sie waren zwar weit von der Wasserkante entfernt, aber Amy spürte trotzdem genau, dass die Selkies sie beobachteten. Und das gefiel ihr nicht. »Wie lange bleiben wir hier?«

»Nicht lang. Oscar will den Selkie-Prinzen um Hilfe im Kampf gegen den Magier bitten.«

Amy hob die Brauen. »Ehrlich?«

Jonah wirkte ähnlich überrascht wie sie. »Ich glaube, was du am Brunnen erzählt hast, hat ihm ganz schön Angst gemacht. Aber verrat ihm bloß nicht, dass ich das gesagt habe.«

Als sie den Strand verließen, machte sich Oscar gerade auf den Weg hinunter zum Wasser. Der Strand lief hier zu fünf schmalen Halbinseln aus, die wie die goldenen Finger einer Hand in die Wellen ragten. Oscar trottete mit seinem Speer in der Hand den Daumen entlang. Eine ganze Schar an Gesichtern erschien an der Oberfläche, und auf einmal war Amy ganz aufgeregt. Welches von ihnen gehörte wohl dem Selkie-Prinzen?

Die Antwort auf ihre Frage ließ nicht lang auf sich warten. Keine zehn Minuten später kehrte Oscar zurück. Er stampfte über den Strand wie ein trotziges Kind. Als er oben in Wetterglas angekommen war, rammte er seinen Speer in einen erst halb fertiggebratenen Fisch und riss ihm mit den Zähnen die Haut ab.

Hastig lief Amy zu ihm, um zu lauschen.

»… glitschige, eigennützige, feige Tangklöpse, alle miteinander«, giftete er kauend. »Sie ziehen lieber raus aufs offene Meer und lassen ihr Königreich im Stich, als sich mit dem Magier anzulegen. Aber das war wohl nicht anders zu erwarten.« Er warf Amy einen vernichtenden Blick zu. Dabei war das alles ja wohl nicht ihre Schuld! »Prinz Tristan ist nichts weiter als eine Qualle ohne Rückgrat.«

»Die Selkies haben immer schon vor allem ihr eigenes Wohl im Blick gehabt«, warf Niall ruhig ein. »Sie leben in einem Meer voller Raubfische. So sind es ihre Gepflogenheiten.«

»Vielleicht sollte ich sie besser mal mit den Gepflogenheiten meines Speers bekanntmachen!« Oscars Miene war so finster, dass er aussah wie eine Comicfigur. »Dies ist kein geeigneter Zeitpunkt, um die Verantwortung zu scheuen. Das Schicksal von Tír na nÓg liegt auf Messers Schneide. Wenn wir nicht bald zuschlagen, verpassen wir vielleicht unsere letzte Chance dazu.«

»Ich verstehe das nicht«, sagte Jonah mit zunehmender Bestürzung. »Hat Prinz Tristan wirklich einfach nein gesagt?«

»Schlimmer als das.« Oscar schnappte sich einen weiteren Fisch direkt aus den Flammen. »Er hat *gar* nichts gesagt. Weil er nicht einmal an die Oberfläche gekommen ist.«

Die Fianna erstarrten, als sie das hörten. Offenbar stellte das Nicht-Erscheinen des Prinzen eine gewaltige Beleidigung dar. Einige Krieger wogen ihre Waffen in der Hand, als würden sie überlegen, zum Meer zu marschieren und den Selkie-Prinzen an seinem Schwanz aus dem Wasser zu ziehen.

Amy dagegen bewahrte einen klaren Kopf. »Wie hast du denn nach ihm gefragt? Warst du höflich?«

Oscar funkelte sie wütend an. »Ich habe die förmliche, meinem und seinem Rang angemessene Begrüßung benutzt.«

»Aha. Ich meine ja nur. Weil du manchmal nämlich ein winziges bisschen … speziell wirken kannst«, fuhr sie vorsichtig fort.

Oscar biss dem Fisch den Kopf ab und kaute mit offenem Mund. »Was soll das denn bitte heißen?«

»Das soll heißen, dass du vielleicht vergessen haben könntest, dein Anliegen freundlich zu formulieren.«

»Krieger haben keine Zeit für Nettigkeiten.«

»Vielleicht sollten sie sich die Zeit aber manchmal trotzdem nehmen«, sagte Amy und setzte sich auf. »Meine Gran sagt immer, mit Honig fängt man mehr Fliegen als mit Essig.«

»Fliegen werden uns aber nicht dabei helfen, den Magier zu besiegen, du Distelhirn«, warf Jonah kichernd ein. »Die Dinger sind winzig!«

»Ach, was soll's«, seufzte Amy. »Wenn von euch keiner bereit ist, sich ein bisschen Mühe zu geben, dann muss ich eben selbst mit dem Prinzen reden.«

Oscar schnaubte. »Nur zu, kleine *sionnach.* Prinz Tristan würde eher seine eigene Flosse fressen, als sich einer vorlauten Grenzgängerin wie dir zu zeigen.«

Amy unterdrückte den Drang, ihm die Zunge herauszustrecken. »Du wirst schon noch sehen, wie charmant ich sein kann.«

»Das ist doch Zeitverschwendung«, warf Niall erschöpft ein. »Und wir sind in Eile.«

»Soll sich der feige Prinz doch in seinem Kelpwald verstecken! Dann retten wir das Königreich eben allein«, fügte Manus hinzu.

»Oder sterben bei dem Versuch«, bemerkte Amy spitz.

Die Männer schwiegen.

»Alles klar«, sagte sie und klopfte sich den Sand von den Händen. »Ich bin gleich wieder da.«

Amy stapfte über den Strand. Sie spürte die Blicke der Fianna auf sich ruhen, aber in Gedanken war sie ganz bei Prinz Tristan.

Als sie sich dem Wasser näherte, tauchten zwar mehrere Gesichter an der Oberfläche auf, aber sie hatte keine Ahnung, ob eines davon Prinz Tristan gehörte. Sie watete in die Brandung, bis die Wellen um ihre Waden schwappten und der verrottete Algengestank sie an den Rand der Ohnmacht trieb.

Da sie keinen Plan hatte, wie es jetzt weitergehen sollte, sprach sie einfach die nächstbeste Kreatur an, die sie sah. »Hallo, ich suche Prinz Tristan. Das bist nicht zufällig du, oder?«

Der Selkie lachte sich kaputt.

Amys Wangen wurden heiß. Langsam verstand sie, weshalb Oscar bei seiner Rückkehr so empört gewesen war. Sie wandte sich an die nächste Selkie und winkte zum Gruß. »Hallo. Könnte ich bitte mit Prinz Tristan sprechen?« Aber sie erntete wieder nur ein zischendes Lachen. Amy seufzte und versuchte es wieder, wieder und wieder. Bis es so klang, als würde sie vom gesamten Meer ausgelacht werden.

Und von den Fianna ebenso.

Ehe ihr Selbstvertrauen sie im Stich lassen konnte, verschränkte sie die Arme vor der Brust und rief an den gesamten faulig stinkenden Ozean und die höhnischen Gesichter darin gerichtet: »PRINZ TRISTAN, ICH BIN PRINZESSIN AMY BELL AUS DEM KÖNIGREICH CONNEMARA, UND ICH ERBITTE DEMÜTIGST EURE GESCHÄTZTE ANWESENHEIT AN DIESEM STRAND!« Nach kurzem Schweigen fügte sie sehr laut hinzu: »BITTE!«

Diesmal verstummte die See.

Amy schob sich ein paar störrische Locken aus dem Gesicht und versuchte, so königlich wie möglich zu wirken.

Dann wichen die Wellen zurück, als würde das Meer einen tiefen Atemzug nehmen. Der Sand begann zu beben. Das Wasser teilte sich, und heraus trat eine Kreatur, die so groß war, dass Amy den Kopf in den Nacken legen musste, um sie von oben bis unten mustern zu können.

Das Wesen, das mit donnernden Schritten aus dem Meer auf sie zugelaufen kam, konnte nur Prinz Tristan sein. Er war gewaltig. Seine Schultern waren breit und voller Muskelberge, und auf seinem Kopf wuchs ein Schopf aus grünen Algen, der sich seinen gesamten Rücken hinabzog. Wo er gerade noch einen Robbenschwanz gehabt haben musste, befanden sich jetzt Beine, die aber so dicht mit Algen bedeckt waren, dass schwer zu erkennen war, wo das Meer endete und der Prinz begann.

Sein Oberkörper war blass und schimmerte wie eine Perle, und bei jedem Schritt, den er näher kam, erkannte Amy weitere Narben auf seiner Haut. Eine feuerrote Sichel auf seinen Rippen, einen breiten Schnitt unter seinem Schlüsselbein. Das Meer hatte dem Selkie-Prinzen einiges abverlangt – aber er hatte überlebt. Worüber er allerdings nicht sonderlich glücklich zu sein schien. Seine Augen waren groß und schwarz, und als er das Wort ergriff, blitzten seine Eckzähne bedrohlich auf.

»Wer wagt es, mich aus den Tiefen der See herbeizurufen?« Seine Stimme klang wie eine Welle, die gegen einen Felsen donnerte. Er war wütend, und seine Wut galt Amy.

Doch so heftig sie auch zitterte, sie ließ sich nicht einschüchtern. »Ich glaube, Ihr wisst bereits, wer Euch herbeigerufen hat, Prinz Tristan. Schließlich stehe ich direkt vor Euch.«

Der Prinz machte einen bedrohlichen Schritt auf sie zu, woraufhin sich all die halb toten Krebse am Strand hastig zurück auf den Bauch drehten und davonkrabbelten.

»Eine Grenzgängerin«, zischte er.

»Mein Name lautet Amy.«

Prinz Tristan trug eine Halskette aus Haifischzähnen, und kurz fragte sich Amy, gegen wie viele er wohl schon gekämpft hatte. Ob er wohl auch ihr die Zähne ausreißen würde, falls ihr Gespräch nicht erfolgreich verlief? Eins jedenfalls war sicher: Der Selkie-Prinz wäre ein mächtiger Verbündeter für die Fianna.

»Ich bin aus einem wichtigen Grund hier, und ich fürchte, es kann nicht länger warten. Die Zukunft dieses Königreichs hängt davon ab.«

Die Nasenflügel des Selkies bebten. »Was schert mich das Schicksal von Tír na nÓg?«

Amy verschränkte die Arme. »Habt Ihr wirklich so große Angst vor Tarlock?«

Prinz Tristan fletschte die Zähne, und die Selkies hinter ihm kreischten beleidigt auf. »Angst und Vernunft sind nicht dasselbe.« Er machte einen weiteren Schritt auf Amy zu, sodass sein riesiger Schatten auf sie fiel. Die kleinen Wassertropfen auf seiner Haut zischten in der Sonne. Falls ihm der Fluch Schmerzen bereitete, achtete er sorgfältig darauf, sich nichts anmerken zu lassen. »Der Magier hat die Weinenden Weiten verlassen. Er reist gerade zurück nach Silverstone Castle, um das neue Sonnenritual vorzubereiten. Wie es aussieht, kommst du zu spät.«

»Es ist nicht zu spät.« Amy ballte die Fäuste und hob kämpferisch das Kinn. »Ich werde meinen Bruder retten und der Schreckensherrschaft des Magiers über dieses Land ein für alle Mal ein Ende bereiten! Und ich werde mich dieser Aufgabe nicht allein stellen.« Sie deutete über ihre Schulter. »Die Krieger da oben am Strand reiten zum Mount Arrigal, um Tír na nÓg zu retten. Für das Schicksal ihres Landes und seiner Bewohner setzen sie ihr Leben aufs Spiel. Die Frage lautet nun: Was werdet *Ihr* tun, Prinz Tristan?«

Der Prinz lächelte düster. »Die Selkies werden tun, was sie schon vor langem hätten tun sollen. Wir schwimmen fort aus diesem Land und suchen uns ein neues Zuhause. Der ganze Ozean gehört uns! Warum also sollten wir an einem Ort festhalten, der seit einer endlosen Ewigkeit verflucht ist?«

Amy machte einen Schritt auf ihn zu. »Wenn das stimmen würde, wärt Ihr längst gegangen.« Die Augen des Prinzen blitzten auf. Sie schien seinen Schwachpunkt entdeckt zu haben. »Doch Ihr seid noch hier. Weshalb? Worauf wartet Ihr?«

Der Selkie-Prinz lachte leise auf. Es klang, als würde er ersticken. »Wer weiß? Vielleicht habe ich ja darauf gewartet, dass endlich jemand auftaucht, der es wagt, Tarlock, dem letzten Sohn der Götter, die Stirn zu bieten.« Er kam mit dem Gesicht so nah an Amy heran, dass ihr der Gestank seines Atems die Tränen in die Augen trieb. »Tja, aber jetzt, wo ich dich gesehen habe, muss ich sagen: Sonderlich beeindruckt bin ich nicht.«

Amy stolperte nach hinten weg, um Abstand zu ihm zu gewinnen. »Dann geht Ihr also einfach?«

»Ich erkenne drohendes Unheil in deinem Blick, Grenzgängerin«, sagte der Prinz. »Und ich werde nicht abwarten, bis es eintritt.« Er wich zurück, vor ihr, aber auch vor dem Land. »Zeit und Gezeiten sind nicht auf deiner Seite«, sagte er. »Dank deines Mutes – so närrisch er auch sein mag – ist dir mein Respekt gewiss. Aber meine Armee bekommst du nicht. Wir brechen auf in blauere Gewässer.«

Amy ballte die Fäuste. Das Wasser stieg wieder, um sich seinen Prinzen zurückzuholen. Als es seine Taille erreicht hatte, musste sie zurückweichen, damit es sie nicht mitriss.

Prinz Tristan wandte sich um, und aus seinen algenbedeckten Beinen wurde vor ihren Augen ein Robbenschwanz.

Ehe das Gefühl der Niederlage und die Angst sie davon abhalten konnten, hob Amy die Stimme und rief ihm nach: »Dann lasst Ihr uns eben im Stich. Aber vergesst nicht: Der Fluch wird Euch trotzdem finden.« Sie zeigte mit dem Finger nacheinander auf die Gesichter in den Wellen. »Euch alle. Ihr könnt ihm nicht davonschwimmen, ganz gleich, wie weit ihr flieht. Denn wenn das Land verrottet ist und es keine Hoffnung auf Rettung mehr gibt, dann wird auch das Meer verrotten. Falls es das nicht schon längst tut.«

Prinz Tristan erstarrte und stellte eines seiner Ohren auf.

»Die Korallen und Kelpwälder und Fische und Wale, sie alle werden sterben. Bis es nichts mehr gibt außer stinkenden

Algen und den Selkies, die einst einfach davongeschwommen sind, als ihr Königreich sie am meisten gebraucht hat. Und wenn dieser Tag kommt, wird niemand mehr da sein, der Euch rettet, Prinz Tristan. Und dann werdet Ihr Euch erinnern an den Tag, an dem Oscar de Barra Euch um Hilfe gebeten hat und Ihr ihn abgewiesen habt. An den Tag, an dem Ihr Tír na nÓg seinem Schicksal überlassen habt und es aus Eigennutz dem Untergang preisgegeben habt. An diesen Erinnerungen könnt Ihr Euch ja festhalten, wenn auch Ihr unter dem Fluch verrottet.« Sie musterte ihn scharf. »Falls es nicht längst so weit ist.«

Prinz Tristan drehte den Kopf zur Seite und musterte sie aus einem seiner schwarzen Augen. Die übrigen Selkies warteten reglos ab.

»Manann hätte gekämpft!«, rief Amy. »Eure Göttin hätte ihr Königreich niemals im Stich gelassen! Wenn Ihr diese Küste verlasst, dann verlasst Ihr auch sie.« Sie deutete mit dem ausgestreckten Arm auf die riesige weiße Steinskulptur. »Wenn sie Euch jetzt sehen könnte, würde sie sich schämen.«

Der Wind trug Stille mit sich. Amy bekam eine Gänsehaut. Es war, als würde das Meer sie beobachten. Aber ihr Blick war fest auf den Prinzen gerichtet. Über die Wasserlinie hinweg stierten sie einander an und warteten ab, dass der jeweils andere wegsah.

Wieder bebten Prinz Tristans Nasenflügel. Als er das Wort erhob, war es nicht an Amy gerichtet. »Die Grenzgängerin hat recht«, sagte er leise. »Manann würde kämpfen.«

Das Meer zischte, ob zustimmend oder aus Wut, konnte Amy nicht erkennen.

Der Prinz wandte sich zu ihr um. »Aber der Weg, der vor dir liegt, ist lang und gefährlich, und wir werden unser Leben nicht leichtfertig aufs Spiel setzen.« Nach einer kurzen Pause fuhr er fort: »Im Namen Mananns unterbreite ich dir ein Angebot.«

Amy hielt die Luft an und wartete. Hoffte.

»Wenn ihr es schafft, bis zum Mount Arrigal vorzudringen, schließen sich die Selkies euch im Kampf gegen Tarlock an.«

Amy bemühte sich, den Zweifel in seiner Stimme zu überhören. »Ist das ein Versprechen?«

Prinz Tristan zeigte seine rasiermesserscharfen Zähne. »Es ist ein Gelöbnis.«

»Danke.« Sie zog sich zurück, ehe er es sich noch einmal anders überlegen konnte. Ein Verbündeter am Ende der Schlacht war besser als gar keiner, und Amy wusste mit absoluter Sicherheit, dass sie es zu diesem Berg schaffen würden – ganz gleich, was sich ihr in den Weg stellte. »Dann sehen wir uns am Mount Arrigal. Aber seid pünktlich!«

Das Meer schloss sich um seinen Prinzen, und als er zwischen den Wellen verschwunden war, folgten ihm die Selkies nacheinander, bis die Wasseroberfläche glatt wie ein Spiegel vor Amy lag und sich das Sonnenlicht so grell darin brach, dass sie die Augen zusammenkneifen musste.

Amy rannte zum Dorf zurück, wo die Fianna bereits auf ihren Pferden warteten. Oscar reichte ihr eine Hand, und sie ergriff sie. »Und?«, fragte er, als er sie auf Arrows Rücken zog.

Sie erzählte ihm von dem Handel.

Als sie fertig war, schnaubte Oscar abfällig. »Das Wort eines Selkies ist ähnlich glitschig wie sein Schwanz.« Er musterte Amy so mitleidig, als wäre es sagenhaft einfältig von ihr gewesen, dem Prinzen zu glauben. Selbst Jonah wirkte nicht sonderlich überzeugt.

»Also, ich glaube ihm«, beharrte sie. »Ihr wart nicht dabei. Ihr habt ihn nicht gehört. Tír na nÓg ist ihm immer noch wichtig. Das weiß ich einfach.«

»Dann bist du naiver, als ich dachte«, antwortete Oscar nur. »Ich glaube Prinz Tristan erst, wenn er am Mount Arrigal vor mir steht. Keine Sekunde eher.«

Amy drehte sich zu ihm um und warf ihm einen bösen Blick zu, dann packte sie die Zügel. »Na los! Worauf warten wir?«

Und damit verließen sie Wetterglas, das Meer und seine Selkies. Sie waren noch so beschäftigt mit den jüngsten Ereignissen, dass niemand von ihnen den weißen Falken bemerkte, der über ihnen kreiste. Als sie seinen durchdringenden Schrei hörten, war er längst hinter den Klippen verschwunden.

Kapitel 16

Der Turm des Magiers

Liam lief in seiner Zelle auf und ab und versuchte, das letzte bisschen Mut zusammenzukratzen, das er noch besaß. Er wusste nicht, wie viel Zeit vergangen war, seit er dem Königsmädchen begegnet war. Er wusste nur, dass er seitdem wenig gegessen und noch weniger geschlafen hatte. Er musste unbedingt aus Silverstone Castle fliehen, ehe dieser Tarlock zurückkehrte!

Dann mach doch einfach, wies er sich in Gedanken zurecht. *Los, wenn du es nicht versuchst, wird das nie was.*

Denn es gab hier auf Silverstone Castle jemanden – oder besser etwas –, das aller Wahrscheinlichkeit nach den Schlüssel zu seiner Zelle in Händen hielt.

Ehe er es sich wieder ausreden konnte, holte er tief Luft, klammerte sich an den Gitterstäben seiner Zelle fest und schrie aus voller Lunge.

Die Banshee kam aus der Dunkelheit und schrie zurück. Ihr Gesicht war keine Handbreit von seinem entfernt.

Liam griff zwischen den Stäben hindurch und zog die Banshee näher. Sie kreischte ihm ins Ohr und versuchte, ihn zu packen.

Doch er machte einen Satz nach hinten und riss ihr mit einem triumphierenden Keuchen den Schlüssel vom Hals. Sein Trommelfell war nicht geplatzt, und seine Finger waren auch noch alle dran. Es hatte geklappt! Er hielt den Schlüssel in der Hand!

Am wichtigsten aber war, dass die Banshee nicht mitbekommen hatte, dass er den Schlüssel gestohlen hatte. Sie heulte noch eine Weile weiter, dann gab sie irgendwann auf und trollte sich in die Finsternis.

Liam schob den Arm zwischen den Gitterstäben durch und steckte ganz vorsichtig den Schlüssel ins Schloss. Mit angehaltenem Atem drehte er ihn, bis es leise klickte. Er passte!

Reglos lauschte er, ob die Banshee etwas mitbekommen hatte.

Als kein Laut von ihr kam, schob er die Zellentür auf und schlich auf Zehenspitzen zur Treppe. Oben folgte er einem Streifen Sonnenlicht zu einer schmalen Tür, die von dem Turm aus in einen Gang führte, der ihm bekannt vorkam. Er ließ die Stirn gegen das Holz sinken und rief sich den Grundriss des Erdgeschosses in Erinnerung. Auf dem Rückweg von seinem Besuch bei Gilda hatte er sich jeden der Ausgänge genau eingeprägt, besonders die, die in den Hof hinausführten, wo es viele Nischen und Winkel gab, die man als Versteck nutzen konnte. Im Kopf hatte er den gesamten

Weg genau vor sich. Mit etwas Mut und Geduld würde es ihm vielleicht gelingen, aus dem Schloss zu fliehen, wenn die Wachen Schichtwechsel hatten.

Und falls das nicht funktionierte, würde er auf Plan B umschwenken und einfach rennen, was das Zeug hielt.

Er wollte gerade durch die Tür gehen – da erstarrte er mitten in der Bewegung. Schritte! Zwei Gestalten in grauen Roben kamen auf ihn zu! Er huschte wieder in den Turm zurück und kauerte sich in der Dunkelheit zusammen. Die Schritte wurden lauter und kamen näher. Wenn sie jetzt die Tür zum Turm öffneten, war Liam erledigt.

Er sprang auf und rannte die Wendeltreppe nach oben, immer weiter bis ganz hinauf.

Zu seiner Erleichterung befand sich dort eine Kammer.

Sie war vollgestopft mit Büchern – staubigen alten Wälzern mit vergilbten Seiten, die in Regalen standen, die bis zu den spinnwebverhangenen Deckenbalken emporragten. Am hinteren Ende der Kammer befand sich ein mit Unterlagen übersäter Holzschreibtisch. Liam schlich darauf zu. Die Regale hinter dem Schreibtisch waren voller toter Tiere: ein ausgestopfter Fuchs mitten im Sprung, ein schlafendes Rehkitz, das sich zusammengerollt hatte. Drei tote Eichhörnchen mit zusammengeknoteten Schwänzen. Eine Vase voller weißer Schwanenfedern. Ein Pfau an der Wand, dessen ausgebreitetes Rad an ein Buntglasfenster erinnerte.

Als Liam den Schreibtisch genauer in Augenschein nahm, schlug er sich die Hand vor den Mund. Die Unterlagen waren allesamt mit Zaubersprüchen vollgekritzelt, die mit schwarzer Tinte in einer krakeligen Handschrift verfasst waren. Als er den Spruch ganz oben auf dem Stapel las, schlug ihm das Herz auf einmal bis zumHals.

Das Pergament zeigte eine Zeichnung der gefesselten Sonne.

Darunter stand:

Fremde Knochen, frischgemahlen,
stark die Kette, still die Uhr.
Junger König, alte Krone,
Sonnenfluch, komm zu uns nur!

Unter dem Zauberspruch befand sich eine Liste voller eigenartiger Zutaten:

- Der Schnabel eines Elderglen-Rotkehlchens ✓
- Der Bart eines Schwarzdorn-Druiden ✓
- Ein Fingerhut Selkie-Blut ✓
- Ein blutiger Wolfszahn ✓
- Sieben Tränen aus den Weinenden Weiten
- Zwei fangfrische Grenzgänger

Entsetzt starrte Liam auf die letzte Zeile. Zwei fangfrische *Grenzgänger*? War das nicht das Wort, mit dem Kit ihn bezeichnet hatte?

Sein Magen rebellierte, und einen Moment lang befürchtete er, sich übergeben zu müssen. Dann kam ihn ein schrecklicher Gedanke.

Wenn ich der eine Grenzgänger bin – wer ist dann der andere?

Liam erstarrte. Amy! Der Magier wollte seine Schwester für seinen fürchterlichen Zauber benutzen! Nein, er *brauchte* sie sogar dafür! Und das bedeutete, dass sie in Gefahr schwebte. Wo auch immer sie gerade steckte.

Eine plötzliche Windbö pfiff um den Turm, dann schlugen Flügel gegen das Fenster.

Liam versteckte sich hastig unter dem Schreibtisch und machte sich ganz klein. Dann kam auch schon der weiße Falke hereingeflogen und landete auf dem Schreibtisch, wo er einen Stapel Unterlagen aufwirbelte. Sie segelten um Liam verteilt auf den Boden.

Draußen vor der Tür knarrten die Treppenstufen unter dem Gewicht von Schritten. Liam schloss ganz fest die Augen und stellte sich vor, er wäre unsichtbar.

Die Tür flog auf.

»Ghost, du tollpatschiger kleiner Dödel!«, sagte eine vertraute Stimme. »Hör doch auf, die Sachen deines Meisters durcheinanderzubringen.«

Liam beobachtete, wie ein Stiefelpaar auf den Dielen herumlief. Der Vogel flog erschrocken auf und fegte auf seiner Flucht Richtung Fenster mit seinen Flügeln mehrere Gläser von den Regalen. Unterlagen wirbelten durch die Luft.

Liam drängte sich tiefer in den Schatten und vergrub die Fingernägel in den Handballen, während er abwartete, dass Kit den Raum wieder verließ. Aber stattdessen kehrte sie mit klirrender Rüstung wieder zum Schreibtisch zurück.

»HAB ICH DICH!« Ihr Gesicht erschien unter der Tischplatte. »Du frecher kleiner Grenzgänger! Wusste ich doch, dass du dich da unten versteckst.« Sie schnalzte mit der Zunge. »Also ehrlich. Offensichtlicher geht's ja wohl nicht! Warum hast du denn nicht den Eckschrank genommen?«

Liam zuckte zusammen. »Woher wusstest du, wo ich bin?«

»Na ja, zunächst mal, weil du nicht mehr im Verlies bist«, antwortete Kit trocken. »Und dann, weil das Schloss nur so wimmelt von Aufsehern. Es sind viel zu viele, um hier ungeschoren rauszukommen. Und drittens, weil du ziemlich laut atmest. Hat dir das noch nie jemand gesagt?«

Liam kroch unter dem Tisch hervor. »Ich will nicht sterben, Kit. Bitte hilf mir!«

»Ich weiß nicht, wovon du da redest«, antwortete die Soldatin steif. »Und ich will es auch lieber nicht wissen.«

»Aber es geht um das neue Sonnenritual!«, sagte Liam flehentlich. »Tarlock will wieder irgendwas mit der Sonne anstellen. Und dafür braucht er mich! Aber würde dadurch nicht alles hier nur noch schlimmer werden, Kit?«

»Ja, das würde es wohl.« Die Miene der Soldatin geriet ins Wanken, und einen Sekundenbruchteil lang hatte Liam den Eindruck, dass sie Angst hatte. Er angelte sich die Zeichnung von der angeketteten Sonne vom Boden und klatschte sie Kit gegen die Brust.

»Wenn du das hier verhinderst, könntest du mich damit retten«, drängte er sie. »Mich und Tír na nÓg.«

Kits Blick zuckte zu dem Pergament mit dem Zauberspruch. Als sie die Zutatenliste sah, riss sie die Augen auf. Diesmal stand ihr die Angst ganz deutlich ins Gesicht geschrieben.

»Ich darf darüber nicht reden«, flüsterte sie. »Und ich wüsste auch gar nicht, was ich dagegen tun soll.« Hastig legte sie das Pergament zurück auf den Tisch.

»Bitte«, flehte Liam verzweifelt. »Können wir nicht zusammen einen Plan schmieden?«

»Hier oben auf jeden Fall nicht. Ich brauche Zeit zum Nachdenken. Und bis ich damit fertig bin, gibt es nur einen einzigen Ort, an dem du in Sicherheit bist, Junge: das Verlies. Schnell, schnell, beeil dich, ehe dieser widerwärtige Falke zurückkommt und dich entdeckt.«

Sie packte Liam am Arm und zerrte ihn wieder zurück nach unten. Als sie am Eingang zum Herzen des Schlosses vorbeikamen, bemerkte Liam, dass alle in Aufruhr waren. Die Bediensteten rannten panisch durch die Gegend, während die Aufseher – wie Kit die grauen Gestalten genannt hatte – sich zu beiden Seiten des Gangs sammelten, als würde gleich eine Parade durchs Schloss ziehen.

»Was ist hier los?«, fragte er und reckte neugierig den Hals.

»Tarlock kehrt zurück«, antwortete Kit grimmig.

Zurück im Verlies, schloss sie Liam hastig wieder in seiner Zelle ein und nahm den Schlüssel in Gewahrsam.

Liam ließ sich gegen die Wand sinken. Nun war auch sein letzter Hoffnungsschimmer dahin. Dass er weinte, merkte er erst, als ihm eine Träne auf den Hoodie tropfte.

Kit hielt hinter dem Gitter noch einmal inne. »Ich kann dir nicht helfen«, sagte sie leise. »Jedenfalls nicht so, wie du es dir erhoffst. Wenn du es wirklich lebendig hier rausschaffen willst, musst du dich an den König wenden.«

»Aber als ich Gilda um Hilfe gebeten habe, meinte sie, dass sei zwecklos. Und dann ist sie einfach eingeschlafen.«

»Dann versuch es noch mal. Ihr zwei habt mehr gemeinsam, als du denkst«, sagte Kit. »Mit etwas Glück begreift sie das, ehe es für euch beide zu spät ist.«

Und mit diesen Worten verschwand sie in der Finsternis.

Kapitel 17

Der Götterfriedhof

Nachdem sie mehrere Stunden lang landeinwärts geritten waren, wich der Fäulnisgeruch des Meeres langsam aus Amys Nase. Aber ihr Gesamtzustand verbesserte sich dadurch kaum.

Ihre Beine taten weh, und ihr Herz war wund vor Sorge. Der Fluch hämmerte weiter hinter ihren Augen, und als sich eine graue Wolke vor die Sonne schob und es sachte zu regnen begann, legte Amy den Kopf in den Nacken und ließ sich die Tropfen ins Gesicht rieseln.

»Der König weint«, murmelte Oscar. »Aber warum?«

Amy war zu abgelenkt von den Dingen, die ihr Prinz Tristan über Tarlocks Zauber erzählt hatte, um weiter auf Oscars Worte zu achten. Vor ihr markierten zwei hohe Steinsäulen zwischen zwei Hügeln einen Durchgang. Dahinter war das Land trocken und öde. Es sah aus wie eine verdorrte Weide, auf der zwischen Tausenden herumliegender Knochen fünf massive steinerne Grabstätten kauerten.

Oscar zog sachte an den Zügeln und rief seinen Männern zu: »Hier schlagen wir zum letzten Mal unser Nachtlager auf, ruhen uns kurz aus und bereden unseren Plan. Dann reiten wir zum Mount Arrigal. Die Götter werden zumindest einige Stunden lang für unsere Sicherheit sorgen.«

Als sie zwischen den Steinsäulen hindurchritten, kam eine plötzliche kalte Brise auf.

»Wo sind wir hier?«, flüsterte Amy. »Was für ein komischer Ort.«

»Ich bitte um etwas Respekt, kleine *sionnach.*« Oscar hielt den Kopf gesenkt. »Wir befinden uns auf dem Götterfriedhof.«

Nachdem sie von Arrow abgestiegen waren, gesellte sich Amy zu Jonah, der bei den übrigen Pferden stand und sich reckte und streckte. »Ich muss sagen, ganz wohl fühle ich mich nicht dabei, auf einem Friedhof zu schlafen«, sagte sie anstelle einer Begrüßung.

»Dann sind wir ja schon zu zweit«, antwortete er gähnend. »Wobei ich sogar schon mal in einem Sumpf eingeschlafen bin, und da war es noch viel schlimmer. Danach hat noch ewig lang eine Eidechse in meinen Haaren gewohnt.« Er lachte vor sich hin. »Das war echt peinlich.«

Amy starrte ihn nur wortlos an.

»Ach, jetzt tu doch nicht so, als wäre dir das noch nie passiert«, sagte er.

»Was hat es mit den ganzen Tierknochen auf sich?« Sie deutete auf den Friedhof, der übersät war mit alten Skeletten und Aas, das noch nicht ganz verwest war. Schädel,

Stoßzähne und einzelne Rippen lagen überall verstreut herum wie weißes Konfetti.

»Ach so, die«, sagte Jonah, als wären sie ihm gerade erst aufgefallen. »Ehe die Sonne verflucht wurde, sind die Tiere aus Tír na nÓg kurz vor ihrem Tod häufig hierhergekommen, um direkt neben dem Grab des Cernunnos sterben zu können, des Gottes der Wildnis. Ich glaube, hier haben sie inneren Frieden gefunden.«

Mit gerümpfter Nase stieg Amy über ein Geweih hinweg.

»Hier drinnen sind wir eine Zeitlang in Sicherheit, solange wir die Gräber selbst nicht betreten«, sagte Jonah.

»Wieso? Bringt das Pech?«

»Nein, aber das macht man einfach nicht.«

Amy betrachtete die fünf steinernen Grabstätten, die zu einem unregelmäßigen Kreis geformt waren. Sie sahen aus wie aus riesigen Bauklötzen geformt, die chaotisch aufeinandergestapelt worden waren, sodass sie einen engen Tunnel bildeten, der in eine dahinterliegende Kammer führte. Die Gräber erinnerten sie an die Hügelgräber aus der Steinzeit, die sie in einem von Grans Geschichtsbüchern gesehen hatte.

Die meisten Fianna hatten es sich im Schutz des größten Grabes gemütlich gemacht. Der Deckstein hing gerade eben weit genug über, um sie vor dem Regen zu schützen.

»Das ist Danús Grab«, erklärte Jonah, der Amys Blick gefolgt war. »Die Göttin der Natur und der Neuanfänge, falls du dich erinnerst. Die, die den Weg von eurer Welt nach Tír na nÓg geschaffen hat.«

»Und was ist mit den anderen?«, fragte Amy, während sie weiter auf dem Friedhof herumliefen und die Symbole betrachteten, die an den Eingängen der Grabmale in den Stein gehauen waren. Vor einem Grabmal, das den Umriss einer Harfe trug, blieb sie stehen.

»Das ist Ogmas Grab«, erzählte Jonah.

Das war doch der Gott von dem Brunnen in Filly! Sie betrat den dunklen Tunnel, aber Jonah packte sie am Ärmel und zog sie wieder heraus. »Was habe ich gerade darüber gesagt, dass wir nicht in die Gräber gehen?«

»Tut mir leid, ich war neugierig.« Amy ging weiter zum nächsten Grab, das mit Muscheln und schimmernden Perlen verziert war. Man brauchte keine Fachfrau zu sein, um zu erkennen, dass es Manann gehörte, der Göttin der Selkies. »Schau mal, der Deckstein ist so groß, dass wir locker beide drunterpassen.«

Jonah warf einen wachsamen Blick zum Himmel. »Solange der König nicht beschließt, uns ein neues Gewitter zu schicken.«

Amy setzte sich und lehnte sich mit dem Rücken gegen einen Stein. »Wie gesagt, ich bin aus Irland. Ein bisschen Regen macht mir nichts aus.«

Jonah setzte sich neben sie. Conan kuschelte sich auf seiner Schulter in seinen buschigen Schwanz, der ihm als Kissen diente. Nach wenigen Minuten waren sie beide eingeschlafen.

Auch Amy schloss die Augen und versuchte, ein Nickerchen zu machen. Aber das Gras pikste, und jetzt, wo alle Fianna schliefen, war es auf dem Friedhof gespenstisch still.

Ich bin schon fast bei dir, Liam.

Als sie schließlich doch einschlief, träumte sie, wieder in Connemara zu sein und Gran in der Küche zu helfen. Im Ofen buken Schokoladenkekse, und aus dem Radio auf der Fensterbank drang Musik. Gran sang lauthals mit. Amy saß auf der Arbeitsfläche, ließ die Beine baumeln und betrachtete durchs Fenster die Federwolken am saphirblauen Himmel. Die Sonne konnte sie durch das Fenster zwar nicht sehen, aber sie fühlte sich sicher. Glücklich.

Dann hörte Gran zu singen auf. »Hörst du das, Amy?«

Auf einmal sah Gran nicht mehr wie Gran aus. Ihre Haut bestand aus Schatten, und ihr Kopf war verschwunden.

Amy sprang von der Arbeitsfläche und rannte in den Garten. Der kopflose Reiter war ihr dicht auf den Fersen. Über ihr schluckte ein Schwarm grauer Wolken den blauen Himmel, und in der Ferne grollte Donner.

*

Amy fuhr auf dem Friedhof aus dem Schlaf hoch. In ihrer Kehle steckte ein Schrei fest. Das Donnern in der Ferne wurde lauter.

Seltsam, dass es donnert, ohne zu regnen, dachte sie.

Die Erde bebte unter ihr.

Da begriff sie.

Das war gar kein Donner.

Das war Hufgetrappel.

Die Art Hufgetrappel, die sie erst ein einziges Mal in ihrem Leben gehört hatte.

Sie rüttelte Jonah wach. »Jonah! Steh auf! Schnell, ich glaube, die Dullahan kommen!«

Jonah riss die Augen auf, warf einen kurzen Blick auf ihr entsetztes Gesicht und war mit einem Satz auf den Beinen. Conan sprang ebenfalls von seiner Schulter auf.

»Wie haben sie uns hier finden können?«, fragte Amy, während sie quer über den Friedhof zu den Fianna rannten.

»Das muss Ghost gewesen sein«, sagte Jonah. »Er hat uns in Wetterglas beobachtet. Oder die Dullahan haben in Filly unsere Duftspur aufgenommen und folgen uns seitdem.«

»Aber die haben doch gar keine Nasen!«

»Ihre Pferde aber«, rief er ihr in Erinnerung. »Und zwar riesige.«

Auf halber Strecke stießen sie auf Oscar, der mit zerzaustem Haar und wildem Blick herumlief und dabei Lughs Speer fest umklammert hielt. Die übrigen Fianna waren ebenfalls auf den Beinen und blickten mit gezogenen Waffen westwärts zu dem Schatten am Horizont, der immer größer wurde.

Oscar wedelte mit seinem Speer vor Amy herum. »Versteck dich! Schnell! Sie sind deinetwegen hier!«

Jonah zog sein Holzschwert, aber Oscar schüttelte den Kopf und deutete in Richtung Gräber. »Du auch, Jonah. Das wird zu gefährlich für dich.«

Der Grünling fügte sich und zog Amy hinter sich her zu den Grabstätten.

»Meinte Oscar nicht, hier wären wir sicher?«, rief sie.

»Normalerweise halten sie sich vom Friedhof fern«, keuchte Jonah. »Der Boden ist geheiligt, das schwächt die Dullahan.«

Aus irgendeinem Grund fühlte sich Amy dadurch nicht besser. »Dann muss es ihnen ja wirklich wichtig sein, mich in die Klauen zu bekommen!«

Jonah schubste sie in das erstbeste Grab, an dem sie vorbeikamen, dann verkroch er selbst sich in Lughs. Die Dunkelheit verschlang ihn am Stück.

Auch Amy zog sich in die Finsternis zurück.

Sie folgte den eingemeißelten Bildern von springenden Hirschen ins immer tiefer werdende Dämmerlicht bis in den Bauch von Cernunnos' letzter Ruhestatt, von der aus sie nur noch das Licht am Ende des kurzen Tunnels erkennen konnte.

Ihre Schritte waren so laut, dass sie zusammenzuckte. Überall lagen Tierknochen herum, die im Dunkeln knackten und knirschten.

Von draußen hörte sie das langsame Trappeln, mit dem die Dullahan auf den Friedhof zuritten.

Amy spähte hinaus. Oscar marschierte über das tote Gras hinweg zum Friedhofstor und hob drohend seinen Speer. »VERSCHWINDET VON HIER, VERFLUCHTE DULLAHAN!«, brüllte er. »DIES IST GEHEILIGTER BODEN! IHR HABT HIER KEINE MACHT!«

Die Fianna gingen mit gezogenen Waffen hinter ihm in Stellung.

Doch die Dullahan strömten ungerührt in Richtung Friedhof.

Auf einmal roch es überall so stark nach Tod, dass es Amy in der Nase stach und sich ihr der Magen umdrehte.

Der Anführer der kopflosen Reiter war auch ohne Kopf riesig und in rauchige Schatten gehüllt. Direkt vor Oscar blieb er stehen.

So groß Oscar auch war – dem schwarzen Pferd des Reiters reichte er gerade bis zu den Nüstern. Aber wenn er Angst hatte, dann ließ er es sich nicht anmerken. »Du machst uns keine Angst, Dullahan. Wir sind die Reiter der mächtigen Fianna, und wenn du nicht auf meine Warnung hörst, dann ramme ich dir meinen Speer durch die Brust. Denn es gibt Möglichkeiten, euch zu töten, und wir kennen jede einzelne.«

Die Schatten, die den Anführer der Dullahan umgaben, zogen sich zusammen, bis sie die Form des Gesichts eines zerfurchten alten Mannes hatten, das Amy nur zu gut kannte. Es wurde immer größer, bis es über den Fianna schwebte wie eine angsteinflößende Wolke.

Amy erstarrte. *Tarlock.*

Schwarzer Rauch quoll aus dem Mund des Schattengesichts, und eine gespenstische Stimme hallte über den Friedhof.

»Oscar von den Fianna«, zischte sie. *»ICH bin der einzig wahre Herrscher von Tír na nÓg. Gib mir die Grenzgängerin, und ich verschone dich vom Zorn meiner Dullahan.«*

Oscar zuckte nicht einmal mit der Wimper. »Die Fianna verhandeln nicht mit Fluchwirkern.«

»Dies ist deine letzte Chance. Wenn du mir das Mädchen nicht aushändigst, zwinge ich dich in die Knie.«

»Die Antwort lautet nein! Außerdem kannst du uns hier nicht verletzen.«

»Sei dir da nicht so sicher«, drohte Tarlock. *»Du hast ein grauenvolles Schicksal für euch erwählt ...«*

Das Gesicht verschwand, und die Schatten sammelten sich wieder um den kopflosen Reiter, der sein Schwert zog und damit auf Oscar losging. Der wehrte den Hieb mit Lughs Speer ab. Ein ohrenbetäubendes Krachen hallte über den Friedhof. Oscar wirbelte von dem Schwert weg und schwang den Speer wie einen Baseballschläger gegen die Schulter des Reiters, der dabei vom Pferd geschleudert wurde. Aber keinen Wimpernschlag später hatte er sich bereits wieder aufgerappelt.

Amy schnappte nach Luft, als er mit ungebremster Kraft auf Oscar losging.

Mit einem Schlachtruf schlug Oscar erneut zu, aber diesmal konnte der kopflose Reiter dem Angriff ausweichen. Er sprang über den Krieger hinweg und landete hinter ihm im Gras. Dann drehte er sich mit Blitzgeschwindigkeit um und traf Oscar mit seinem massiven Schwert am Arm.

Oscar machte fluchend einen Satz nach hinten und wirbelte dabei seinen Speer so schnell herum, dass er aussah wie ein orangefarbenes Windrad. Mit einem gewaltigen Sprung stürzte er sich auf den Schattenreiter, und zum zweiten Mal traf Metall kreischend auf Metall.

Diesmal geriet der kopflose Reiter ins Wanken und ging unter der Wucht des Aufpralls in die Knie.

Amys Herz machte einen Satz. Jonah hatte recht! Die Dullahan schienen hier schwächer zu sein! Der Friedhof half den Fianna, indem er sie schützte. Sie brauchten sich nur zu verteidigen.

Während Oscar auf den Anführer der Dullahan losging, stürzten sich auch die übrigen Fianna in den Kampf. Waffenklirren und Kampfrufe hallten durch die Luft.

Doch zwei der kopflosen Reiter nutzten das Chaos aus und lösten sich aus dem Kampfgeschehen. Unbemerkt von den Fianna, begannen sie, die Grabstätten abzusuchen. Einer ritt auf Mananns Grab zu, während der andere direkt auf Amys Versteck zusteuerte.

Amy spürte, wie er seine Schatten nach ihr ausstreckte wie Tentakel. Über Stoßzähne und Knochen rutschte sie weiter nach hinten, bis sich der Tunnel zu einer kleinen Kammer weitete, in der ein steinerner Sarg stand.

Darauf flackerte in der Dunkelheit eine einfache Inschrift.

Hier liegt Cernunnos,
Gott aller Dinge, wild und frei

Vor dem Eingang der Grabstätte knackte ein Knochen.

Amy schluckte, als ein schwarzer Hengst seine Nase in den Tunnel schob und schnüffelte.

Sie hielt den Atem an, aber es war zu spät. Die Kreatur hatte ihren Geruch bemerkt. Ein unheilvoller Rumms war zu hören, als der kopflose Reiter abstieg, dann das Knirschen von Stiefeln auf Knochen, als er den schmalen Gang zu ihr entlanglief.

Knirsch.

Knirsch.

Knirsch.

Der Schattenreiter brachte den Geruch des Todes mit sich.

Amy zog die silberne Sixpence-Münze aus ihrer Tasche und machte sich bereit, sie ihm entgegenzuschleudern.

Der Reiter blieb stehen, um mit einem lederumhüllten Finger die Inschrift auf dem Grab nachzufahren. Ob er sie auch ohne Augen lesen konnte? Schatten waberten über seinem Hals, und einen entsetzlichen Moment lang dachte Amy, sie würden sich auf sie stürzen. Gerade wollte sie die Münze werfen, da erregte ein Geräusch vor dem Eingang die Aufmerksamkeit des Dullahans – etwas Kleines, Hartes, das gegen den Stein klackerte. Das Pferd wieherte in den Durchgang. Noch ein *Klack!*, diesmal näher als das erste. Das Pferd stampfte warnend mit dem Huf auf. Als ein weiteres Klackern ertönte, machte der Reiter auf dem Absatz kehrt und ging nach draußen.

Amy rollte sich ganz hinten im Grab so klein wie möglich zusammen. Die Sixpence-Münze hielt sie fest mit der Faust umschlossen. In dieser Haltung wartete sie ab, bis der Kampflärm nachließ.

Als sie wieder aus dem Grab geklettert kam, entdeckte sie eine Handvoll Nüsse am Eingang und musste lächeln. Die konnte nur Conan geworfen haben, um den Dullahan von ihr abzulenken.

Draußen auf dem Friedhof zogen sich die übrigen Schattenreiter gerade zurück. Sie schienen zu geschwächt zu sein, um weiterzukämpfen. Die Fianna saßen auf ihren Pferden und jagten sie über die Hügel davon. Nur Oscar war zurückgeblieben und suchte das Gelände auf Nachzügler ab. Um die Gräber herum herrschte nun eine gespenstische Stille, und der Verwesungsgeruch war verflogen.

Amy seufzte erleichtert auf. Am Grab neben ihrem fand sie Jonah. Sein schmales Gesicht spähte aus der Dunkelheit hervor.

Sie winkte ihm zu und formte mit den Lippen lautlos ein »Alles okay?«.

Er nickte, aber sein Gesicht war aschfahl. Zwischen seinen Beinen lugte Conan hervor, der sich eine Eichel abwurfbereit an die Brust drückte.

Ein lauter Ruf ließ sie alle drei zusammenfahren. Am anderen Ende des Friedhofs war ein letzter Schattenreiter aus der Dunkelheit von Danús Grab gesprungen. Er erwischte Oscar vollkommen unvorbereitet. Der Reiter ließ seine Peitsche knallen, und die Schnur wickelte sich um Oscars Fußgelenke. Als er auf den Rücken stürzte, rutschte ihm der Speer aus der Hand.

»OSCAR!« Jonah rannte los.

Amy lief ihm hinterher, so schnell, wie es ihr in der Schule noch nie gelungen war. Oscars Männer waren eine halbe Meile weit entfernt. Jetzt konnten ihm nur Jonah und sie helfen, aber der Dullahan gab seinem Pferd die Sporen und schleifte Oscar dabei erbarmungslos hinter sich her.

Der Anführer der Fianna versuchte, sich am Erdreich festzukrallen und das Pferd auszubremsen, aber das Gras war so vertrocknet, dass es ihm zwischen den Fingern zerbröselte. Das Einzige, was ihm Halt bot, waren die Knochen.

Unbarmherzig wurde er über den Friedhof geschleift. Er drehte und wand sich und brüllte dabei aus Leibeskräften, doch es half nichts.

Amy packte das Horn eines Wyldbullen, das sie im Gras gefunden hatte, und rannte damit an Jonah vorbei. Es lag schwer in ihrer Hand, hart und spitz und perfekt gebogen. Sie schleuderte es von sich wie eine Frisbeescheibe. Pfeifend sirrte es durch die Luft und wirbelte dabei schneller und immer schneller, bis es die Schatten über dem Hals des Dullahan durchtrennte.

Durch den Schattenreiter ging ein heftiger Schauder. Hilflos tastete er nach der Stelle, an der sich einst sein Kopf befunden hatte. Er gab zwar keinen Laut von sich, aber Amy war sich ziemlich sicher, dass er panisch wirkte. Verängstigt sogar. Das Pferd spürte, dass sein Reiter in Not war, und bäumte sich auf.

Mit ihrem Treffer hatte sich Amy wertvolle Sekunden erkaufen können. Sie schnappte sich Oscars Speer und konnte selbst kaum glauben, wie groß ihre Schritte ausfielen, als sie ihn in der Hand hielt. Die Waffe war viel leichter, als sie gedacht hätte. Statt sie auszubremsen, verdoppelte sie Amys Geschwindigkeit.

Der Dullahan ritt wieder los, doch nun war es zu spät. Amy zielte und schleuderte den Speer durch die Luft. Er gab ein leises Zischen von sich, und obwohl sie viel zu hoch und zu weit nach links gezielt hatte, korrigierte er seine Flugbahn. Pfeilgerade landete er zwischen den Schulterblättern des Reiters und durchbohrte ihn mit einem widerwärtigen Laut.

Das schwarze Pferd kam schlitternd zum Halten, und der kopflose Reiter sackte zur Seite weg. Dann ging er reglos zu Boden.

Als Amy Oscar erreichte, war es ihm bereits gelungen, die Peitsche von seinen Beinen zu lösen.

Er sprang auf und lief los, um sich seinen Speer zu holen. Er lag inmitten eines leeren schwarzen Umhangs auf dem Boden. Der Rest des Reiters war zu Asche zerfallen, und die drei sahen schweigend zu, wie sie vom Wind davongetragen wurde.

Das schwarze Pferd galoppierte mit einem verängstigten Wiehern in Richtung Berge davon.

Amy versuchte nicht, es aufzuhalten. »Wow«, sagte sie heftig atmend. »Das war ja gar kein Witz, als du meintest, dass der Speer sein Ziel niemals verfehlt.«

Jonah schob sich zwischen Amy und Oscar. »Ich dachte schon, dein letztes Stündlein hat geschlagen, Oscar«, keuchte er. »Wie gut, dass Amy zur Stelle war.«

Oscar betrachtete Amy, als würde er sie zum ersten Mal im Leben sehen.

Sie warf sich den Pferdeschwanz in den Nacken. »Das Wort, das dir gerade nicht einfällt, lautet *Danke.*«

Seine Mundwinkel zuckten, und einen Sekundenbruchteil lang sah es fast so aus, als würde Oscar von den Fianna lächeln. »Ich werde dir nicht vergessen, was du heute für mich getan hast. Ich schulde dir etwas.«

Amy grinste. »Lebensrettung in letzter Sekunde ist eine meiner Spezialitäten.«

Oscar schlug ihr auf die Schulter, und obwohl er sie damit fast zu Fall gebracht hätte, hüpfte ihr vor Stolz fast das Herz aus der Brust.

Als die übrigen Fianna zurückkehrten, erzählte ihnen Oscar die Geschichte von seiner Rettung. Danach standen die Männer Schlange, um Amy auf den Rücken zu klopfen und die Hand zu schütteln. Sie kam sich vor wie eine echte Kriegerin, so groß und stolz wie jeder einzelne von ihnen. Und als sie ihr Gepäck zusammentrugen und sich daranmachten, den Friedhof zu verlassen, wusste sie: Jetzt, wo sie ihren ersten Dullahan besiegt hatte, konnte sie es mit jedem Hindernis aufnehmen, das hinter dem Horizont auf sie wartete.

*

Doch die gute Laune hielt nicht lange. Als die Fianna ihre Pferde sattelten und sich für den letzten Ritt in Richtung Norden bereit machten, zog Niall Oscar zur Seite.

»Tarlock weiß, wie nah wir dem Mount Arrigal bereits sind«, sagte er leise. Aber Amy, die in der Kunst des Lauschens bestens geschult war und direkt hinter Oscars Pferd herumlungerte, bekam trotzdem alles mit. »Mit Sicherheit lässt er die Nordstraße überwachen. Wir sollten einen Bogen nach Osten machen und den Weg durch die Wolfslande nehmen.«

Oscar verschluckte sich fast. »Aber das ist Culanns Gebiet! Seine Wölfe werden uns nicht einfach passieren lassen. Da ist es wahrscheinlich sicherer für uns, es mit den Dullahan aufzunehmen.«

»Es ist viele Jahre her, dass du Culann zuletzt gesehen hast, Oscar.«

»Ja, weil er mir bei unserer letzten Begegnung beinahe den Kopf abgerissen hätte!«

»Das ist doch Schnee von gestern«, warf Niall gelassen ein.

»Es gibt kein Gestern mehr. Nur noch die Gegenwart.« Oscar rieb sich den Nacken, wobei Amy eine blasse, weiße Narbe unter seinem linken Ohr auffiel. Sie hatte die Form einer Mondsichel. »Die Wolfslande sind viel zu gefährlich.«

»Aber wenn wir die Nordstraße nehmen, ist das Risiko, dass uns etwas zustößt, bestimmt doppelt so hoch«, konterte Niall. »Die Dullahan, die uns heute angegriffen haben, waren nur ein kleiner Vorgeschmack auf Tarlocks wahre Macht. Seine Dullahan-Armee ist gewaltig, und sie wartet nur auf uns. Du hast selbst gehört, was das Mädchen im Brunnen gesehen hat. Wir sind ihnen zahlenmäßig weit unterlegen, und auf Tristan können wir uns nicht verlassen. Wir brauchen mehr Männer, und das ist eine Tatsache.«

»Und Frauen«, murmelte Amy.

»Und Frauen«, fügte Niall hinzu.

Sie spähte an der Pferdeflanke vorbei zu den zwei Kriegern, die sie beide mit funkelnden Augen musterten.

»Wir wissen genau, dass du da bist«, bemerkte Oscar sachlich.

»Oh.« Amy stieg die Hitze in die Wangen. »Na ja, also … Ich wollte ja nur …«

»… lauschen, genau«, beendete Niall gut gelaunt ihren Satz für sie. »Wissen wir.«

Amy schluckte. »Und? Wollt ihr meine Meinung hören?«

»Nein«, sagte Oscar.

»Ja, bitte«, sagte Niall.

»Also, ich finde, wir sollten durch diese Wolfslande reiten«, verkündete sie entschieden. »Was auch immer das ist.«

»War ja klar«, seufzte Oscar.

»Wenn es dort Leute gibt, die uns vielleicht helfen können, dann sollten wir sie wenigstens fragen.«

»Genau das denke ich auch.« Niall lächelte zufrieden.

»Und wenn es dort Leute gibt, die uns an den Kragen wollen?«, fragte Oscar schnippisch.

»Ich glaube, im Augenblick gibt es *überall* Leute, die uns an den Kragen wollen«, gab Amy zu bedenken. »Da wäre es vielleicht klug, denen aus dem Weg zu gehen, bei denen wir es mit Sicherheit wissen.«

Niall lachte leise vor sich hin. »Schlau ist sie ja, unsere kleine *sionnach.*«

Und damit war das Thema erledigt.

Die Fianna stiegen auf ihre Pferde, und während die Sonne die letzten Regenwolken vertrieb, verließen sie den Götterfriedhof. Als das Hufgetrappel ihren vertrauten regelmäßigen Reiserhythmus angenommen hatte, sprach Amy Oscar auf die Dullahan an. Es schien egal zu sein, wie schnell und weit die Fianna ritten, wie abgelegen die Wege waren und wie unauffällig sie sich dabei verhielten – stets schienen die kopflosen Reiter sie wieder einzuholen. Und das machte Amy nervös.

»Aber eigentlich ist das kein Wunder«, antwortete Oscar. »Die Dullahan waren allesamt einst Fianna. In vergangenen

Zeiten haben wir gemeinsam gekämpft und sind Flanke an Flanke geritten.« Sein Tonfall wurde düster. »Die Männer, die du heute gesehen hast, hatten großes Pech. Sie alle sind von Tarlock gefangen genommen und verschleppt worden. Und dann hat er sie verwandelt. Sie verflucht.«

»Das heißt, wenn es dem Reiter auf dem Friedhof gelungen wäre, dich mitzunehmen ...«

»... dann wäre ich jetzt einer von ihnen, ja.«

Amy erbleichte. »Dann verwandelt Tarlock die Menschen also nicht nur in Tiere.«

Oscar schüttelte den Kopf. »Es wäre doch dumm von ihm, unsere jahrelange Kampfausbildung einfach zu verschwenden. Wenn er einen Fianna in seine Fänge bekommt, verwandelt er ihn in etwas, das ihm nützlich ist. Und so kämpfen wir stets gegeneinander, wenn wir ihn angreifen.« Er gab einen tiefen Seufzer von sich. »Für uns bedeutet das eine zusätzliche Last.«

Amy blickte zur Sonnenkette hoch, die nach und nach zerfiel. Selbst in den vergangenen paar Stunden schien sie dünner geworden zu sein, wie eine glitzernde Schlange, die langsam ihre Haut ablegte. Der Fluch wurde weiterhin schwächer. Tarlock starb. Aber wie lange würde das noch so weitergehen? »Glaubst du wirklich, diesmal könnt ihr ihn besiegen?«

»Ich weiß nicht, was uns hinter diesem Horizont erwartet, kleine *sionnach.* Aber ich weiß, dass dies unsere letzte Chance ist, Tír na nÓg zu heilen. Und das bedeutet, dass wir all unsere Kraft in diesen Kampf stecken werden.«

Und ich auch, schwor sich Amy feierlich. *Komme, was wolle.*

»Hey, schaut mal!«, rief Jonah ihnen zu, als Nialls geschecktes Pferd zu ihnen aufschloss. Er deutete über seine Schulter. »Was hat das wohl zu bedeuten?«

Amy folgte seinem Blick zu einem Hirsch, der hinter ihnen hertrottete. Hinter ihm spähten sieben Rehe aus einem kleinen Wäldchen. Auch Füchse hielten sich in der Nähe auf, dazu fünf Dachse und mindestens zwanzig Eichhörnchen. Und Amy war ziemlich sicher, dass ihnen in den Baumkronen noch viele weitere folgten. Über ihnen flog eine Eule, gefolgt von einem Starenschwarm, durch den Himmel. Als Amy wieder nach unten sah, entdeckte sie eine Maulwurffamilie, die die Köpfe aus dem Boden reckte. Es kam ihr vor, als wäre der Wald einmal heftig durchgeschüttelt worden, bis alle Tiere herauspurzelten.

»Was ist hier los?«, fragte sie überrascht.

Conan schlug sich mit der Faust gegen die Stirn, dann deutete er sich auf die Brust.

»Aber klar, wie dumm von mir!«, rief Jonah erfreut. Conan sprang auf seiner Schulter aufgeregt auf und ab. »Das sind natürlich alles Púcas! Und sie wollen uns helfen!«

Amy sah genauer hin. Jetzt erkannte sie ebenfalls, was ihr auf den ersten Blick entgangen war. Dies waren keine gewöhnlichen Waldbewohner. Dazu waren ihre Blicke viel zu entschlossen. Diese Tiere waren Krieger, und sie hatten eine Mission. »Glaubst du, sie wollen uns begleiten, um gegen Tarlock zu kämpfen?«

»Sieht ganz so aus.« Lächelnd betrachtete Niall die zahllosen Púcas. »Mut ist etwas, das in der Seele wächst, ganz gleich, wie man von außen wirkt.«

Bei dem Gedanken klopfte Amys Herz ein wenig schneller. Allein mochten sie klein und bedeutungslos sein, aber gemeinsam bildeten sie eine Armee, die es in sich hatte. »Wir sind alle sehr froh darüber, dass ihr euch uns angeschlossen habt!«, rief sie laut. »Und jetzt los! Lasst uns gemeinsam Tír na nÓg retten!«

Oscar zupfte an ihrem Umhang und zog sie wieder nach unten in den Sattel. »Das reicht jetzt an Begeisterung«, stieß er zwischen zusammengebissen Zähnen hervor. »Erst einmal müssen wir es lebendig durch die Wolfslande schaffen.«

Kapitel 18

Der lebendige See

Als Tarlock nach Silverstone Castle zurückkehrte, öffnete der Himmel seine Schleusen, und ein heftiger Regenschauer ergoss sich wie Tränen über den Berg. Kurz darauf ließ Gilda nach Liam rufen. Er war zwar froh, aus dem Kerker herauszukommen, aber es überraschte ihn, dass sie sich überhaupt noch an ihn erinnern konnte. Immerhin war sie bei ihrer letzten Begegnung einfach eingeschlafen.

Als Liam von zwei bulligen, wortkargen Wachen in den Hof geschleift wurde, war der Regen einem düsteren grauen Nebel gewichen. Gilda saß vor einem Schachbrett und wartete auf ihn. Hinter ihr spiegelte sich der Felsgipfel des Mount Arrigal in einem See. Schwäne glitten über die reglose Oberfläche und starrten verloren auf ihre Spiegelbilder.

Das Königsmädchen winkte ihn zu sich. Ihre Krone funkelte, aber ihr Blick war getrübt. »Da bist du ja endlich«, sagte sie ungeduldig. »Ging das nicht schneller? Spielst du Schach? Ist aber eigentlich auch egal, weil ich dich sowieso schlage.« Sie bewegte ihren Bauern, ehe Liam sich auch nur gesetzt hatte. Er war zwar gut im Schach und spielte sogar in der Schulmannschaft, aber er ließ sie gewinnen. Zweimal hintereinander.

Anschließend war Gildas Laune deutlich besser. Der Nebel legte sich, der Himmel wurde heller, und schon bald pochte der Sonnenfluch wieder hinter Liams Schläfen. Er gab sein Bestes, sich davon nicht ablenken zu lassen. Schließlich war es hier draußen immer noch besser, als unten in dem kalten, dunklen Kerker vor sich hin zu zittern und darauf zu warten, dass Tarlock kam, um ihn für seinen finsteren Zauber zu benutzen. Hier draußen konnte er sich zumindest einreden, dass er eines Tages vielleicht wieder frei sein würde. Er hatte sich Kits Worte zu Herzen genommen: Wenn ihm jemand helfen konnte, dann war es Gilda. *Ihr zwei habt mehr gemeinsam, als du denkst.* Liam musste einfach nur herausfinden, worum es sich bei dieser Gemeinsamkeit handelte und wie er sie zu seinem Vorteil nutzen konnte.

Gilda lehnte sich in ihrem Stuhl zurück und blickte an ihm vorbei auf den See. Die Sonne ließ die Kupfersträhnen in ihrem Haar leuchten. Der Anblick erinnerte Liam an Amy. Der Gedanke versetzte ihm einen schmerzhaften Stich ins Herz. Auch in den Augen des Königs spiegelte sich das Licht und ließ sie so gleißend silbern aufleuchten, dass Liam den Blick abwenden musste.

»Ich habe Hunger«, sagte sie. »Ich will Honig und Brot.«

Kaum hatte sie die Worte ausgesprochen, standen auch schon zwei Teller mit Honigbroten und zwei Becher warme

Milch vor ihnen. Bei dem Anblick schmerzte Liams Herz noch ein wenig mehr.

Offenbar war ihm sein Kummer anzusehen, denn Gilda warf ihm einen merkwürdigen Blick zu. »Magst du Honigbrote?«, fragte sie.

»Meine Gran macht die immer für meine Schwester und mich, wenn wir sie besuchen«, erzählte er. »Es macht mich traurig, an sie zu denken. Hattest du auch Menschen, die dir wichtig waren? Eine Mum? Oder eine Schwester oder einen Bruder oder …«

»Nein.« Das Königsmädchen schüttelte den Kopf. »Und wenn, dann kann ich mich nicht daran erinnern. Hier gibt es nur noch mich.«

»Und was ist mit Tarlock?«, bohrte Liam vorsichtig weiter. »Ist er nicht so was wie ein Dad für dich?«

»Natürlich nicht!«, rief Gilda empört. »Wie kannst du sowas Fürchterliches nur sagen?«

In der Ferne grollte Donner, und die Sonnenkette quietschte.

»Tut mir leid.« Liam versuchte, sich die Brille zurechtzuschieben, wie er es immer tat, wenn er nervös war. Aber dann fiel ihm wieder ein, dass er sie ja gar nicht trug. »Ich wollte dich nicht aufregen.«

Gilda stand so plötzlich vom Tisch auf, dass ihr Stuhl klappernd umfiel. »Ich will jetzt spazieren gehen.«

Liam nahm eine Scheibe Brot mit und folgte dem König zum See. Die Schwäne hoben ihre Köpfe und beobachteten sie. Liam warf einen nervösen Blick in Richtung des

Turms des Magiers, weil er glaubte, hinter den Fenstern einen Schatten entdeckt zu haben. Er wurde das Gefühl nicht los, nicht nur von den Schwänen beobachtet zu werden.

»Wie bist du eigentlich zum König geworden?«, fragte er. »Du kommst mir ganz schön jung vor, um …«

»Ich bin schon sehr, sehr lange jung«, unterbrach ihn Gilda. »An die Einzelheiten kann ich mich nicht mehr erinnern. Um ehrlich zu sein, ist es hier im Schloss schwer, sich überhaupt an irgendetwas zu erinnern. Ich weiß nur, dass Tarlock mich auserwählt hat.« Sie runzelte die Stirn. »Aber ich glaube, ich habe mich nicht darüber gefreut. Immer wenn ich mich zu erinnern versuche, bekomme ich ganz schreckliche Schmerzen in der Brust …« Sie verstummte, und ihr Blick wurde glasig.

Liam schwieg. Wenn Tarlock entschied, wer über das Königreich regierte, dann musste er wirklich mächtig sein. Aber warum hatte er sich dann nicht selbst zum König gemacht? Dann wäre er Magier und König zugleich gewesen und hätte das Schloss ganz für sich gehabt.

Gilda zog die Schuhe und Socken aus und setzte sich ans Seeufer. »Hast du dir schon mal überlegt, wie es wäre, ein Schwan zu sein?«, sagte sie, als hätte ihre vorherige Unterhaltung nie stattgefunden. Aber vielleicht hatte sie sie auch einfach wieder vergessen. Sie ließ die Beine ins Wasser baumeln und versetzte damit die herumtreibenden Seerosen in Bewegung. »Manchmal frage ich mich, wie es wohl wäre, den ganzen Tag nur herumzuschwimmen und mein Gefieder zu putzen.«

Liam setzte sich neben sie, aber ohne die Füße ins Wasser zu tauchen. Denn bei genauerem Hinsehen hatte der See einen seltsamen Braunton und verströmte einen leichten Kloakengeruch.

»Diese Schwäne hier scheinen allerdings nicht sonderlich gut drauf zu sein.«

Er deutete auf einen, der den Kopf so tief hängen ließ, dass sein Schnabel übers Wasser streifte. Seine Federn waren gräulich und voller kahler Flecken, und unter seinen Augen prangten schwarze Streifen, die an Tränen erinnerten. »Eigentlich sehen sie sogar richtig elend aus.«

Als hätte der Schwan ihr Gespräch verstanden, hob er den Kopf. Liam warf ihm ein Stück Honigbrot hin, um ihn aufzumuntern. Der Schwan verschlang es hastig.

»Du solltest das besser selbst essen«, bemerkte der König missbilligend. »Denn ich bezweifle, dass sie dich im Verlies anständig füttern.«

Und ich *bezweifle, dass sie diese armen Geschöpfe hier* überhaupt *jemals füttern,* dachte Liam, hütete sich aber, etwas zu sagen. Das Wetter hatte sich endlich wieder beruhigt, und auch wenn die Wolken eine willkommene Pause von der Sonne geboten hätten, wollte er keine unerwünschte Aufmerksamkeit erregen, in dem er das nächste Gewitter auslöste. Stattdessen wartete er, bis Gilda wegsah, und warf dem Schwan noch ein Stückchen Brot hin.

»Können sie denn gar nicht fliegen?«, fragte er. Liam wusste nicht viel darüber, wie das Leben als Vogel wohl war. Aber wenn er einer gewesen wäre, hätte er sicherlich lieber durch die Gegend fliegen wollen, als sich hungrig in einem muffigen See zu langweilen.

»Am Anfang schon«, sagte das Königsmädchen. »Aber irgendwann geben sie auf. Die Sonne verbrennt ihnen die Federn und die Schnäbel. Außerdem, wo sollten sie überhaupt hin?«

»Also, wenn du es so ausdrückst, klingt es wirklich nicht sonderlich verlockend.« Er sah sich verstohlen um. Wie weit würde er wohl kommen, falls er sich entschied davonzulaufen? Im Hof wimmelte es nur so von Wachen, und auch diese seltsamen grauen Wärter schlichen überall herum.

Dann ertönte ein hohes Kreischen, und er zuckte zusammen. Auf der anderen Seite des Sees flatterte ein Schwan mit schmuddeligen, grauen Federn panisch mit den Flügeln und schrie dabei immer wieder auf.

Und dann verwandelte sich einer seiner Flügel von einer Sekunde auf die andere in einen Arm – einen *Menschen*arm!

Der Schwan warf den Kopf in den Nacken, und ganz plötzlich verwandelte sich sein Schnabel in eine Nase.

Oh!

Bei seinem nächsten Schrei verwandelte sich sein gesamter Körper, und auf einmal planschte ein kleiner Junge im Wasser herum.

Liam unterdrückte einen Aufschrei, als vier Wachen auf den kleinen Jungen zurannten. »Púca-Umwandlung im lebendigen See!«, rief einer von ihnen. »Verständigt umgehend den Magier!«

Zwei Aufseher rannten zum Schloss, während sich die übrigen Schwäne um den armen, krächzenden Jungen versammelten und die Flügel ausbreiteten, als wollten sie ihn beschützen.

Liam reckte den Hals und versuchte, an dem Tumult vorbeizuspähen.

»Nun steht doch nicht einfach hier rum!«, brüllte Kit, die quer über den Hof angerannt kam. »Holt ihn da raus!«

»O weh«, murmelte Gilda verängstigt. »Tarlock wird einen Tobsuchtsanfall bekommen, wenn er davon erfährt.«

Erfüllt von stummem Grauen, beobachtete Liam, wie die Wachen ins Wasser sprangen und die Schwäne verscheuchten, um den kleinen Jungen retten zu können. Er rief schluchzend nach seiner Mutter, doch sie schleppten ihn ungerührt ins Schloss.

Die anderen Schwäne sahen ihnen voller Abscheu hinterher.

»Was war *das* denn gerade?«, fragte Liam.

»Die Macht des Magiers lässt nach«, antwortete Gilda. »Seine Zauber lösen sich auf.«

»Bedeutet das, dass all diese Schwäne …«

»… in Wahrheit keine Schwäne sind, ja. Oder zumindest waren sie nicht immer welche.« Sie schüttelte den Kopf. »Sie haben ihre Schnäbel in Angelegenheiten gesteckt, die sie nichts angingen, und deswegen sind sie jetzt Púcas. Dazu verdammt, ihr restliches Leben als Tiere zu verbringen. Deswegen nennen wir diesen Ort hier den lebendigen See. Ich glaube, es ist eine Art Folter. In einem Körper leben zu müssen, der nicht für einen gedacht ist, und genau zu wissen, was man früher einmal war. Aber niemals wieder sein kann.«

»Und was passiert jetzt mit dem kleinen Jungen?«, fragte Liam besorgt. »Was machen sie mit ihm?«

»Ich schätze, Tarlock wird ihn wieder in einen Púca verwandeln. Vermutlich in einen kleineren. Eine Libelle vielleicht. Und falls das nicht geht, wird er sich eine andere Möglichkeit einfallen lassen, ihn zum Schweigen zu bringen.« Sie knabberte sich auf der Unterlippe herum.

Beim Anblick der Schwäne drehte sich Liam der Magen um. »Kannst du sie nicht zurückverwandeln?«

»Ich?« Der König bespritzte ihn mit Wasser. »Du verstehst wirklich gar nichts, oder? Tarlock hat sie verflucht, also kann auch nur Tarlock den Fluch wieder von ihnen nehmen. So funktioniert das eben.«

»Aber du bist der König. Hast du denn überhaupt keine Macht?«

Gilda schüttelte so heftig den Kopf, dass ihr die Krone über die Ohren rutschte. »Alles, was ich habe, ist dieses dumme alte Ding hier«, antwortete sie und rückte sich die Krone wieder zurecht.

Aber Liam hörte ihr gar nicht richtig zu, denn ihm war gerade etwas aufgefallen, das ihm zuvor entgangen war. »Deine Ohren!«, flüsterte er ehrfurchtsvoll. »Sie sind ja rund! Wie meine!«

Ihr zwei habt mehr gemeinsam, als du denkst, hörte er Kit wieder sagen.

Liams Herz hämmerte wie verrückt. War das Königsmädchen von Tír na nÓg womöglich ebenfalls eine Grenzgängerin? Jemand wie er? Er wollte gerade nachfragen, da stürzte sich der Schwan mit den Tränenflecken auf sie und schnappte nach dem Brot.

Gilda bespritzte ihn mit Wasser, um ihn zu verscheuchen. »Verschwinde, du gemeines Ding! Bleib bloß weg von uns!«

Liam packte sie am Arm. »Hör auf damit. Er hat doch nur Hunger!«

Gilda schnappte nach Luft, als hätte Liam sie geohrfeigt. Seine Finger an ihrem Handgelenk prickelten. Es fühlte sich an, als würde Strom zwischen ihnen hin- und herfließen. Als sie ihn ansah, waren ihre Wangen rosig, und ihre Augen leuchteten strahlend blau.

Das waren Amys Augen. *Seine* Augen.

»Ich fühle mich auf einmal so komisch«, flüsterte sie.

Liam beugte sich zu ihr vor. »Wer bist du? Woher bist du gekommen?«

Gilda runzelte die Stirn. Sie schien zu versuchen, sich zu erinnern. Liam verstärkte den Druck um ihr Handgelenk, als hätte er Angst, dass sie davonschweben und die Wahrheit einfach mitnehmen könnte.

»Ich erinnere mich an ein gelbes Haus«, sagte sie langsam.

»Und was noch?«, drängte sie Liam. »An was erinnerst du dich noch?«

Gilda sah sich um. Auf einmal wirkte sie verängstigt. Kein Lüftchen regte sich mehr. Selbst der Wind schien zu lauschen. »Da war ein Vogel«, vertraute sie Liam an. »Ein weißer Vogel.«

»Ja«, flüsterte Liam. »Erzähl weiter!«

Gilda betrachtete ihre Hand in seiner. »Er kam zu dem gelben Haus und hat an mein Fenster geklopft. Am Anfang hatte ich Angst. Aber ich war auch neugierig. Also bin ich ihm gefolgt.«

»Bist du durch den Wasserfall gegangen?«

Sie nickte langsam.

»Ganz allein?«, fragte Liam weiter.

Gilda schüttelte den Kopf. Ihr Stirnrunzeln vertiefte sich. »Nein, wir waren zu zweit.« Ihre Unterlippe zitterte. »Der Vogel hat uns gezeigt, wo wir langmüssen. Wir kamen in einen Wald, der war schöner als alles, was wir je gesehen hatten. Wie im Märchen. Und dann ...« Sie schien große Angst zu bekommen und blickte hoch zum Turm des Magiers. Sie sprach so leise weiter, dass Liam sich vorbeugen musste, um sie zu verstehen. »Und dann kam er.«

»Tarlock?« Liam wusste, dass sie beobachtet, vielleicht sogar belauscht wurden. Aber er hatte nur diese eine Chance, zu Gilda vorzudringen. Wenn er herausfand, wie sie hergekommen war, dann würde er vielleicht auch eine Möglichkeit finden, wie sie von hier wegkamen.

»Ich habe Angst«, flüsterte sie. »Ich soll mich nicht erinnern.«

Liam drückte ihre Hand. »Ist schon in Ordnung, Gilda. Ich bin für dich hier. Und ich will dir helfen.«

Über ihnen quietschte die Sonnenkette.

»Tarlock hat mich *gestohlen.*« Gilda riss die Augen so weit auf, dass Liam sein Spiegelbild darin erkennen konnte. »Der Vogel und der Wasserfall – das alles war nur ein Trick. Es war ein Tor zur Finsternis. Aber das haben wir erst gemerkt, als es zu spät war. Die Pferde sind gekommen und haben mich hergebracht. Tarlock brauchte einen König für seinen Zauber. Und da hat er mich ausgesucht.«

»Um zu herrschen?«

Gilda wischte sich eine Träne weg. »Um zu *verfluchen.*«

Auf einmal schrien alle Schwäne gleichzeitig los. Weitere Aufseher kamen aus dem Schloss geschwärmt. Liam zog den König dicht an sich. »Wir müssen von hier fliehen, Gilda. Du und ich. Zusammen schaffen wir das! Wir können nach Hause zurückkehren. In das gelbe Haus.«

Sie schüttelte den Kopf. »Ich kann nirgendwo hin.«

»Ich meine ja auch nicht jetzt sofort«, sagte Liam. »Aber wir können einen Plan schmieden. Wir können …«

»Nein!«, rief sie. Bei dem Geräusch verdrehte sich die Sonnenkette in sich selbst. »Du verstehst das nicht. Ich bin nicht einfach nur verflucht. Ich *bin* der Fluch!«

Liam starrte sie erschrocken an.

»Der König von Tír na nÓg ist eine Opfergabe.« Sie schnipste gegen die Krone auf ihrem Kopf, und hoch über ihnen klirrte die Kette. »Die Sonnenkette ist an mir befestigt. Sie benutzt meine Kraft und meinen Verstand, sodass ich an nichts anderes mehr denken kann. Und jetzt, wo sie schwächer wird, werde ich es auch.« Sie verzog das Gesicht. »Ich komme nie wieder frei, außer die Kette wird zerstört. Aber das wird Tarlock nicht zulassen. Er würde niemals seine Unsterblichkeit aufgeben. Oder seine Macht.«

Durch ihre Worte war auf einmal alles viel komplizierter als vorher. Liam blinzelte zur Sonnenkette hinauf und versuchte, sich eine Waffe auszumalen, mit der man sie durchtrennen konnte. »Hat denn schon mal jemand versucht, sie kaputtzumachen?«

Gilda schnaubte. »Wie sollte das gehen? Die Sonnenkette wurde mit Hilfe von Magie geschmiedet, was bedeutet, dass man sie nur mit Hilfe von Magie zerstören kann. Und von der Magie ist hier nicht viel übrig.« Sie schluchzte auf. Auch das letzte bisschen Hoffnung schien sie verlassen zu haben. »Ich kann dir nicht helfen, Liam. Ich kann mir doch nicht einmal selbst helfen.«

Liam wusste keine Antwort. Aber was sagte man auch zu einem lebendigen Fluch, der genau wusste, was für ein grausames Schicksal ihn erwartete?

Gilda presste sich die Fäuste gegen die Augen und heulte lautstark los.

Über ihnen brach Donnergrollen los. Über dem Berggipfel erschienen dunkelgraue Wolken.

Liam packte Gilda bei den Schultern. »Wir können einander helfen. Aber dafür musst du dich beruhigen und mir zuhören.«

»I…i…ich k…k…kann mich nicht beruhi…hi…higen«, schluchzte Gilda.

»Natürlich kannst du das«, erwiderte Liam. Ein Regentropfen landete auf seiner Nasenspitze. »Ich glaube, du hast eine Panikattacke. Die habe ich auch manchmal. Das fühlt sich ein bisschen so an, als hätte man einen Wirbelsturm verschluckt.«

Er sah hinauf in den dunkler werdenden Himmel. Wenn es ihm nicht gelang, Gilda zu besänftigen, würden sie es bald mit einem echten Wirbelsturm zu tun haben.

Gilda nickte. »Ja. Genauso fühlt es sich an.«

»Kannst du in Dreierschritten von fünfhundertsiebenundneunzig abwärtszählen?«, fragte er, um sie abzulenken.

Sie blinzelte. »Wovon redest du denn da?«

»Oder willst du es vielleicht lieber mit einem Handstand versuchen?«

»Einem Handstand?«, wiederholte sie ungläubig.

»Ach, egal. Versuchen wir es einfach mit Atmen. Ein und aus. Aber langsam. Ich zähle für dich.«

Gilda folgte seinen Anweisungen. Sie atmete langsam durch die Nase ein und durch den Mund aus, bis ihre Schultern aufhörten zu beben. Mit dem Kleiderärmel rieb sie sich die Tränen von den Wangen, und wie durch Zauberei – aber es war ja auch welche – klärte sich der Himmel. Als sie Liam ansah, schimmerten ihre Augen wieder silbern.

Da spürte Liam auf einmal Kits schwere Hand auf seiner Schulter. »Auf die Beine. Schnell.« Sie zerrte ihn weg vom See und von Gilda. »Der Magier kommt.«

Liam sah sich noch einmal zu Gilda um, die verloren ihr Spiegelbild in der Wasseroberfläche musterte. Die Sonnenkette klirrte über ihr und schien dabei jedes Wort ihrer Unterhaltung aus Gildas Gedächtnis zu löschen.

*

Als er wieder unten im Verlies war, rasten seine Gedanken im Kreis. Warum war er nicht früher darauf gekommen? Er hatte doch schon gewusst, dass die Launen des Königs den Himmel beeinflussten. Sie brachten die Wolken und den Regen und den Donner. Wenn Gilda lächelte, schien in Tír na nÓg die Sonne. Auch wenn es eine Sonne war, die wehtat.

Gilda war durch die Sonnenkette an dieses Königreich gefesselt – sie war Teil des Fluchs. Und das bedeutete, dass sie an dieses Schloss und diesen Berg gebunden war.

Die Wahrheit aber lautete, dass sie aus Connemara kam. Das war ihr wahres Zuhause.

Während er sich in seiner Zelle zusammenkauerte und den schweren Schritten über seinem Kopf lauschte, überlegte er, wie er das Königsmädchen von Tír na nÓg retten sollte. Denn jetzt, wo er all das wusste, konnte er sie unmöglich zurücklassen.

Gilda stammte aus dem gelben Haus, genauso wie Amy und er.

Und es war seine Aufgabe, sie dorthin zurückzubringen.

Kapitel 19

In den Wolfslanden

Amy war so damit beschäftigt, die Púcas hinter ihnen zu beobachten, dass sie gar nicht mitbekam, wie sich die Landschaft veränderte. Doch dann wurde von jetzt auf gleich aus sengend heißem Sommer ein klirrend kalter Winter. Das Land lag wie eine tiefe Schüssel vor ihnen, umgeben von zerklüfteten Bergen und dichten, verschneiten Tannenwäldern.

Während sie in das Tal hinabritten, pfiff ihnen ein kalter Wind um die Ohren. Die Pferdehufe rutschten über loses Gestein und bröckelnden Fels. Direkt hinter ihnen folgten ihnen die Púcas auf ihrem Weg ins Ungewisse. Hier in den Wolfslanden schien die Sonne weniger stark, und dunkle Schatten schnappten nach ihren Füßen, als wollten sie sie verjagen. Doch sie ritten immer weiter, tief ins Tal hinein.

Irgendwo in der Ferne heulte ein Wolf.

Amy wusste, was sie da hörte. Es war eine Warnung.

Oscar richtete sich auf. Kurz zeigte sich Angst auf seinem Gesicht, und er umfasste seinen Speer fester. Wie gern hätte

Amy einen eigenen gehabt. Auch wenn sie wusste, dass ihr nichts passieren würde, solange sie hier bei Oscar war.

»Wer lebt eigentlich in dieser Gegend hier?«, fragte sie ihn.

»Die Wolfslande gehören den Wolfsreitern von Tír na nÓg. Ein grimmiger Wildvolk-Clan, der die Gesellschaft der Wölfe der Gesellschaft von ihrem eigenen Fleisch und Blut vorzieht«, erklärte Oscar. Ihm war deutlich anzuhören, wie wenig er von diesen Wolfsreitern hielt. »Ihr Rudelführer Culann ist ein brutaler, hasserfüllter Mann. Falls er sich nicht einverstanden erklärt, uns im Kampf gegen Tarlock zu helfen, wird er uns vermutlich bei lebendigem Leib die Haut abziehen, weil wir es gewagt haben, ihn mit der Frage zu belästigen.«

»Aber hasst er Tarlock denn nicht genauso wie ihr?«, fragte Amy.

»Die Wolfsreiter leben im langen Schatten des Mount Arrigal. Sie möge Tarlock hassen, aber das bedeutet noch lange nicht, dass sie gegen ihn aufbegehren. Denn solange sie schweigen und unter sich bleiben, lässt er sie in Frieden.«

»Klingt ganz schön feige«, brummte Amy.

Oscar nickte. »Ausnahmsweise einmal ein Punkt, in dem wir uns einig sind, kleine *sionnach.*«

Amy sah sich um. »Und wie sollen wir diesen Culann finden?«

»Ich bin mir sicher, dass er unsere Fährte längst aufgenommen hat. Er findet *uns.*« Oscar war anzuhören, dass er nicht mit einer freundlichen Begrüßung rechnete.

Sie kuschelte sich tiefer in ihren Umhang. »Dann seid ihr wohl nicht gerade Freunde.« Nervös spähte sie zwischen die

Bäume links und rechts des Wegs. Jedes Rascheln kam ihr bedrohlich vor. »Seit wann hasst ihr einander so?«

»Seit unserer Jugend.«

Amy drehte sich zu ihm um. »So lange kennt ihr einander schon?«

»Länger«, erwiderte Oscar kühl. »Wir sind Brüder.«

»Ähm … Was?!« Jetzt kam Amy nicht mehr hinterher.

Oscar presste die Lippen zusammen. Als er sprach, schwang ein uralter Zorn in seiner Stimme mit. »Culann hätte sich mit mir gemeinsam den Fianna anschließen sollen. Das war das Erbe unseres Vaters, unser Schicksal. Wir waren gemeinsam bei den Grünlingen gewesen und Brüder und beste Freunde, seit wir laufen gelernt hatten. Trainierten von früh bis spät im Elderglen und trieben uns gegenseitig immer weiter an. Wollten schneller werden, stärker. Wir kämpften Seite an Seite. Bis er eines Tages den Wald verließ und niemals wiederkehrte.«

Amy schnappte nach Luft. »Du meinst, er ist einfach gegangen?«

»Er hatte sich in eine Wolfsreiterin verliebt und lief davon in die Berge, um mit ihr zusammen sein zu können.« Oscar schüttelte den Kopf. Er wirkte tief verletzt. »Hier fand er eine neue Berufung. Ein neues Leben. Und ich war der Letzte, der davon erfuhr. Dabei hätte ich es kommen sehen müssen. Da war immer schon etwas Wildes an Culann gewesen. Er war unbezähmbar. Ich brauchte eine ganze Weile, um zu begreifen, dass er gar nicht gezähmt werden *wollte.* Oder ausgebildet.«

»Und wie ging es dann weiter?«

»Ich folgte ihm hierher in die Berge«, erzählte Oscar weiter. »Wir brüllten einander an, ich bezeichnete ihn als egoistisch und rücksichtslos und als schwarzes Schaf der Familie. Er beschimpfte mich als stur und besitzergreifend und sagte, die Fianna seien mir wichtiger als mein eigener Bruder. Wir waren so wütend aufeinander. Ich hasste ihn dafür, dass er mich im Stich gelassen hatte. Und er hasste mich dafür, dass ich ihn nicht ziehen ließ. Also kämpften wir.«

»Und wer hat gewonnen?«, fragte Amy.

Oscar strich gedankenverloren über die Narbe an seinem Hals. »Niemand.«

Amy musste daran denken, wie oft sie zu Hause mit Liam gestritten hatte. Über alberne Sachen wie die Fernbedienung oder wer die Spülmaschine ausräumen musste. Aber sie konnte sich nicht vorstellen, nie wieder etwas mit ihm zu tun zu haben.

»Danach haben wir uns geschworen, uns voneinander fernzuhalten«, fuhr Oscar fort. »Seitdem lebt er in den Wolfslanden.«

Amys Nackenhaare stellten sich auf. Sie versuchte, das kalte Prickeln der Angst zu ignorieren, das ihr über den Rücken rieselte. Die Pferde wurden langsamer. Als würden sie eine Gefahr spüren, die in den Schatten auf sie lauerte. Die Púcas hatten sich dicht aneinandergedrängt.

»Vor sechzig Jahren habe ich unseren Waffenstillstand gebrochen«, erzählte Oscar weiter. »Als Tarlock die ersten Dullahan erschuf und überall im Land Púcas auftauchten, ritt ich alleine hierher in die Wolfslande und bat Culann darum, uns im Kampf gegen Tarlock zu unterstützen, ehe es zu spät war. Zu diesem Zeitpunkt waren wir beide längst Anführer unserer Gemeinschaften. Ich dachte, wenn es überhaupt etwas gäbe, das uns wieder zusammenbringen könnte, dann wäre es das Schicksal unseres Königreichs. Doch er weigerte sich.«

»Aber warum?«, fragte Amy ungläubig. Dass die Selkies abgelehnt hatten, war das eine. Aber die Wolfsreiter lebten direkt neben dem Mount Arrigal!

»Culann wollte sein Volk nicht in Schwierigkeiten bringen.« Oscar stieß einen kalten Lacher aus. »Wenn er auch nur einen Funken wahren Mut besessen hätte, dann hätte er sich den Fianna angeschlossen. Und genau das sagte ich ihm auch.«

»Und lass mich raten, was dann geschah«, sagte Amy. »Ihr habt wieder gekämpft.«

Oscar schüttelte den Kopf. »Er hat mich davongejagt und mir gedroht, mich zu Hackfleisch zu verarbeiten, sollte ich jemals wieder sein Land betreten.«

»Ich wünschte, den letzten Teil hättest du mir früher erzählt«, bemerkte Amy verzagt.

Ein beißender Wind fegte durch die Wolfslande und wirbelte trockenes Laub und Staub auf. Die Pferde blieben ruckartig stehen. Hinter ihnen verschwanden die Púcas vom Weg und versteckten sich hinter den Bäumen und Felsbrocken am Wegesrand. Conan richtete sich auf Jonahs Schulter auf und reckte seine kleine Nase in die Luft. Dann stampfte er zur Warnung einmal mit der Pfote auf.

»Oh, oh«, sagte Amy.

Oscar packte seinen Speer fester. »Was du auch tust, du darfst n…«

Amy schrie auf, als ein verschwommener grauer Schatten von oben angeflogen kam und Oscar von Arrows Rücken riss. Mit einem lauten Rumms stürzte er zu Boden, und Arrow bäumte sich vor Panik auf. Auch Amy fiel aus dem Sattel und knallte so hart auf den Boden, dass ihr die Luft aus der Lunge gepresst wurde. Benommen blinzelte sie in den Himmel hinauf, während um sie herum ein Chor aus Wolfsjaulen ertönte.

Sie waren von Wölfen umzingelt!

Amy setzte sich gerade noch rechtzeitig auf, um mit ansehen zu können, wie ein ganzes Rudel aus dem Wald gerannt kam. Und sie trugen Reiter auf ihren Rücken! Heulend gingen sie auf die Fianna los. Im Chaos klirrender Speere und zuschnappender Zähne verlor sie Oscar aus den Augen.

Auf der Suche nach Jonah fuhr sie herum – und stieß dabei mit der Schläfe gegen das stumpfe Ende einer Holzkeule.

Die Welt explodierte zu einem Feuerwerk aus bunten Farben, dann sackte Amy zur Seite weg. Als sie ein letztes Mal blinzelte, hatte sie ein eisblaues Augenpaar und ein Maul voller Reißzähne vor sich.

Dann schloss sich die Dunkelheit um sie.

Kapitel 20

Das Schwert der Wahrheit

RUMMS!

Liam fuhr in der Finsternis aus dem Schlaf hoch und blinzelte die letzten Überreste seines Albtraums weg.

Schritte hallten über den steinernen Boden, und auf einmal fiel ihm wieder ein, wo er war. Und vor allem *was.*

Ein Gefangener.

»Aufstehen«, tönte eine Stimme aus der Dunkelheit.

Vor seiner Zelle stand ein Soldat. Die Tür wurde geöffnet und Liam auf die Beine gezerrt. Der Soldat geleitete ihn aus dem Verlies und die Treppe hinauf. Bis ganz nach oben zu der Eichentür, die ihm bereits vertraut war.

»Nein! Tun Sie das nicht!« Liam versuchte, nach hinten auszuweichen. »Alles, nur das nicht.«

Aber der Soldat versperrte ihm den Weg.

Die Tür öffnete sich knarrend, und Liam wurde hindurchgeschubst.

Blind stolperte er in Tarlocks Turmzimmer. Die Tür fiel hinter ihm ins Schloss.

Er fuhr herum, um am Griff zu rütteln. Aber es war zwecklos. Verzweifelt ließ er die Stirn gegen das Holz sinken. »Bitte, bitte, bitte … Geh auf!«

»Warst du immer schon so ein erbärmlicher Feigling?«, hörte er eine Stimme hinter sich sagen, gefolgt von tiefem Gelächter. »Oder liegt das an dem Ruf, der mir vorauseilt?«

Eine tiefe Panik überkam Liam. Das Blut gefror ihm in den Adern. Langsam drehte er sich wieder um.

Der Magier saß an seinem Schreibtisch. Sein Gesicht war in den Falten eines hellsilbernen Umhangs verborgen.

Tarlock.

Liam presste sich mit dem Rücken gegen die Tür. »B…b… bitte t…t…tun Sie mir nichts«, stammelte er.

Der Magier stand auf und nahm seine Kapuze ab. Darunter kam ein blasses, schmales Gesicht mit einem langen, grauen Bart zum Vorschein. Seine Haut war hauchdünn und so verschrumpelt wie eine Trockenpflaume. Liam war seit seiner Ankunft in Tír na nÓg zwar noch nicht vielen Leuten begegnet, trotzdem war er sicher, dass dieser Mann das älteste Geschöpf im ganzen Land sein musste. Seine Nase war lang und spitz, und um seine tiefliegenden Augen prangten silberne Ringe.

Tarlock bedeutete Liam mit dem gekrümmten Finger, näher zu kommen. »Lass dich ansehen.«

Liam klebte an der Tür wie ein Seestern.

Der Magier verzog die Lippen zu einem Lächeln, bei dem seine gelben Zähne zum Vorschein kamen. »Wie du willst, dann komme ich eben zu dir«, sagte er und glitt mitten durch seinen Schreibtisch hindurch, als würde dieser nur aus Luft bestehen.

Liam schrie auf, aber er hatte keine Fluchtmöglichkeit. Die Tür war abgeschlossen und das Fenster zu schmal, um hindurchzuspringen – ganz abgesehen davon, dass er den Aufprall aus dieser Höhe niemals überlebt hätte. Vor einem Bücherregal an der Seitenwand blieb Tarlock kurz stehen, schob die Hand unter das oberste Regal und zog die Holzvertäfelung beiseite. Dahinter kam ein Geheimfach zum Vorschein.

Liam machte große Augen, als der Magier ein langes, goldenes Schwert daraus hervorzog. Es war halb so groß wie er, und der Knauf war mit Smaragden verziert.

Tarlock glitt auf Liam zu und drückte ihm die Schwertspitze ans Kinn.

Liam gab ein verängstigtes Wimmern von sich und erstarrte.

»Dies ist *Fragarach*«, erklärte Tarlock, als würde er Liam einen guten alten Freund vorstellen. »Der *Flüsterer.* Einst gehörte er meiner Mutter Danú, aber das ist viele, viele Jahrhunderte her. Sie benutzte ihn, um ein Loch in eure Welt zu schneiden und eine neue für uns zu schnitzen. Eine neue und bessere.«

Das Schwert an Liams Kehle begann zu glühen, und in seinem Licht konnte er den Magier zum ersten Mal deutlich in all seiner gewaltigen Schrecklichkeit erkennen. Er sah aus wie eine Leiche, die wieder zum Leben erweckt worden war.

Liam kniff die Augen zu. »W…w…wenn Sie mich um… um…umbringen wollen, d…d…dann machen Sie bitte schn…schn…schnell.«

Der Magier lachte finster auf. »Und was hätte ich davon? Der Flüsterer ist die mächtigste Klinge in ganz Tír na nÓg. Er ist mit einem Zauber belegt, der dafür sorgt, dass er jedes Hindernis durchdringen kann, gleich ob Mensch oder Gegenstand. Genauso sicher, wie er jede Lüge durchdringt.« Er schob mit der Schwertspitze Liams Kinn nach oben und zwang ihn so, ihm in seine Silberaugen zu sehen. »Ich will die Wahrheit hören, Junge.«

Liam merkte, wie sich seine Zunge lockerte.

»Wie viele von euch sind durch den Wasserfall nach Tír na nÓg gekommen?«, fragte der Magier.

Irgendwo in Liam läutete eine Alarmglocke.

Nicht. Erzähl ihm nichts von Amy.

»Sprich!«, befahl ihm Tarlock.

Liam biss die Zähne zusammen.

»Du brauchst gar nicht erst dagegen anzukämpfen. Am Ende tust du damit nur dir selbst weh.«

Oh, und wie es wehtat. Ein Blutstropfen quoll aus seinem Hals, und auf einmal hatte er das Gefühl, wenn er nicht sofort den Mund öffnete und alles erzählte, was er wusste, würde er an den ungesagten Worten ersticken.

Das Schwert flammte blendend hell auf, und Liams Entschlossenheit geriet ins Wanken. Zu seinem Entsetzen öffnete er den Mund und rief: »Wir waren zu zweit! Ich und meine Schwester Amy!«

Er biss sich heftig in die Unterlippe, aber es war zu spät.

»Dann lag ich mit meinem Verdacht also richtig. Das Mädchen gehört zu dir«, sagte Tarlock zufrieden. »Wie günstig für mich, dass ihr Grenzgänger stets zu zweit zu reisen scheint.«

Liam legte den Kopf in den Nacken, um der Magie des Schwerts zu entgehen. »Wir sind nicht gereist! Wir waren auf der Suche nach einem Abenteuer«, platzte es aus ihm heraus. »Wir sind dem Vogel gefolgt, bis uns die kopflosen Reiter eingeholt haben. Aber Amy konnte sich verstecken, ehe die Schattenmänner sie gefunden haben!«

»Erzähl mir alles, was du über die Fianna-Krieger weißt«, sagte der Magier.

Liam musterte ihn ratlos. Es erleichterte ihn, dass er nichts zu dem Thema beizutragen hatte. »Ich habe keine Ahnung, wovon Sie reden.«

Das Stirnrunzeln des Magiers war ein schreckenerregender Anblick. »Du nutzloser, dummer Bengel«, zischte er. »Ich weiß, dass sich deine Schwester Oscar von den Fianna angeschlossen hat. Meine Aufseher haben sie gesehen. Mein Falke hat ihre Spur verfolgt. Meine Reiter haben sie gerochen. Ich will wissen, weshalb sie bei den Fianna ist. Und ich will wissen, wohin sie unterwegs sind.«

»Ich weiß nichts über diese Leute«, sagte Liam. Das Schwert flammte erneut auf, weil er die Wahrheit sagte. Der Magier wirkte frustriert, und Liam konnte sich ein Grinsen nicht verkneifen. »Aber es überrascht mich wenig, dass Sie sie nicht finden können«, rutschte es ihm heraus. »Sie ist nämlich viel zu schlau für Sie.«

Der Magier funkelte ihn unheilvoll an. »In diesem Königreich geht nichts verloren, was sich nicht wiederauffinden lässt, Junge. Deine Schwester mag sich gerade vor mir verstecken – aber das wird ihr nicht für immer gelingen.«

Liams Herz klopfte wie verrückt. Hoffnung, Angst und Sorge um seine Schwester wirbelten in ihm durcheinander, bis es ihm vorkam, als würde er vor lauter Gefühlen explodieren. Amy war in Sicherheit, und es klang so, als hätte sie Leute bei sich, die sie beschützen konnten. *Krieger.*

»Vielleicht kommt sie ja, um mich zu retten«, flüsterte er. Die Worte waren heraus, ehe er sich davon abhalten konnte.

Tarlocks Augen leuchteten auf, und da wusste Liam, dass er einen Fehler begangen hatte. »Ich hatte gehofft, dass du das sagen würdest«, sagte der Magier.

»Was wollen Sie von Amy?«, fragte Liam erstickt. »Sie haben doch schon mich.«

»Oh, aber du reichst nicht ganz.«

Liam fiel wieder ein, was er auf dem Pergament gelesen hatte – die letzte Zutat für Tarlocks Sonnenritual. »Zwei fangfrische Grenzgänger«, flüsterte er und biss sich noch im selben Moment auf die Zunge.

Tarlock beugte sich bedrohlich zu ihm vor. »Da hat wohl jemand seine Nase in Angelegenheiten gesteckt, die ihn nichts angehen.«

»Lassen Sie Ihre runzeligen alten Flossen von meiner Schwester«, rutschte es Liam heraus. Das Schwert machte ihn ebenso ehrlich wie mutig, und obwohl ihm bewusst war, dass er besser seine Zunge hüten sollte, versetzte ihn die

Magie in eine Art Rauschzustand. »Ich hoffe, diese Krieger reißen Sie in Stücke. Und zwar ganz langsam!«

O nein. Nein, nein, nein!

Der Magier schnalzte mit der Zunge. »Was für eine Schande, dass ihr Grenzgänger nie von selbst Mut findet.« Er ließ das Schwert nach unten sinken, bis sich die Spitze in Liams Brust bohrte. »Du solltest wissen, dass ich für meinen Zauber nur deine Knochen brauche«, zischte er. »Deine Zunge ist verzichtbar.«

Liam presste die Lippen zusammen, aber tief in seinem Inneren braute sich bereits die nächste Beleidigung zusammen. Und diese war noch schlimmer als die letzte.

Aber ehe er sie von sich geben konnte und sich damit in noch größere Schwierigkeiten brachte, klopfte es an der Tür.

Erleichtert, einen Moment lang aus der Reichweite des glühenden Schwertes zu gelangen, machte er einen Schritt zur Seite. Die Tür ging auf, und eine Aufseherin kam zum Vorschein. Ihre graue Kapuze rutschte nach hinten, als sie den Kopf durch den Spalt schob. »Verzeiht, Euer Hoheit. Ich möchte nicht stören.«

»Du störst aber«, erwiderte Tarlock streng. »Was willst du?«

»Das Mädchen wurde gesichtet. Nicht weit vom Mount Arrigal.«

»Ah.« Tarlock verzog die Lippen zu einem triumphierenden Lächeln. »Und wo genau?«

»In den Wolfslanden, Euer Hoheit. Culann hat es gemeldet.«

Der Magier schob den Flüsterer unter seine Robe. »Und worauf wartest du dann noch, du Schwachköpfin? Los, schnapp sie dir!«

Die Aufseherin huschte davon wie eine verschreckte Maus. Tarlock schubste Liam hinter ihr her gegen den Wachmann, der ihn bereits nach oben gebracht hatte. Er stieß mit der Nase gegen die schimmernde Rüstung. »Autsch!«

»Ich komme dich holen«, knurrte ihm der Magier hinterher. »Bald schon.«

Während Liam die Treppe zum Kerker wieder hinabstieg, hallte die Drohung des Magiers noch in seinen Ohren nach.

Kapitel 21

Culanns Höhle

Als Amy erwachte, war es stockfinster. Sie hatte keine Ahnung, wo sie war. Die Luft stand, und bis auf das leise Plätschern von Wasser herrschte Stille. Stöhnend drehte sie sich auf die Seite, aber der Boden unter ihrer Wange war hart und so kalt, dass sie zitterte.

Sie setzte sich auf und blinzelte ein paarmal, bis sie die Decke des Raums erkennen konnte. Sie war hoch und felsig und übersät mit Eiszapfen, die im Dämmerlicht glitzerten.

Nach und nach kehrte die Erinnerung zurück, und dann wurden Amy schlagartig zwei Dinge bewusst. Erstens, dass sie entführt worden war. Und zweitens, dass sie sich in einer Höhle befand.

Panisch sah sie sich um, aber von Oscar, Jonah und den übrigen Fianna war keine Spur zu entdecken. Auf dem Boden lagen hier und da Tierfelle, und in der Ferne brannten in kleinen Nischen Kerzen. Sie ließ sich von den flackernden Lichtern zum Ursprung des Plätscherns führen. Mit etwas

Glück würde sie ja zu einem Fluss gelangen, dem sie aus der Höhle hinaus folgen konnte.

»Ich habe mich schon gefragt, wann du endlich aufwachst«, erklang eine Stimme aus den Schatten. Dann trat ein Mädchen aus einem Felsspalt hervor. Sie war älter als Amy und hatte sich das silberblonde Haar zu einem langen, eingeflochtenen Zopf zurückgebunden. Sie hatte blasse Haut und hellblaue Augen und trug Felle und Leder wie eine Kriegerin. Ihr Lächeln enthüllte zwei Reihen scharfer weißer Zähne. »Ich dachte, du hast vielleicht Durst, und habe dir etwas Milch gebracht.« Sie hielt Amy einen kleinen Becher hin. »Das mit deinem Kopf tut mir leid.«

Amy ignorierte den Milchbecher und konzentrierte sich stattdessen auf das Messer, das aus dem Gürtel des Mädchens ragte. »Wer bist du?«

»Ich heiße Torrin.« Das Mädchen lächelte eine Spur zu breit. »Du bist die erste Grenzgängerin, der ich je begegnet bin.«

»Und da hast du mich gleich entführt?«, entgegnete Amy wütend. »Das scheint hier in Tír na nÓg ja eine verbreitete Vorgehensweise zu sein.« Sie sah sich um. Die Höhle schien durch schmale Tunnel im Fels mit einer Reihe anderer Höhlen verbunden zu sein. Sie würde sich einfach für einen entscheiden und auf das Beste hoffen müssen. »Wenn du mich jetzt bitte entschuldigen würdest? Aber ich habe noch was Wichtiges vor.«

Das Mädchen trank einen Schluck Milch. »Ich an deiner Stelle würde keinen Fluchtversuch unternehmen«, bemerkte sie eine Spur von oben herab. »Das würde kein gutes Ende nehmen.«

Amy machte einen Satz auf sie zu, riss ihr das Messer aus dem Gürtel und drohte ihr damit. »Lass mich einfach gehen, ich will dir nicht wehtun.«

Doch Torrin schnaubte nur ungerührt und trank noch einen Schluck Milch. Auch ohne ihr Messer schien sie nicht die Spur Angst vor Amy zu haben. Stattdessen wirkte sie eher … belustigt.

Aus dem Augenwinkel bemerkte Amy einen Tunneleingang und rannte drauflos. Ein langgezogenes Knurren ertönte, dann schoss ein grauer Schatten durch die Höhle, und ein riesiger Wolf sprang aus der Dunkelheit vor den Tunneleingang.

Amy schrie auf und stolperte nach hinten weg, um so viel Abstand wie möglich zwischen sich und diese Bestie zu bringen. Vor lauter Panik ließ sie dabei das Messer fallen.

Der Wolf knurrte und zeigte dabei seine spitzen Zähne. Er war mindestens dreimal so groß wie sie, und seine Augen waren von demselben stechenden Blau wie Torrins, die nun neben ihm stand.

»Ich hab dir doch gesagt, dass du das besser lassen solltest.« Sie hob das Messer wieder auf und steckte es zurück in ihren Gürtel. »Aber keine Sorge, Mac würde dich niemals fressen. Außer natürlich, ich gebe ihm den Befehl.« Sie lachte auf, als hätte sie einen Witz gemacht. Dabei wussten sie beide, dass ihre Worte ernst gemeint waren. »Wenn du uns jetzt bitte begleiten würdest?«

Amy musterte die Reißzähne des Wolfs. Ob es sich bei den dunklen Flecken um sein Maul wohl um Blut handelte? Hoffentlich ging es Jonah und den anderen gut!

»Wo gehen wir denn hin?«, fragte sie misstrauisch.

»Mein Vater will dich sehen.« Torrins Miene wurde ernst, genauso wie ihr Tonfall. »Wir sollten ihn nicht warten lassen. Wir Wolfsreiter sind für unsere Wutausbrüche berüchtigt. Mein Dad ganz besonders.«

Amy folgte Torrin und Mac in einen dunklen Tunnel, der zu einer riesigen Höhle führte, in der emsiges Treiben herrschte. Hunderte von Leuten saßen auf Felsvorsprüngen, die sich an den gewundenen Höhlenwänden entlangzogen. Und es waren ebenso viele Wölfe anwesend, deren scharfe Zähne weiß aus den Schatten hervorschimmerten.

Bei dem Anblick wurde Amy ganz mulmig zumute.

Torrin schob sie weiter zu einer steinernen Empore in der Höhlenmitte. Darauf stand ein Mann, der umgeben war von zwölf riesigen Wölfen mit grauem, schwarzem, braunem und weißem Fell.

Amy fand, dass er im flackernden Kerzenlicht selbst gewisse Ähnlichkeit mit einem Wolf hatte. Er war in Felle gehüllt und hielt eine riesige Holzkeule. Sein Haar war lang und silberweiß und mit Garn aus seinem blassen Gesicht zurückgebunden und auf dem Kopf zu einem Knoten zusammengefasst.

Seine Zähne waren groß und scharf, aber er hatte dieselben Augen wie Oscar: dunkel mit einem goldenen Ring um die Pupille und schweren Lidern.

Culann. Er war mindestens so wild, wie Amy ihn sich vorgestellt hatte. Und wenn es nach seinem Gesichtsausdruck ging, auch mindestens so unfreundlich. Sie hoffte inständig, nicht allein mit ihm reden zu müssen.

Culann spannte die Schultern an, als sie näher kam. Seine Stimme war tief und bedrohlich, fast schon ein Knurren.

»Nun sag mir, Grenzgängerin, wie hat dich mein Bruder in die Finger bekommen?«

Amy schluckte gegen das trockene Gefühl in ihrer Kehle an. »Ich … Ich habe einen Namen, und er lautet Amy«, krächzte sie. »Und ich bin nicht Oscars Besitz. Ich gehöre niemandem.«

Culann kam, flankiert von zwei tintenschwarzen Wölfen, langsam die Empore hinab auf sie zu. »O doch, das tust du, wenn du mein Land betrittst.«

Amy verfluchte ihre zitternden Knie. »Ich will niemandem hier etwas Böses. Mein Ziel ist der Mount Arrigal. Ich muss meinen Bruder aus Silverstone Castle retten.«

Culann beugte sich bedrohlich über sie. »Dann freut es mich, dir mitteilen zu können, dass ihr euch schon bald wiedersehen werdet.«

Die Luft um ihn herum roch nach nassem Fell und altem Blut.

Amy unterdrückte ein Würgen. »Was soll das heißen?«

Cullan hob die Lippe, wobei ein schimmernder Reißzahn zum Vorschein kam. »Das heißt, du kannst hier nicht bleiben. Mein Rudel will mit euch Grenzgängern nichts zu tun haben. Wir interessieren uns nicht für den Schleier und das, was dahinter liegt. Ihr Menschen seid Gift für dieses Land.«

Amy dachte an die Sixpence-Münze in ihrer Tasche. Doch wenn sie Culann damit angriff, gewann sie höchstens ein paar Sekunden. Abgesehen davon, dass seine Wölfe sie garantiert verschlingen würden, wenn sie auf ihren Anführer losging.

Sie verschränkte die Arme vor der Brust. »Wenn euch die Grenzgänger egal sind, warum habt ihr euch dann solche Mühe gegeben, mich zu entführen?«

»Wir haben eine Abmachung mit Tarlock«, sagte Culann. »Wir bewachen für ihn die Wolfslande, und dafür lässt er uns in Frieden.«

Amy klappte die Kinnlade herunter. »Dann ist es euch egal, was er mit diesem Königreich anstellt, solange er euch nichts tut?«, fragte sie ungläubig. »Findet ihr das nicht ein bisschen egoistisch?«

Culann zuckte nur mit den Achseln. »Nenn es, wie du willst.«

»Kein Wunder, dass Sie es nie geschafft haben, ein Fianna zu werden«, murmelte Amy vor sich hin.

Culanns Augen blitzten auf. »Wie war das?«

Sie schluckte. »Für den Augenblick mögt ihr Wolfsreiter sicher sein. Aber nur, weil euch der Magier benutzt. Ihr seid nicht besser als seine Aufseher.« Amy sah dem Oberhaupt der Wölfe entschlossen in die Augen und versuchte zu begreifen, wie jemand, der so eng mit dem Anführer der mächtigen Fianna verwandt war, so dämlich sein konnte. »Es kann doch nicht sein, dass ihr jemandem vertraut, der eure Sonne verflucht und euer Land zerstört hat, nur damit er nicht sterben muss!«

In Culanns Wange zuckte ein Muskel. »Ich tue, was ich muss, um für die Sicherheit meines Volkes zu sorgen.«

»Sind Wölfe nicht für ihre Loyalität bekannt?«, fragte Amy.

Culanns Blick verfinsterte sich weiter. »Dasselbe gilt für die Fianna-Krieger. Und doch ist mein Bruder beim ersten Anzeichen für einen Hinterhalt geflohen und hat dich im Stich gelassen.«

Amy fühlte sich, als hätte er ihr eine Ohrfeige verpasst. Tränen brannten in ihren Augen, und ihre Unterlippe bebte. Es stimmte: In dieser Höhle voller Wolfsleute war sie mutterseelenallein. Weil sie es nicht wert war, gerettet zu werden?

Sie musterte ihre Schuhspitzen und tat ihr Bestes, nicht loszuheulen. Aber die Tränen flossen trotzdem.

Da traten Torrin und Mac zu ihr vor. »Und wieso können wir sie nicht einfach gehen lassen?«, fragte Torrin leise. »Sie hat doch nichts Unrechtes getan.«

Amy warf ihr ein dankbares Lächeln zu.

Doch Culann schüttelte den Kopf. »Tarlock weiß längst, dass wir sie haben. Wenn wir sie gehen lassen, werden dafür Köpfe rollen.«

Torrin warf ihrem Vater einen vernichtenden Blick zu. »Aber sie hat Angst.«

»Die haben wir alle«, wies Culann seine Tochter zurecht.

»DANN NIMM DEINEN MUT ZUSAMMEN UND KÄMPFE FÜR UNSER KÖNIGREICH, BRUDER!«, rief eine vertraute dröhnende Stimme.

Amys Herz tat einen Satz. Sie sah sich um. Wo steckte er? Hunderte feindseliger Gesichter starrten zu ihr herab. Die Wölfe knurrten, als könnten sie den fremden Krieger spüren, der sich irgendwo in den Schatten verbarg.

Culann hob seine Keule. »Zeig dich, Oscar von den Fianna, ehe ich meine Wölfe auf dich hetze!«

Die Fianna kamen alle gleichzeitig aus verschiedenen Tunneln hervor. Die Wölfe schnappten zwar nach ihnen, aber keiner machte Anstalten anzugreifen.

Jedenfalls *noch* nicht.

Oscar kam aus dem Tunnel hinter Amy und schwang dabei Lughs Speer, der hell durchs Dämmerlicht leuchtete und Schatten auf die zerklüfteten Felswände warf. Die Wölfe wichen furchtsam zurück.

»Ihr seid gekommen!«, rief Amy.

Oscar warf ihr ein knappes Lächeln zu. »Vergiss nicht, ich schulde dir was, kleine *sionnach!*« Er packte sie beim Umhang und zog sie zu sich. »Los, versteck dich hinter mir.«

Culann stürzte sich ohne Vorwarnung auf seinen Bruder und holte mit der Keule aus.

Die Waffen prallten mit einem gewaltigen Rumms aufeinander, und die Brüder versuchten ächzend, einander wegzuschieben.

»Wie kannst du es wagen, uns das Mädchen wegzunehmen?«, stieß Oscar zwischen zusammengebissenen Zähnen hervor.

»Wie kannst du es wagen, unerlaubt mein Land zu durchqueren?« Culann trat Oscar mit aller Kraft gegens Schienbein und brachte ihn damit aus dem Gleichgewicht. »Deine Arroganz überrascht mich immer wieder.«

»Und mich deine Selbstsucht.« Oscar wich einem erneuten Hieb aus, holte mit seinem Speer aus und erwischte den Anführer der Wolfsreiter in den Kniekehlen. Culann stolperte vorwärts, und Oscar verpasste ihm eine Kopfnuss. Amy zuckte bei dem Knirschen von Knochen auf Knochen zusammen. »Du würdest dein eigenes Königreich verraten? Für einen Magier, der dich in Stücke reißt, sobald er dich nicht mehr braucht?«, knurrte Oscar. »Du würdest dich gegen deine eigene Familie wenden?«

Culann fletschte die Zähne. »*Du* warst es, der sich zuerst gegen *mich* gewandt hat, Bruder! Nur weil ich den Mut hatte, einen anderen Weg einzuschlagen als du. Weil ich ein anderes Leben wollte als du. Und das konntest du nicht ertragen!«

»Du hast mich im Stich gelassen!«, sagte Oscar. »Mich und deine Kameraden bei den Grünlingen! Du besitzt kein Ehrgefühl, Culann. Keine Loyalität.«

Culann deutete mit einer ausladenden Geste auf seine Leute. Seine Wölfe. »Ich habe jetzt eine eigene Armee, Oscar. Und mehr Loyalität, als du dir je erträumen könntest.«

Oscar verdrehte die Augen. »Nach all den Jahren klingst du immer noch wie eine verzogene kleine Rotzgöre.«

»Du erträgst es doch einfach nicht, mich nicht mehr herumkommandieren zu können«, höhnte Culann. »Damit bist du noch nie zurechtgekommen.«

»Ich verschwende keine Kommandos an Feiglinge«, giftete Oscar. »Und mehr als ein Feigling bist du nie gewesen.«

Culann gab einen lauten Wutschrei von sich. Hinter ihm sprangen zwei weiße Wölfe von der Empore und stürzten sich auf Oscar. Doch Niall sprang aus den Schatten hervor und schlug sie mit einem Schwert in jeder Hand zurück.

Oscar packte seinen Bruder am Genick und rammte ihm die Faust ins Gesicht. »Beweise mir das Gegenteil!«, zischte er. »Kämpfe selbst mit mir.«

Culann stieß ihn von sich und spuckte einen Schwall Blut aus. »Keiner von euch wird diese Höhle lebend verlassen.«

Oscar wirbelte seinen Speer herum und richtete ihn auf Culanns Brust. »Dann sterben wir gemeinsam, Bruder.«

Culann hob seine Keule über seinen Kopf, und seine Wangen verfärbten sich rot vor Wut. »Es ist mein Ernst, Oscar. Ich schlage dir den Schädel ein.«

»Und ich breche dir alle Knochen!«, knurrte Oscar.

»DAS REICHT JETZT!«, platzte es aus Amy heraus. Ihre Stimme war so laut, dass nicht nur die beiden Männer zusammenschraken, sondern auch sie selbst.

Aufgebracht marschierte sie mitten in die Kampfbahn und schlug die Waffen der beiden Männer beiseite. Dann straffte sie die Schultern und wandte sich an Culann. »Wenn ich euer Druckmittel bin, dann werdet ihr es nicht wagen, mich zu töten«, sagte sie in der Hoffnung, dass sie damit recht behalten würde. »Und jetzt hört mir zu, bevor ihr zwei sture Trottel noch eine ungeheure Dummheit begeht!« Sie holte tief Luft. Totenstille hatte sich über die riesige Höhle gesenkt. Es war so leise, dass man das Wasser von den Wänden tropfen hörte. »Ihr seid Brüder! Ihr seid zusammen aufgewachsen. Ihr habt zusammen Kämpfen gelernt. Und jetzt wollt ihr das Gelernte gegeneinander verwenden? Es ist euch lieber, dass Tarlock dieses Reich und euch alle vernichtet, als dass ihr gemeinsam dabei helft, es zu heilen?! Aber begreift ihr denn nicht? Das ist doch genau das, was er will! *Er* ist der wahre Feind, nicht ihr!«

Hoch oben auf einem Felsvorsprung heulte ein Wolf.

Oscar wog seinen Speer in der Hand. »Culann ist hier derjenige, der sich auf die Seite von Tarlock geschlagen hat.«

Culann hob erneut seine Keule. »Aber nur, weil du mir keine Wahl gelassen hast. Du hast gesagt, die Wolfsreiter stünden nicht mehr unter dem Schutz der Fianna. Und dass wir tot besser dran wären.«

Überrascht drehte sich Amy zu Oscar um. »Stimmt das?«

»Den Wolfsleuten kann man nicht trauen«, erwiderte Oscar grimmig.

»Das sagst du nur, weil du immer noch wütend auf mich bist, weil ich damals gegangen bin«, knurrte Culann.

»Nein. Ich bin wütend, weil ich bereits vor vielen, vielen Jahren zu dir gekommen bin und dich gebeten habe, mit mir gegen Tarlock zu kämpfen. Aber du hast abgelehnt.«

»Du hast mich damals um nichts gebeten.« Culann hob anklagend den Finger. »Du hast es mir *befohlen,* Oscar. Sogar gedroht hast du mir.«

»Das habe ich anders in Erinnerung«, entgegnete Oscar steif.

»Dein Großer-Bruder-Komplex scheint dein Gedächtnis zu trüben«, spottete Culann. »Und dein Urteilsvermögen ebenfalls.«

»Moment.« Torrin schob sich ebenfalls zwischen die Männer, sodass sie Schulter an Schulter neben Amy stand. Gemeinsam bildeten sie einen Schild zwischen den Brüdern. Oder war es eher eine Brücke? »Seid ihr schon mal draufgekommen, dass ihr vielleicht beide im Unrecht sein könntet?«

Amy lächelte. »Man kann auch Leuten gegenüber loyal sein, die man nicht sonderlich mag«, sagte sie in die eisige Stille hinein. »Selbst wenn man noch so wütend auf jemanden ist …«

Oscars Nasenflügel blähten sich.

Culann biss die Zähne zusammen.

Amy fuhr fort: »Seit ich einen Fuß in dieses Land gesetzt habe, bin ich öfter betrogen und entführt worden, als ich zählen kann.« Sie deutete auf Oscar. »Er und ich haben mehr Zeit mit Streiten als mit Reden verbracht, und ich kann mich nicht daran erinnern, wann ich das letzte Mal etwas gegessen habe, das nicht nach verkohlter Erde geschmeckt hat. Aber im Moment ist mir das alles egal. Denn gerade zählt für mich nur eins: die Rettung meines Bruders aus Silverstone Castle. *Und* dieses Land ein für alle Mal von Tarlocks üblen Machenschaften zu befreien. Wir wissen, dass er stirbt! Könnte es einen besseren Zeitpunkt für einen Angriff geben?«

Sie wandte sich an Culann. »Ich bin noch nicht sehr lange in Tír na nÓg, aber ich habe hier genug Schönheit und Heldenmut gesehen, um zu wissen, dass dieses Land etwas Besonderes ist, selbst jetzt noch, wo es von einem Fluch beherrscht wird. Wenn jemand von jenseits des Schleiers auf den ersten Blick erkennt, wie dringend Tír na nÓg gerettet werden muss – warum könnt ihr Wolfsreiter es dann nicht?«

Culanns Blick war so durchdringend, dass Amy die Augen niederschlug. »Wenn du so viel über diese Welt weißt, dann verrate mir eines, Grenzgängerin: Warum sollten wir an der Seite einer Armee kämpfen, die uns keinerlei Respekt entgegenbringt?« Er warf Oscar einen vernichtenden Blick zu. »An der Seite eines Kriegers, der uns keinerlei Vertrauen schenkt?«

Amy wollte gerade etwas erwidern, als Torrin das Wort ergriff. »Um euren alten Groll zu begraben. Wir können die Vergangenheit nicht ändern, Dad. Aber die Zukunft können wir beeinflussen.«

»Genau!«, rief Amy. »Ihr könnt eure Sonne befreien und überhaupt erst möglich machen, dass es wieder eine Zukunft gibt. Denn das ist doch das, was ihr alle wollt, oder?«

Die Fianna brummten zustimmend.

Einige Leute vom Wolfsvolk nickten nachdenklich.

Amy warf Oscar einen auffordernden Blick zu.

Der Anführer der Fianna ließ langsam seinen Speer sinken. »Ich schlage einen Waffenstillstand vor, Culann. Lassen wir die Vergangenheit Vergangenheit sein. Wirst du mit uns zum Mount Arrigal kommen und uns helfen, dieses Königreich zu retten, damit ein für alle Mal Frieden herrscht?«

Doch Culann schwieg beharrlich weiter.

Torrin wandte sich an ihren Vater. In ihren blauen Augen lag ein flehentlicher Ausdruck: »Sag die Wahrheit, Dad. Du hast es doch genauso satt wie wir alle. Wir hassen es, unter dieser verfluchten Sonne zu leben, uns in unseren Höhlen zu verkriechen und voller Angst auf den Moment zu warten, an dem sich die Dullahan gegen uns wenden. Wir vermissen den Mond. Wir sehnen uns nach den Nächten, in denen wir frei durch die Wolfslande streiften, während unsere Götter strahlend hell vom Himmel aus über uns wachten.«

Culann biss die Zähne so fest aufeinander, dass es weh tun musste. »So einfach ist das nicht, Torrin. Wenn wir gegen Tarlock in den Krieg ziehen, brechen wir damit den Waffenstillstand und setzen unser Leben aufs Spiel.«

»Welches Leben denn?«, fragte Torrin leise. »Ist das hier wirklich noch ein Leben, Dad?«

Die Stille in der Höhle war Antwort genug. Selbst die Wölfe rührten sich nicht.

Culann ließ die Schultern sinken. Er schien nachzudenken. Zu zaudern. Dann richtete er das Wort an seinen Bruder. »Wir werden zahlenmäßig weit unterlegen sein.«

»Keiner hat behauptet, dass es einfach wird«, entgegnete Oscar ruhig.

»Die Selkies kommen, um uns zu helfen«, warf Amy ein. »Sie werden am Mount Arrigal zu uns stoßen. Tristan hat versprochen, sich uns anzuschließen.«

Oscar und Culann wechselten einen Blick, und zum ersten Mal seit über sechzig Jahren lachten die beiden Brüder miteinander.

»Wenn wir uns auf Tristan verlassen, dann ist dieses Königreich wahrhaft dem Untergang geweiht«, schnaubte Culann.

Oscar lachte zustimmend auf. »Vielleicht sollten wir uns stattdessen besser aufeinander verlassen«, sagte er. Auf einmal klang er wieder ganz ernst. »Was meinst du, Bruder?«

Eine ganze Weile lang schwieg Culann. Es war, als hielte die Höhle selbst gespannt den Atem an.

Dann blickte er auf, zu seinem Volk und seinen Wölfen, bevor er den Blick wieder auf seine Tochter Torrin richtete.

»Komm schon«, sagte sie und ließ dabei ihre Eckzähne aufblitzen. »Lass uns wieder Wölfe sein.«

Culanns Augen funkelten auf, und die goldenen Ringe darin leuchteten. Dann reichte er dem Anführer der Fianna die Hand. »Auf die Zukunft, Oscar. Geben wir ihr eine Chance.«

Oscar ergriff die Hand seines Bruders und schüttelte sie.

Er lächelte, und Amy erkannte ihn kaum wieder. Da musste sie ebenfalls lächeln.

*

Draußen vor der Höhle warteten im verschneiten Tal der Wölfe Jonah und die Púcas auf die Rückkehr der Fianna.

Als Jonah Amy entdeckte, sprang er auf und zog sie in eine feste Umarmung. »Den Göttern sei Dank! Ich dachte schon, die Wölfe hätten dich gefressen.«

Amy löste sich grinsend aus seiner Umarmung. »Ach, eigentlich ist es ganz gut gelaufen.«

Jonahs Blick glitt über ihre Schulter, wo die Wolfsreiter bewaffnet und kampfbereit aus Culanns Höhle traten. Seine Augen wurden groß. »Sie kommen mit? Wie hast du das angestellt?«

»Mit Hilfe meines bemerkenswerten Charmes.«

»Und wie hast du es *wirklich* geschafft?«, fragte Jonah.

Da gesellten sich Torrin und Mac zu ihnen. Conan gab ein schrilles Keckern von sich und versteckte sich aus Angst vor dem gewaltigen Wolf schutzsuchend in Jonahs Umhang.

Torrin hielt Jonah die Hand hin. »Ich bin Torrin. Und du musst ein Grünling sein.«

Jonah verschränkte die Arme vor der Brust. »Wehe, eure Wölfe fressen unsere Púcas«, warnte er sie. »Dieser Punkt ist nicht verhandelbar.«

Torrin fletschte die Zähne. »Keine Sorge. Wir heben uns unseren Appetit für Tarlock auf.«

Conan schob sein Köpfchen aus einer Umhangfalte und keckerte erleichtert.

Nun ergriff Jonahs Torrins Hand. »Wenn das so ist, lass uns Freunde sein.«

Für den Austausch weiterer Höflichkeiten blieb ihnen keine Zeit. Bald saßen sie wieder auf ihren Pferden und verließen die Wolfslande. Oscar ritt an der Spitze der Fianna, Culann saß auf einem riesigen schwarz-silbernen Wolf an der Spitze seines Rudels. Seite an Seite führten die Brüder das Heer nach Norden zum Mount Arrigal.

Jedes Mal, wenn Amy über ihre Schulter blickte, sah sie weitere Púcas zwischen den Bäumen hervorströmen, die sich ihnen anschließen wollten.

»Ich glaube, zusammen mit den Púcas, den Wolfsreitern und den Selkies haben wir eine ernstzunehmende Chance, Oscar«, bemerkte sie fröhlich.

Oscar hielt den Blick auf den Horizont gerichtet. »Halte fest an dieser Hoffnung, kleine *sionnach.* Denn für das, was uns bevorsteht, wirst du sie bitter nötig haben.«

Amy drehte sich wieder nach vorn. In der Ferne erhob sich der silbrige Gipfel des Mount Arrigal wie eine Pfeilspitze in den Himmel. Wenig später war auch der dunkle Nebel zu erkennen, der um seinen Fuß waberte. Es war die tausendköpfige Schattenarmee der Dullahan, die zwischen ihnen und dem Magier stand.

Über ihnen zerteilte ein silberner Blitz den Himmel und kündigte das nächste Gewitter an.

Kapitel 22

Der Gesang der Banshee

Liam lief die Zeit davon. Er musste aus Silverstone Castle fliehen und seine Schwester finden, ehe Tarlock sie entführte und sie anschließend alle beide umbrachte!

Doch anstatt zu flüchten, saß er hier unten im Verlies fest, und nur die Banshee leistete ihm Gesellschaft. Unruhig lief er in seiner Zelle auf und ab und versuchte, einen Plan zu schmieden. Doch erst als das nächste Gewitter ausbrach und der Himmel unter dem Zorn des Königs bebte und brüllte, kam ihm die zündende Idee.

Er begann zu singen. Zuerst geschah nichts. Die Töne des Lieblingslieds seiner Gran gingen im Heulen des Windes unter. Aber er gab nicht auf, sondern sang immer lauter das gleiche Lied, bis er die Strophen schließlich fast schon brüllte und ihr Echo zu ihm zurückgeworfen wurde.

Doch es half nichts. Der Sturm tobte weiter.

Als die Banshee an seiner Zelle vorbeiglitt, griff er durch die Gitterstäbe und winkte sie zu sich.

Sie öffnete den Mund zu einem Schrei.

»Warte!«, sagte er, und zu seiner Überraschung hielt sie tatsächlich inne. Neugierde schimmerte in ihren milchig weißen Augen. »Ich weiß, dass du schreien kannst«, sagte er. »Aber kannst du auch singen? Ich brauche nämlich deine Hilfe.«

Die Banshee musterte ihn so still und aufmerksam wie nie zuvor.

»Ich weiß, dass du unglücklich bist«, fuhr er fort. »*Alle* hier sind unglücklich, und ich möchte etwas dagegen tun. Wenn du mir helfen willst, brauchst du nur mit mir zu singen.«

Die Banshee fuhr sich mit der Zunge über ihre fauligen Zähne.

Liam zuckte bei dem Anblick kurz zusammen, dann stimmte er das Lied wieder an, wobei er nahtlos von einer Strophe zur nächsten überging – bis die Banshee tatsächlich mitzusingen begann!

Ihre Stimme war weder weich noch lieblich, sondern gleichzeitig rau und schrill. Aber von Wiederholung zu Wiederholung fand die Banshee besser in die Melodie. Und so sangen sie zusammen, die Banshee und der Junge, bis das Donnern und Scheppern des Gewitters verstummte und die Kerkertür aufflog.

Gilda kam die Treppe hinuntermarschiert. Kit folgte ihr mit zwei Schritt Abstand. Die Banshee schrak auf und huschte zurück in die Dunkelheit.

Auch Liam hörte auf zu singen. »Schön, dass du gekommen bist.«

Gilda starrte ihn an, als hätte sie keine Ahnung, wer er war. Ihre Augen waren glasig und silbern. »Was soll der Krach?«

»Ich weiß, dass du dieses Lied magst«, entgegnete Liam. »Und ich dachte, wenn ich es oft genug singe, kommst du zu mir.«

»Das verstößt gegen sämtliche Regeln«, meldete sich Kit zu Wort. »Wenn Tarlock davon erfährt, wird er …«

»… mich zu Knochenstaub zermahlen?«, unterbrach Liam sie ungeduldig. »Erzähl mir was Neues.«

Gilda verschränkte die Arme. »Du hast mich also absichtlich hierhergelockt?«

»Ich muss mit dir reden. Und es kann nicht warten.« Liam streckte seinen Arm durch die Gitterstäbe und griff nach ihrer Hand, aber sie wich erschrocken von ihm zurück und drückte sich die Hand gegen die Brust, als würde sie Schmerzen leiden. Ihr Stirnrunzeln wurde tiefer. Sie schien ihn wirklich nicht mehr zu erkennen! Ohne seine Berührung stand sie weiter unter dem Bann des Magiers – dazu verdammt, zu vergessen, wer sie wirklich war.

»Worum es auch geht, du musst dich beeilen«, zischte Kit, ein Auge auf die Tür gerichtet.

Liam schob sein Gesicht zwischen den Gitterstäben durch und flehte Gilda an: »Bitte! Du musst mir helfen!«

»Dir helfen?«, erwiderte sie verblüfft. »Wie kommst du darauf, dass ich das kann? Oder will?«

»Weil wir vom selben Ort stammen, du und ich«, sagte Liam. Er konnte nur beten, dass ihm das Königsmädchen glauben würde. »Du bist in einem gelben Haus aufgewachsen, das auf der anderen Seite des Wasserfalls steht. Rundherum gibt es Berge und Wildblumen und Felder voller Brombeeren und Büsche und neugieriger Schafe, und im Sommer fliegen Schmetterlinge und große brummende Hummeln herum, und wenn man weit genug nach Westen geht, stößt man auf den Ozean, der über die Küste schäumt. Das Wasser ist eiskalt und voller Seetang, aber es schmeckt nach Abenteuer und riecht nach Zuhause.«

Die Worte sprudelten nur so aus ihm heraus, und obwohl Gilda ihn anstarrte, als hätte er sich plötzlich Hörner wachsen lassen, wich sie nicht zurück. Ihre Reaktion reichte aus, um ihn weiterreden zu lassen. »Der Ort heißt Connemara.«

Der Königsmädchen blinzelte. »Connemara«, flüsterte sie. Das Wort hing in der Stille zwischen ihnen wie ein Zauberspruch.

»Du hast dort gelebt, Gilda«, fuhr Liam fort. »Aber dann bist du durch einen verwunschenen Wasserfall gegangen und hier gelandet. Tarlock hat dich von deiner Familie und deiner Heimat weggeholt. Er hat dich mit einem grauenvollen Fluch an dieses Land gebunden und dich vergessen lassen, wer du wirklich bist.«

Gildas Stirnrunzeln vertiefte sich wieder. Ihr war anzusehen, wie sehr sie sich bemühte, sich an alles zu erinnern.

»Ich glaube, du hast eine Schwester. Sie ist jetzt eine alte Frau, aber sie vermisst dich sehr.« Liam schluckte schwer. »Ihr Name ist Dorothy.«

Gilda kniff konzentriert die Augen zusammen. »Dorothy«, wiederholte sie und ließ den Namen nachklingen.

Doch es reichte nicht.

Liam streckte ihr die Hand entgegen. »Bitte. Lass es mich dir zeigen.«

Sie starrte auf seine Hand. Dann griff sie zu und schloss fest die Augen.

»Und dein Name …«, fuhr Liam fort. »Ich glaube, dein Name lautet Peggy.«

Das Mädchen riss die Augen auf. Plötzlich waren sie wieder hell und strahlend blau. »Peggy!«, rief sie. Der Name zauberte ein Lächeln auf ihr Gesicht. »Oh …«

»Götter im Himmel«, murmelte Kit und schüttelte fassungslos den Kopf. »Sie erinnert sich!«

Liam drückte Gildas Hand. »Du gehörst nicht hierher. Du gehörst zu *uns.*«

»Wirklich?«, flüsterte sie hoffnungsvoll.

Er nickte. »Und ich glaube, ich weiß einen Weg, wie wir nach Hause zurückkehren können.«

»Was in aller Welt hast du vor?« Kit musterte Liam besorgt.

»Du hattest recht, Kit. Gilda und ich haben wirklich etwas gemeinsam. *Jemanden,* genauer gesagt«, antwortete Liam. »Also tue ich das Einzige, was mir übrigbleibt: Ich gehe einen Handel mit dem König von Tír na nÓg ein. Und wenn du so gut und gerecht bist, wie ich glaube, wirst du mich nicht davon abhalten.«

»Als Soldatin auf Silverstone Castle bin ich dazu verpflichtet, deinen Plan zu vereiteln«, sagte Kit. Dann fuhr sie zögernd fort: »Aber womöglich habe ich ja gar nicht richtig verstanden, worum es geht …« Sie sprach langsam und wich dabei einen Schritt zurück. »Womöglich bin gerade ja gar nicht hier ...«

Liam wandte sich wieder dem Königsmädchen zu. Hoffnung schwoll in seiner Brust. »Ich weiß nicht, wie lange du dich noch an unser Gespräch erinnern wirst, nachdem ich dich losgelassen habe. Vielleicht vergisst du alles, sobald du den Kerker verlassen hast. Aber bitte versuch, dir, solange du kannst, deinen Namen zu merken, Peggy.« Er warf ihr einen durchdringenden Blick zu. »Du musst mir den Flüsterer bringen. Er ist in einem Geheimfach unter dem obersten Regal in Tarlocks Turm versteckt. Wenn du mir Danús Schwert besorgst, kann ich es benutzen, um dich zu befreien. Und dann können wir nach Hause zurückkehren.«

Das Königsmädchen schüttelte so wild den Kopf, dass ihr die kupfernen Haarsträhnen ums Gesicht flogen. »Hast du den Verstand verloren?«, rief sie. »Ich kann doch nicht einfach den Flüsterer stehlen!«

»Wenn du es nicht tust, werden schlimme Dinge passieren«, sagte Liam ernst. »Wenn der Magier den Fluch erneuert hat, wird er mächtiger sein denn je. Dann bleibt die Sonne für immer gefesselt, und du wirst ein für alle Mal vergessen, wer du wirklich bist.« Er warf einen Blick auf Kit, die konzentriert ihre Stiefelspitzen musterte und so tat, als würde sie nicht zuhören. »Ihr könnt doch nicht euer ganzes Leben in Angst davor verbringen, was er als Nächstes tun könnte – mit euch, euren Familien, euren Tieren. Dieses Königreich soll nicht mehr unter ihm leiden müssen. Nicht, solange auch nur der Hauch einer Chance besteht, ihn zu besiegen.«

Das Königsmädchen – nein, Peggy! – wich einen Schritt zurück und schüttelte Liams Hand ab. »Nein, nein, nein, nein, nein! Das ist zu viel verlangt! Darum darfst du mich nicht bitten.«

»Aber du bist die Einzige, der es gelingen kann«, sagte Liam und griff verzweifelt wieder nach ihrer Hand. »Ich *brauche* dieses Schwert. Wenn du mir nicht hilfst, ist alles verloren.«

Doch Peggys Erinnerungsfunken waren bereits wieder erloschen, und mit düsterer Miene wich sie von der Zelle zurück.

Liam verlor den Mut. Sie hatte Connemara schon vergessen. Ihr Blick wurde silbern und leer, und ihre Lider wurden schwer. Auf einmal schien sich Peggy kaum mehr auf den Beinen halten zu können.

»Ich glaube, ich sollte jetzt ein Nickerchen machen«, murmelte sie vor sich hin. »Das viele Reden hat mich müde gemacht.«

Sie wandte sich von der Zelle ab und schleppte sich wie in Trance durch den Kerker.

»Peggy – Gilda, bitte!« Liam streckte seine Arme durch die Gitterstäbe. Aber das Königsmädchen war außer Reichweite.

Als auch Kit den Kerker verließ, warf sie Liam einen letzten Blick zu. Im Halbdunkel hätte er schwören können, dass sie genauso traurig aussah, wie er sich fühlte.

Er hatte versagt, und es gab nichts, was er dagegen tun konnte. Die Kerkertür schlug zu, dann waren das Königsmädchen und seine Soldatin verschwunden, und Liam war wieder allein. Sein düsteres Schicksal schien sich um ihn zusammenzuziehen wie eine Schlinge.

Die Stunden krochen dahin, und jeder Schatten an der Wand ließ ihn zusammenzucken, bis er kaum einen klaren Gedanken mehr fassen konnte. Schließlich nickte er ein. Anfangs träumte er noch von Connemara, aber schnell wurden daraus Albträume über Tarlock, der wie ein bösartiger Falke auf ihn losging. Er schlief kurz und unruhig, und als er wieder erwachte, fand er sich zusammengerollt in einem kleinen Lichtflecken wieder. Der Schimmer kam von irgendwo aus seiner Zelle.

Er rieb sich die Augen – und sprang überrascht auf. Denn vor ihm stand gleich hinter den Gitterstäben seiner Zelle an die Wand gelehnt der Flüsterer! Liam hörte das leise Rascheln von Stiefeln auf Stein und sah auf. In der Tür stand eine schattenhafte Gestalt.

Einen schreckerfüllten Moment lang dachte er, es wäre Tarlock. Doch es war nicht der Magier. Es war Kit.

»Ich hoffe, du weißt, was du tust, Junge.«

Bevor er sich bedanken konnte, war sie schon verschwunden, und die Tür fiel mit einem dumpfen Schlag hinter ihr zu.

Tiefe Erleichterung durchströmte Liam.

Peggy mochte sich nicht mehr erinnern, was er vorhin gesagt hatte. Aber Kit hatte die ganze Zeit gelauscht, und jetzt hatte sie ihr Leben riskiert, um ihm den Flüsterer zu bringen. Selbst hier in den verfluchten Tiefen von Silverstone Castle gab es noch Gutes. Gab es Tapferkeit und Hoffnung.

Liam hob das Schwert hoch. Es lag leicht in seinen Händen, als er es auf die Gitterstäbe seiner Zelle richtete. Dann ließ er seinen Arm in einer einzigen fließenden Bewegung nach unten gleiten. Die Klinge berührte mit einem leisen Klirren den ersten Stab, und nach einem Sekundenbruchteil des Widerstands durchtrennte sie ihn so mühelos, als würde sie durch Butter gleiten. Die Stäbe spalteten sich in zwei Hälften und fielen klirrend auf den Boden. Liam starrte auf das Loch in seiner Zelle.

Dann trat er entschlossen hinaus.

Kapitel 23

Der schlummernde Sumpf

Je weiter sich Amy dem Mount Arrigal näherte, desto unheilvoller wirkte der Berg auf sie. Jedes Mal, wenn sie den Hals reckte, um zu erkennen, wo der Gipfel endete und die Wolken begannen, loderte hinter ihren Augen ein greller Schmerz auf. Der Fluch war hier mächtiger. Mit jedem Schritt wurde seine Wirkung stärker. Aber sie waren zu weit gekommen, um jetzt noch kehrtzumachen.

Amy richtete sich auf und suchte im Nebel nach den Selkies. Doch von Tristan oder seiner Armee war keine Spur zu erkennen.

Oscar folgte ihrem Blick. »Sie kommen nicht, kleine *sionnach.*«

»Doch, das werden sie«, sagte Amy voller Hoffnung. »Er hat es versprochen.«

»Manche Versprechen haben weniger Gewicht als andere.«

»Und wieder andere haben gar keins«, brummte Culann, der auf seinem Wolf neben ihnen herritt.

»Es ist noch gar nicht so lange her, dass ihr beide versucht habt, euch gegenseitig umzubringen«, rief Amy ihnen in Erinnerung. »Die Leute können sich ändern.«

»Leute vielleicht«, entgegnete Oscar. »Selkies nicht.«

Torrin ritt auf ihrem grauen Wolf gleich hinter ihrem Vater. »Wir brauchen die Selkies sowieso nicht«, sagte sie und lächelte grimmig.. »Schließlich haben wir einander.«

Amy versuchte, das Lächeln zu erwidern, aber der Gestank des Todes hing schwer im Wind und erinnerte sie daran, dass sie trotz ihrer neuen Verbündeten hoffnungslos in der Unterzahl waren.

Nach einer kurzen Diskussion beschlossen Oscar und Culann, nach Osten zu reiten und den Berg zu umrunden. Auf der anderen Seite war der Weg zu Silverstone Castle besonders steil, was bedeutete, dass sich dort weniger Dullahan aufhielten. Dadurch hatten die Krieger und die Wolfsreiter dort die besten Chancen, die Schlosstore zu durchbrechen. Außerdem bot dieses Vorgehen Amy die ideale Deckung, um sich ins Schloss zu schleichen und ihren Bruder zu retten.

Doch der Plan war riskant. Denn um zur östlichen Bergflanke zu gelangen, musste man den schlummernden Sumpf durchqueren, wo der Grund weich und matschig war und unheimliche Kreaturen beherbergte.

Amy erspähte riesige Fische mit nadelspitzen Zähnen und Krebse mit glänzenden Scheren, die so groß waren wie ihr Kopf.

Als ein riesiger Oktopus aus dem Wasser schoss und versuchte, sie mit einem langen, schleimigen Tentakel am Knöchel zu packen, schrie sie auf.

Oscar reagierte blitzschnell und durchtrennte den Tentakel mit seinem Speer, woraufhin sich der Oktopus hastig wieder ins Wasser verzog.

Die Wölfe knurrten und schnappten nach dem trüben Wasser, um ihre Reiter vor den Schrecken zu schützen, die darin lauerten.

»Was auch immer passiert, steig nicht ab«, warnte Oscar, als sie tiefer in den Sumpf wateten. »Wenn du auch nur einen Fuß in dieses Wasser setzt, wirst du in die Tiefe gezogen.«

Amy verflocht ihre Finger in Arrows Mähne und versuchte, sich ihre Angst nicht anmerken zu lassen.

Hinter ihnen bewegten sich die Púcas vorsichtig voran. Die kleineren Tiere hängten sich an die größeren, um nicht zu ertrinken – oder Schlimmeres. Lange Zeit war außer dem Quatschen der Hufe im sumpfigen Grund und dem Knirschen der Wolfszähne nichts zu hören. Bis irgendwann Jonahs Stimme ertönte. »Der Sumpf brodelt! Irgendwas kommt an die Oberfläche!«

Die Krieger zogen ihre Schwerter. Die Wolfsreiter hoben ihre Keulen.

Amy riss den Kopf herum. Hinter den Wölfen, den Pferden und den Púcas erschienen auf einmal noch weitere Schatten im Nebel. Sie stiegen aus dem Sumpf auf, erhoben sich mit langen, sehnigen Armen aus dem Wasser und richteten sich zu ihrer vollen, beeindruckenden Größe auf – und zwar auf zwei Beinen!

»Das sind die Selkies!«, rief Amy. »Ha! Ich hab doch gesagt, dass sie kommen!«

Nun geriet das Sumpfwasser auch dicht vor ihnen in Bewegung.

Amy jubelte, als eine Faust durch die Oberfläche brach.

Dann tauchte auch der Rest von Prinz Tristan auf. Wie ein Superheld sprang er aus dem Sumpf, sein Schwanz verwandelte sich in der Luft, und der Selkie landete auf seinen beiden Beinen.

»Ganz ruhig!«, rief Oscar, als Arrow sich aufbäumte.

Culanns Wolf fletschte die Zähne und knurrte den Neuankömmling an.

Vernarbt und lächelnd und übersät mit Seetang, baute sich der Prinz unerschrocken vor ihnen auf.

»Du hast es also wirklich bis zum Berg geschafft, Grenzgängerin«, sagte er zu Amy. »Wie es aussieht, habe ich dich unterschätzt.«

»Das scheint hier häufiger vorzukommen«, erwiderte Amy atemlos. »Es freut mich, dass du dein Versprechen gehalten hast.«

Der Prinz warf ihr einen schrägen Blick zu. Die Spitzen seiner Krone schimmerten im Nebel. »Hattest du denn Grund, an mir zu zweifeln?«

Amy zeigte anklagend auf Oscar und Culann. »Nein, aber sie. Sie meinten, ich solle mir bloß nicht einbilden, dass du kommen würdest.«

Oscar räusperte sich verlegen. »Da war ich vielleicht eine Spur zu voreilig mit meinem Urteil.«

Culann senkte seinen Knüppel. »Wobei ich sagen muss, dass ich in diesem Fall froh bin, mich geirrt zu haben.«

»Ich schlage vor, dass ihr eure Köter zurückruft«, sagte Prinz Tristan hochmütig. »Es sei denn, ihr habt vor, eure Verstärkung zum Abendessen zu erklären.«

Nach und nach tauchten Hunderte weitere Selkies aus dem schlummernden Sumpf auf. Sie waren mit spitzen Speeren und verrosteten Harpunen bewaffnet. Die Wölfe knurrten und schnappten nach ihnen, als sich ihre Robbenflossen in Menschenbeine verwandelten.

Culann warf den Kopf in den Nacken und brüllte einen Befehl. Es war kein Amy bekanntes Wort, aber die Wölfe verstanden und zogen sich brav zurück.

Dann nahmen sie den Weg wieder auf – die Fianna-Krieger und die Wolfsreiter, die Púcas und die Selkies. Sie durchquerten den schlummernden Sumpf und stiegen den zerklüfteten Berg hinauf. Er war so hoch, dass er sie vor der Sonne schützte. Doch sein langer, dunkler Schatten verschaffte ihnen keine Linderung. Amys Knochen fühlten sich bleischwer an.

Schließlich wurde das Gelände zu steil, und zu Pferd kamen sie nicht mehr weiter. Hoch über ihnen ragten die Türme von Silverstone Castle in die tiefhängenden Wolken empor.

Sie hatten noch mindestens eine halbe Meile Aufstieg vor sich.

»Es ist Zeit, sich aufzuteilen«, verkündete Oscar. Er zog die Karte vom Schloss aus seinem Umhang und faltete sie auseinander. »Die Fianna umrunden den Berg von hier aus und starten von westlicher Seite einen Angriff auf die Dullahan«, erklärte er und fuhr dabei mit dem Finger über das

Pergament. »Auf diese Weise locken wir hoffentlich die meisten von ihnen von den schwarzen Toren im Süden fort.«

»Die Selkies begleiten euch«, sagte Tristan. »Wir treiben so viele Dullahan wie möglich in den Sumpf. Die Kreaturen dort werden uns helfen, sie zu ertränken.«

»Anschließend brechen die Wolfsreiter durch die schwarzen Tore und suchen nach Tarlock«, fügte Culann hinzu, der erwartungsvoll seine Keule in der Hand wog. Dann nickte er in Amys Richtung. »Das wird der Grenzgängerin ausreichend Deckung bieten, um an der Rückseite des Schlosses entlangzuschleichen, von Osten her einzudringen und in den Kerker hinabzusteigen.«

»Ich bringe dich hin«, bot Torrin an. »Auf Mac sind wir schneller.«

Amy nickte dankbar. Sie war froh, den restlichen Weg nicht zu Fuß zurücklegen zu müssen.

»Ich komme auch mit«, sagte Jonah schnell. »So eine waghalsige Rettungsmission kann ich mir doch nicht entgehen lassen!« Das Eichhörnchen, das sich in seinem Umhang versteckt hatte, keckerte vernehmlich. »Und Conan natürlich auch nicht!«

Jetzt, wo es endlich so weit war, bekam Amy ein flaues Gefühl im Bauch. Die Vorstellung, sich von den Fianna zu trennen, war ähnlich beängstigend wie der Moment, in dem sie und Liam getrennt worden waren. Sie hatte gelernt, sich auf Oscars knurrige, aber unerschütterliche Tapferkeit zu verlassen.

Er half ihr vom Pferd. Als hätte er ihre Gedanken gelesen, legte er ihr eine Hand auf die Schulter. »Denk dran, kleine *sionnach,* deine mächtigste Waffe ist dein Mut. Sei schnell, sei schlau und mutig.« Er reichte ihr die Karte. »Hier, nimm – du brauchst sie dringender als ich. Wenn du im Schloss bist, geh zum Uhrenturm. Der Kerker befindet sich direkt darunter. Wenn dein Bruder noch am Leben ist, dann halten sie ihn mit Sicherheit dort gefangen.«

Amy nahm die Karte an sich, faltete sie sorgsam zusammen und steckte sie ein. »Was ist mit Tarlock? Wir wissen immer noch nicht, was er vorhat.«

Culann fletschte die Zähne. »Zehn gebratene Wildschweine für denjenigen, der ihn tötet. Wenn die Sonne erst einmal geheilt ist, dürften sie auch wieder schmecken.«

»Die Wette gilt«, sagte Oscar mit der Zuversicht eines Mannes, der wusste, dass er in den kommenden Wochen speisen würde wie ein König.

Tristan wirbelte seinen Speer herum. »Immer diese arroganten Landbewohner … Wird Zeit, dass ich euch in eure Schranken weise.«

Und damit trennten sich die Verbündeten.

Amy, Jonah, Conan, Torrin und Mac sahen der Armee Seite an Seite nach. Die Fianna-Krieger und die Selkies bogen um die Bergflanke in Richtung der Dullahan mit ihren finsteren Schatten. Die Púcas und die Wolfsreiter machten sich auf nach Süden zu den schwarzen Toren des Schlosses.

Als sie fort waren, drehten sich Amy und Jonah mit Conan auf der Schulter zu Torrin um. Sie rutschte nach vorne, um Platz auf Macs Rücken zu schaffen, und gemeinsam machten sich die fünf auf den Weg, um Liam zu retten.

Kapitel 24
Die geborstene Kette

Mit dem Flüsterer in der Hand verließ Liam den Kerker und kauerte sich in dem Gang im Erdgeschoss hinter einer Rüstung zusammen. Dort wartete er ab, bis die Luft rein war.

Er hatte gehofft, dass auf dem Schloss Ruhe einkehren würde. Doch stattdessen schrillten die Schreie panischer Wachen und die durchdringenden Stimmen der Aufseher durch die Gänge. Was ging hier nur vor sich?

»Die Wolfsreiter sind vor den Toren!«

»Das Schloss wird angegriffen!«

»Alle Wachen sofort in den Hof!«

Liams Herz tat einen Satz. Seine Angst war groß, doch nun mischte sich auch Hoffnung darunter. Wer waren die Wolfsreiter, und was wollten sie hier? Und noch wichtiger: Auf wessen Seite standen sie? Er hoffte, dass sie es auf Tarlock abgesehen hatten, aber er konnte es sich nicht leisten, länger hier herumzustehen und auf Antworten zu warten.

Wer diese Wolfsreiter auch waren, sie boten ihm ideale Deckung für seine Flucht, und die würde er nutzen.

Aber zuerst musste er Peggy von ihrem Fluch befreien. Und dafür musste er die Sonnenkette zerstören.

Wenn sie anschließend erst einmal aus dem Schloss geflohen waren, würden sie sich auf die Suche nach Amy machen. Und dann würden sie endlich alle zusammen nach Hause zurückkehren.

Sobald der Gang verlassen war, hastete Liam zum hinteren Hof. Es fühlte sich gut an, das Schwert an seiner Hüfte zu tragen. Als würde es ihn mutiger machen und seine Bewegungen geschmeidiger.

Bald schon stand er vor der Schlossmauer von Silverstone Castle. Hinter ihm glitzerte der lebendige See, und über ihm zogen aus westlicher Richtung graue Wolken auf.

Der Wind trug Knurrlaute heran, das Klirren von Waffen und Gebrüll. Die schwarzen Tore ächzten unter dem Ansturm der Wölfe, aber es war unmöglich herauszuhören, wer gerade die Oberhand hatte. Nur eins wusste Liam mit Sicherheit: dass niemand da war, der ihn von seinen Plänen abhalten konnte.

Gut so.

Die Schwäne im lebendigen See beobachteten, wie er sich durch die Hecken zwängte, wobei er genau darauf achtete, von dem halbmondförmigen Fenster aus, das aufs Wasser hinausging, nicht sichtbar zu sein. Als er ein stabiles, von Efeu überwuchertes Spalier fand, überprüfte er noch einmal, dass der Flüsterer fest in seinem Gürtel steckte, und kletterte los.

Er tat sein Bestes, nicht auf das schmerzende Pochen hinter seinen Augen zu achten, das er der verfluchten Sonne zu verdanken hatte.

Das Spalier erwies sich als weniger stabil als gedacht. Außerdem wurde sein Aufstieg dadurch erschwert, dass das Schwert jedes Mal gegen sein Bein schlug, wenn er seinen Fuß hob. In seinem Nacken und unter seinen Armen bildete sich Schweiß, aber er hielt durch, kletterte weiter und weiter, bis die Welt unter ihm ganz klein war und das grässliche Kreischen der Sonnenkette den Kampflärm vor den Toren übertönte.

Nach einer gefühlten Ewigkeit schob Liam seinen Arm über die Brüstung und zog sich hinauf. Das Schwert klapperte auf das Steindach, als er sich auf den Rücken drehte und heftig atmend nach Luft schnappte. Dann rappelte er sich auf und spähte durch den Nebel zum Horizont. Der Wind hatte aufgefrischt, erste Regentropfen fielen auf seine Wangen.

Das Gewitter schien auch in seinem Kopf zu tosen. Das Dröhnen war hier oben so laut, dass Liam kaum einen klaren Gedanken fassen konnte. Über dem Dach ragten vereinzelt Türme in den Himmel. Darüber schimmerte die Sonnenkette wie eine einsame Träne im Universum.

Sie glich einem Seil aus purem Licht, das sich wie eine Schlange wand und krümmte. Aus dieser Nähe war die körperliche Wirkung der Kette so stark, dass sich Liam der Magen umdrehte. Er musste sich übergeben, und als er sich anschließend den Mund abwischte, tränten ihm die Augen.

Er war zu hoch oben, um erkennen zu können, was sich vor den Toren abspielte. Aber inzwischen erreichten ihn weitere, andere Stimmen vom Fuß des Berges.

Was war da los?

Liam spähte über die Dachkante. Ganze Horden kopfloser Reiter hatten sich um das Schloss gesammelt. Und mitten hindurch galoppierte eine Gruppe von Kriegern, die flatternde grüne Umhänge und dunkle Rüstungen trugen. Obwohl sie so klein wie Schachfiguren waren, trug der Wind ihre Schlachtrufe zu Liam hinauf.

Hinter ihnen stürmte eine Masse von Kreaturen auf die Schattenreiter ein, die Liam noch nie zuvor gesehen hatte. Sie sahen aus, als hätte man sie vom Meeresgrund heraufgezogen. Ihre Angriffe schienen bedachter, zielgerichteter. Als würden sie einem genauen Plan folgen. Von hier oben aus wirkte es so, als würden sie versuchen, die kopflosen Reiter in ihre Richtung zu locken.

Clever, dachte Liam. Auf diese Weise würden sie einen Keil in Tarlocks Armee treiben und sie in zwei Teile spalten, was den Kampf erleichtern würde.

Liam zog sich wieder von der Dachkante zurück und versuchte, sich einen Reim auf seine Beobachtungen zu machen. Der gesamte Berg wurde angegriffen – nicht nur die Schlosstore, sondern auch die Dullahan. Und das nicht nur von einer einzigen Armee. Er hatte Wölfe und menschliche Krieger gesehen, dazu die rätselhaften Meereskreaturen. Tír na nÓg schien geschlossen gegen Tarlock in den Krieg zu ziehen.

Liam schloss die Augen. Er konnte Amy zwar nicht sehen, trotzdem wusste er aber mit jeder Faser seines Körpers, was der Kampf vor den Toren des Schlosses bedeutete: Seine Schwester war gekommen, um ihn zu retten.

Denn eine ordentliche Rebellion würde sich Amy Bell ganz sicher nicht entgehen lassen.

Nachdem er sich kurz gesammelt hatte, schlug er die Augen wieder auf. Die Zeit drängte! Die Armeen von Tír na nÓg marschierten zwar auf Tarlocks Schloss zu – aber Liam war der Schlüssel zur Zerstörung von Tarlocks Macht. *Die Sonnenkette wurde mit Hilfe von Magie geschmiedet,* hallte Peggys Stimme in seinem Kopf wider. *Was bedeutet, dass man sie nur mit Hilfe von Magie zerstören kann.*

Wenn sich Liams waghalsiger Plan auszahlte, konnte er das Blatt in diesem Kampf hier und jetzt wenden und ihnen allen zur Chance auf den Sieg verhelfen.

Er lief über das Dach. Die Kette war an der Spitze der Glaskuppel verankert, die sich über den Thronsaal spannte. Je näher er kam, desto heller leuchtete sie auf, bis er das Gefühl hatte, er würde in die Sonne selbst starren. Als er den Flüsterer aus der Scheide zog und vor sich in die Höhe reckte, tanzten schwarze Flecken vor seinen Augen.

Er betrat die Kuppel und atmete erleichtert aus, als er merkte, dass das Glas sein Gewicht trug. Noch ein Schritt, dann noch einer, und plötzlich hatte er die Kette direkt vor sich.

Die Wirkung des Fluchs war inzwischen unerträglich, kalt und erdrückend. Liam fühlte sich, als würde er unter dem

Gewicht zermalmt werden. Die Magie drückte seinen Brustkorb zusammen, bis die Knochen knirschten und er nach Luft schnappte.

Liam hob das Schwert, dann ließ er es mit einem lauten Aufschrei niederfahren.

Die Klinge prallte auf die Kette, Funken sprühten.

Er spürte den Schlag bis tief in die Knochen und blickte auf, um zu begutachten, wie viel Schaden er angerichtet hatte.

Aber die Kette gab nicht so leicht nach wie die Gitterstäbe seiner Zelle. Nur eine kleine Faser war abgetrennt. Sie schnellte hervor und schnitt Liam in die Schulter, bevor sie zu Staub zerfiel. Er biss sich auf die Zähne und hielt das Schwert ganz ruhig. Dann trennte er eine weitere Faser ab. Noch eine. Und noch eine.

Ein Riss zog sich spinnwebartig über die Glaskuppel, doch Liam machte unbeirrt weiter. Er spürte jetzt, dass der Fluch ins Wanken geriet wie ein großer Baum, der umzufallen drohte.

Mit jedem Stückchen Kette, das er absprengte, ließ der Schmerz in seinem Kopf ein wenig nach.

Die Sonne über seinem Kopf schwankte nun zwischen den Wolken wie eine Orange, die gleich von einem Regal rollen würde.

Und dann war nur noch eine einzige leuchtende Faser übrig, die alles zusammenhielt. Liam durchtrennte auch sie mit der Klinge des Flüsterers, und die Kette zerfiel in zwei Teile. Er ließ das Schwert fallen und stieß einen lauten, erleichterten Triumphschrei aus.

Doch da schoss eine Hand hinter ihm hervor und ergriff die zerbrochene Kette an ihrem letzten Faden.

Liam kannte diese Hand. Sie war schneeweiß und die Haut so faltig, dass man die blauen Adern darunter erkennen konnte. Frisches Blut tropfte aus der Faust des Magiers, als er aus seinen Silberaugen hasserfüllt auf Liam herabblickte.

Mit seiner freien Hand packte Tarlock ihn am Hals und zog ihn in die Luft bis ganz dicht vor sein Gesicht.

Liam versuchte, sich zu befreien, aber seine Beine baumelten hilflos in der Luft. Es war zwecklos. Der Magier war stärker, als er aussah. Mit der Kette in der Hand und der Kraft des Fluchs, die ihn nun durchströmte, sah er aus wie ein Dämon, der aus der Hölle entsprungen war. Seine Augen waren voller geplatzter Äderchen, und aus seiner Nase tropfte Blut.

»Was glaubst du eigentlich, was du da machst?«, zischte er. »Meine Sonne braucht einen Anker.«

»Dann suchen Sie sich einen anderen!«, keuchte Liam. »Peggy hat die Freiheit verdient!«

Tarlock lächelte. Zwischen seinen Zähnen schimmerte dunkles Blut. »Wie du willst.«

Kapitel 25

Die Gestalt im Kerker

»Leute, habt ihr das gesehen?«, fragte Amy, als sie die Rückseite des Schlosses entlangschlichen. »Ich könnte schwören, dass die Sonne gerade gewackelt hat.«

»Wie oft muss ich dir eigentlich noch sagen, dass du das Ding nicht anstarren sollst?« Jonah schirmte die Augen mit der Hand ab, als er nach oben schaute. »Also, ich finde, sie sieht aus wie immer. Groß, hell und extrem verflucht.«

»Und sie fühlt sich auch genauso an«, bemerkte Torrin, die vor ihnen auf dem Wolfsrücken saß. »Jedenfalls habe ich hämmernde Kopfschmerzen.«

Conan, der auf Jonahs Schulter saß, nickte Amy heftig zu. Offenbar hatte zumindest er das Beben der Sonne auch bemerkt.

Sie holte die Karte heraus und prägte sie sich ein letztes Mal ein, dann wandte sie sich an ihre Freunde. »Ihr müsst nicht mit mir reingehen. Liam ist mein Bruder, nicht eurer. Und wahrscheinlich wird es dadrinnen gleich ziemlich gefährlich.«

»Pah! Gefahr ist mein zweiter Vorname«, sagte Jonah, auch wenn er dabei wenig überzeugt klang. »Na gut, das vielleicht nicht. Aber als Grünling kann ich jetzt ja wohl kaum kneifen, oder?« Er straffte die Schultern. »Ich möchte dir helfen, deinen Bruder zu retten. Wenn alles gut geht, werde ich mein Leben lang stolz auf diesen Tag sein.«

»Und wenn nicht?«, fragte Amy.

Jonah wechselte einen Blick mit dem Eichhörnchen auf seiner Schulter. Sie schienen sich wortlos auf etwas zu verständigen. »Dann werde ich trotzdem mein Leben lang stolz auf diesen Tag sein.«

»Wir kommen auch mit«, sagte Torrin. Sie beugte sich vor und kraulte ihrem Wolf den Kopf. »Mac ist der beste Begleiter, den man sich vorstellen kann. Die meisten Leute ergreifen schon beim bloßen Anblick seiner Zähne die Flucht.«

Wie geplant sorgte Culann an den schwarzen Toren für eine solche Aufregung, dass sie problemlos unentdeckt über die Außenmauer und die Hecken in den Hof springen und weiter ins Schloss schleichen konnten. Der Ostflügel war abgesehen von den Rüstungen, die ihre Hälse nach ihnen reckten, leer. Mac schlich an prunkvollen Ölgemälden und glitzernden Kronleuchtern vorbei. Die Decke war so hoch, dass Amy den Kopf weit in den Nacken legen musste, um zu sehen, wo sie endete.

Mit der Karte als Wegweiser lenkte Torrin ihren Wolf in Richtung des Uhrenturms. Aber als sie in den Flur einbogen, der zu ihm führte, kamen zwei Aufseher um die Ecke.

»Versteckt euch!«, flüsterte Amy.

Sie nahmen den Weg zurück, auf dem sie gekommen waren, nur um festzustellen, dass nun auch auf dieser Seite zwei Aufseher auf sie zuglitten.

»Schnell, springt ab!« Torrin stellte sich auf Macs Rücken und hielt ihren Holzknüppel in die Höhe. »Ihr geht in den Turm, ich lenke sie ab.«

»Aber was, wenn sie dich erwischen?«, fragte Amy.

»Oh, sie werden mich vielleicht entdecken. Aber fangen werden sie mich nicht«, entgegnete Torrin zuversichtlich. »Du hast wohl noch nie einen Wolf richtig rennen sehen.«

Bevor sie weiter herumstreiten konnten, ging Mac auf die Hinterbeine und schüttelte Jonah und Amy einfach ab. Torrin warf den Kopf in den Nacken und heulte auf, dann schoss Mac den Flur entlang. Im Vorbeireiten schwang sie ihre Keule und stieß die Rüstungen um. Das Klirren hallte durch den gesamten Flügel.

Jonah ergriff Amys Hand. »Komm schon!«

Während sich Torrin mit den Aufsehern eine wilde Verfolgungsjagd durch das Schloss lieferte, rannten Amy und Jonah den Gang entlang bis zum Glockenturm, wo sie die Wendeltreppe in den tiefsten Teil des Schlosses nahmen. Unten angekommen, duckten sie sich in die Dunkelheit. In den Schatten am anderen Ende des feuchten Ganges kauerte eine Banshee und beobachtete sie.

Amy steckte ihre Hand in die Tasche und hielt warnend die Münze in die Höhe. Die Banshee kam nicht näher.

Sie schlichen auf Zehenspitzen den Gang entlang und spähten in eine leere Zelle nach der anderen, bis sie die letzte erreichten. Sie war als Einzige abgeschlossen. Ganz hinten in der Ecke saß zusammengekauert auf dem Boden eine zitternde Gestalt.

Amys Herz sprudelte über vor Freude, als sie ihr Gesicht zwischen die Gitterstäbe drückte. »Liam!«, flüsterte sie aufgeregt. »Ich bin's, Amy!«

Die Gestalt rührte sich kaum merklich.

»Bist du verletzt?«, wisperte sie. »Keine Sorge, Liam. Wir holen dich hier raus. Versprochen!«

»Conan macht das.« Jonah zog eine silberne kleine Nadel aus seinem Umhang und reichte sie dem Eichhörnchen. »Das Schloss, das er nicht knacken kann, muss erst noch erfunden werden.«

»Selbst als Eichhörnchen?«

Jonah tippte sich nachdenklich an die Wange. »Insbesondere als Eichhörnchen.«

Nach einer Minute konzentrierten Stocherns und Bohrens öffnete Conan das Schloss mit einem leisen Klicken, und Amy trat ein.

»Liam! Bitte steh auf.«

Die Gestalt stöhnte.

Amy erstarrte.

Jonah krallte sich hinten in ihrem Umhang fest und zog sie rückwärts davon. »Ich glaube nicht, dass das dein Bruder ist.«

Als sich Amys Augen an die Dunkelheit gewöhnt hatten, erkannte sie, was sie zuvor übersehen hatte – die langen kupferfarbenen Haare und den Spitzenbesatz an einem lilafarbenen Rüschenkleid. Das war nicht Liam, sondern ein kleines Mädchen! Es hatte die Knie an die Brust gezogen und den Kopf zwischen die Ellbogen geklemmt und schlotterte am ganzen Leib.

Amy stupste es sanft mit der Schuhspitze an.

»Hallo?«

Das Mädchen hob den Kopf und enthüllte ein blasses Gesicht, kleine runde Ohren und große blaue Augen.

»Heiliges Juckgras!«, murmelte Jonah.

»Wer bist du?«, fragte Amy.

»Ich bin der König«, schniefte das Mädchen. »Oder zumindest war ich der König. Bevor ich hier reingeworfen wurde.«

Amy blinzelte. Dann runzelte sie die Stirn. »Moment mal. *Du* bist der König von Tír na nÓg?«

»Aber was machst du dann hier unten im Kerker?«, fragte Jonah, den es nicht im Geringsten zu überraschen schien, dass es sich beim König um ein kleines Mädchen handelte. »Ist etwas passiert?«

Das Mädchen nickte. »Die Sonnenkette ist gerissen. Ich bin jetzt nicht mehr verflucht.«

»Und … ist das nicht was Gutes?«, fragte Jonah verunsichert.

»Tarlock sagt, dass ich für ihn jetzt nutzlos bin«, sagte das Mädchen. »Ich bin nicht stark genug, um den Fluch noch einmal zu binden, also hat er mich hier runtergeschafft, bis er sich überlegt hat, was er mit mir machen soll. Bestimmt verwandelt er mich bald in einen Molch.«

»Das werden wir verhindern«, sagte Amy entschlossen. »Aber wie bist du überhaupt König geworden? Entschuldige, wenn das unhöflich klingt, aber dort, wo ich herkomme, dürfen Kinder so was in der Regel nicht.«

Jonah rieb sich das Kinn. »Ich hätte gedacht, dass du das andere überraschender findest.«

»Welches andere?«, fragte Amy.

Er warf ihr einen verblüfften Blick zu. »Na ja … dass sie genauso aussieht wie du!«

Amy schaute genauer hin.

Das Mädchen schaute unverwandt zurück. Es hatte die gleichen zusammengezogenen Augenbrauen.

Ja, jetzt, wo Jonah es erwähnte, erkannte Amy ebenfalls eine gewisse Ähnlichkeit.

Ein seltsames Gefühl kribbelte in ihrem Nacken. Aus einem versteckten Winkel ihres Gedächtnisses kam eine Erinnerung angeschlichen. Es war ihre Gran, die mit einer Silbermünze in der Hand am Küchentisch saß und über ein kleines Mädchen namens Peggy sprach.

War das möglich, oder spielte ihr Silverstone Castle einen Streich?

Conan riss sie aus ihren Gedanken, indem er auf Jonahs Schulter auf und ab sprang und aufgeregt keckerte.

Das Mädchen streckte die Hand aus, um ihn zu berühren. »Ich erinnere mich an dich.«

»Conan war dabei«, übersetzte Jonah. »An dem Tag, als sie entführt und nach Silverstone Castle gebracht wurde, wurde er von Tarlock in einen Púca verwandelt.«

»Du bist die Grenzgängerin«, sagte Amy verwundert. »Die lebende Opfergabe.«

Das Königsmädchen nickte.

»Und die andere Grenzgängerin. Die, der Conan zur Flucht verholfen hat …« Amy stockte der Atem. Je länger sie das Mädchen ansah, desto mehr erkannte sie Gran in ihren großen blauen Augen wieder.

Auf einmal ergab auch die lebenslange Besessenheit ihrer Gran von Tír na nÓg einen Sinn. Sie war ebenfalls hier gewesen – vor langer, langer Zeit. Nur war ihr damals die Flucht gelungen.

Amy fiel auf, dass sie sich noch gar nicht vorgestellt hatte. Sie streckte ihre Hand aus. »Mein Name ist Amy. Und ich komme aus Connemara.«

Das Mädchen nahm ihre Hand. »Ich bin …« Sie hielt inne, ihr Gesichtsausdruck wirkte angespannt, als sie den Namen aus den Tiefen ihres Gedächtnisses hervorkramte. »… Peggy«, sagte sie dann mit einem erleichterten Seufzer. »Mein Name war – ist – Peggy.«

Damit waren Amys letzte Zweifel aus dem Weg geräumt. »Du bist es wirklich«, flüsterte sie ungläubig. »Und nach all den Jahren bist du noch hier.«

Sie half Peggy auf die Beine und drückte vorsichtshalber noch einmal ihre Hände, um sicherzugehen, dass sie auch wirklich echt war.

Amy hatte in den Tiefen des Kerkers von Silverstone Castle ein Wunder gefunden, und sie hatte vor, alles in ihrer Macht Stehende dafür zu tun, es zu erhalten. »Bleib bei mir,

Peggy. Ich bringe dich nach Hause zurück. Aber zuerst müssen wir meinen Bruder Liam finden.«

»Liam.« Peggy erstarrte, und ein besorgter Ausdruck huschte über ihre Züge. »Schnell! Wir haben nicht viel Zeit.« Sie eilte aus der Zelle und die Treppe hinauf, wobei sie die Stufen im Laufschritt nahm.

Die Gänge waren menschenleer. Torrins Wolfsjagd mit den Aufsehern schien ihren Zweck zu erfüllen.

Auf halber Strecke zerrte Peggy sie in eine Garderobe voller frischgereinigter grauer Roben.

»Zieht die an«, sagte sie, während sie sich selbst eine über den Kopf streifte. Sie war viel zu groß für sie und sammelte sich wie eine dunkelgraue Pfütze um ihre Füße, aber sie verbarg sie von Kopf bis Fuß vor neugierigen Blicken.

Amy und Jonah machten es ihr nach. Auch Conan schlüpfte in Jonahs Verkleidung, nur sein kleiner Kopf lugte unter dem Kragen hervor.

»Stellt euch auf die Zehenspitzen und hebt das Kinn, um größer zu wirken«, sagte Amy, als sie sich wieder auf den Weg machten.

Gemeinsam mit Jonah folgte sie Peggy einen Gang nach dem anderen entlang, immer tiefer hinein ins Herz des Schlosses. Nach und nach schlossen sich ihnen auch andere Mitglieder von Tarlocks Hofstaat an. Trotz der Kämpfe draußen eilten alle Aufseher in die gleiche Richtung und waren dabei offenbar so mit sich selbst beschäftigt, dass ihnen die drei ungewöhnlich kleinen Mitglieder ihrer Gruppe nicht weiter auffielen.

Schließlich hastete die Schar durch eine Doppeltür in einen marmorgetäfelten Thronsaal mit einer prachtvollen Glaskuppeldecke. Hunderte von Aufsehern hatten sich bereits um eine Empore versammelt, von der aus man durch ein riesiges, halbmondförmiges Fenster auf einen See blicken konnte.

Auf dem Podest stand ein Mann. Er trug eine schimmernde silberne Robe mit zurückgeschlagener Kapuze. Seine Haut war unbeschreiblich runzlig, und die Schatten unter seinen Augen hatten einen ungesunden Purpurton.

Es war das erste Mal, dass Amy Tarlock im wahren Leben vor sich stehen sah.

Selbst vom anderen Ende des Thronsaals aus spürte sie, wie seine Macht nach ihr griff. Seine Aufseher näherten sich ihm mit ehrfürchtig gesenkten Köpfen.

Der Magier sah von der Empore aus auf sie herab. Seine Arme ruhten auf dem vergoldeten Thron vor ihm.

Auf dem Thron saß der neue König.

Amy hätte ihren Bruder fast nicht wiedererkannt. Der Hoodie und die Jogginghose, seine Lieblings-Sneakers und die strubbeligen braunen Haare waren verschwunden. Er trug nun ein blaues Samtwams, eine dunkle Hose und spitze schwarze Schuhe. Auf seinem Kopf saß eine glitzernde goldene Krone, die ihm über die Augen gerutscht war und schwer auf seiner Stirn lastete. Sein Gesicht wirkte blass und düster. Und seine Augen schimmerten in hellem Silber.

»O nein«, flüsterte Peggy. »Wir sind zu spät.«

Kapitel 26

Das vereitelte Ritual

Amy wollte sich aus der Menge lösen und sofort zu ihrem Bruder laufen, aber Jonah erwischte sie gerade noch rechtzeitig am Ärmel und riss sie zurück.

»Was machst du denn da?«, zischte er.

Amy wandte sich an Peggy. »Was hat er meinem Bruder angetan? Warum sehen seine Augen auf einmal so seltsam aus?«

»Weil er verflucht ist«, sagte Peggy. »Liam ist jetzt an die Sonne gebunden. An das Königreich.«

»Wovon redest du denn da?« In Amys Stimme schwang Panik mit, und einige Aufseher drehten sich um und starrten sie verärgert an.

»Er ist der neue Anker für die Sonnenkette«, erklärte Peggy. »Tarlock muss den Fluch auf ihn übertragen haben, als Liam die Kette durchtrennt und mich davon befreit hat. Sie besteht jetzt aus seiner Essenz, so wie sie einst aus meiner bestand.«

»Dann hat er eine neue lebendige Opfergabe gefunden«, murmelte Jonah. »Gar nicht gut.«

Amy biss die Zähne zusammen. Sie würde nicht aufgeben. »Wie können wir Liam von dem Fluch befreien?«

Dabei lag die Antwort auf der Hand. Sie stand direkt hinter Liam, riesig und verdorrt wie ein uralter Baum.

Tarlock.

Er erhob die Stimme. »Kniet nieder.«

Seine Aufseher warfen sich zu Boden und berührten mit der Stirn den Marmor, bis in dem Meer aus grauen Roben nur noch sie drei standen. Hastig ließ sich auch Peggy zu Boden fallen und zog Jonah mit sich. Aber als Amy begriff, was sie zu tun hatte, war es zu spät.

Der Magier lachte tief und schallend. »Ich habe mich schon gefragt, wann du endlich auftauchst«, sagte er, und obwohl sich Hunderte von Menschen im Thronsaal befanden, wusste Amy sofort, dass seine Worte allein an sie gerichtet waren. »Du kommst genau zur rechten Zeit.«

Bevor Jonah sie aufhalten konnte, warf Amy ihren Umhang ab und marschierte mit großen Schritten durch den Saal. »Lassen Sie meinen Bruder gehen!«

Tarlock legte den Kopf schief und tat so, als würde er darüber nachdenken. »Nein.«

»Liam!«, rief Amy verzweifelt.

Doch ihr Bruder starrte ins Nichts. Seine Augen waren so glasig, als wäre er in Trance.

»Dein Bruder gehört jetzt nicht mehr zu dir«, sagte der Magier. »Er gehört jetzt Tír na nÓg. Und diesmal wird mein

Fluch weitaus länger als mickrige sechzig Jahre anhalten. Weißt du, warum?«

»Nein, aber Sie werden es mir bestimmt gleich sagen.«

»Weil ich deine Knochen verwenden werde, um ihn zu stärken.« Seine Lippen verzogen sich zu einem bösartigen Grinsen, als er hinter dem Thron hervorkam. »Endlich habe ich euch Grenzgänger beide in der Hand. Einen, um den Fluch zu binden, und einen, um für den Fluch zu sterben.«

Der Magier schnippte mit den Fingern, und zwei Aufseher – diese in dunkelblauen Roben – kamen hinter dem Podest hervor und packten Amy an den Ellbogen. Sie wehrte sich und brüllte aus Leibeskräften, aber es war zwecklos.

Aus dem Augenwinkel sah sie einen vertrauten roten Fleck vorbeihuschen, doch als sie sich zu ihm umsah, war Conan bereits verschwunden.

Als sie zum Podest gezerrt wurde, standen die übrigen Aufseher auf und reckten die Hälse. Tarlock kam die Stufen hinunter auf sie zu. Er streckte seine Hand aus, und als Amy schon dachte, er wolle sie an der Kehle packen, flammte ein Feuer zwischen ihnen auf. Es brannte pechschwarz, und statt Hitze strahlte es eine entsetzliche Kälte aus.

Sie schrie aus voller Kehle und versuchte verzweifelt, sich von dem Feuer zu entfernen. »NEIN! BITTE, NEIN!«

Aber die Wärter schoben sie immer näher zu den Flammen, bis sie ihre Schuhspitze berührten.

»Liam!«, schrie sie. »Liam, wach auf! Hilf mir!«

Aber der junge König warf dem Feuer nur einen gleichgültigen Blick zu, und seine Silberaugen schweiften über Amy, als würde er sie nicht kennen. Tarlock schnippte erneut mit den Fingern, und ein weiterer Aufseher in blauer Robe eilte mit einer verzierten Truhe herbei. Als er den Deckel hochklappte, kamen mehrere kleine Glasfläschchen zum Vorschein.

Tarlock nahm eines heraus, das mit einem bronzefarbenen Pulver gefüllt war. »Jetzt, da meine letzte Zutat eingetroffen ist, können wir beginnen.«

Es wurde still im Thronsaal.

»*Der gemahlene Schnabel eines Elderglen-Rotkehlchens, getötet mitten im Gesang.*« Er schüttete das Pulver ins Feuer, und die Flammen schlugen aus und warfen ihr Flackerlicht über sein spöttisches Gesicht. »Wenn wir dich dem Feuer übergeben, wird nichts mehr von dir übrig sein als der Staub deiner Knochen. Aber du wirst in dem Wissen sterben, dass dein Opfer deinem Bruder unzählige Jahrhunderte auf diesem Thron ermöglicht und mir mehr Macht verleiht, als ich mir je erträumt hätte.«

»Hören Sie auf!«, schrie Amy. »Bitte! Sie müssen das doch nicht tun! Lassen Sie uns einfach gehen!«

Tarlock griff nach einem größeren Fläschchen und kippte mehrere flauschige Locken in die Flammen. »*Der Bart eines Schwarzdorn-Druiden.*« Das Feuer zischte, als es die Haare verschlang. Er griff nach dem nächsten Fläschchen. »*Ein Fingerhut Selkie-Blut*«, verkündete er, während er den Inhalt ins Feuer gab. Die Flammen züngelten, als würden sie Schmerzen leiden.

»Aufhören!« Amy versuchte, sich loszureißen, aber die Aufseher hielten sie unbarmherzig fest.

Dann nahm Tarlock eine schmale Phiole mit einem langen, weißen Zahn darin aus dem Kästchen und warf ihn ins Feuer. »*Ein blutiger Wolfszahn.*«

Die Flammen heulten auf.

Die Aufseher lachten.

Der Magier öffnete den Verschluss des letzten Glasfläschchens und kippte den Inhalt langsam über dem Feuer aus. »*Sieben Tränen aus den Weinenden Weiten.*«

Die Flammen zitterten, als sie die Tränen eine nach der anderen verschlangen. Dann begannen sie, sich im Saal auszubreiten.

»Und zu guter Letzt meine kleine Grenzgängerin.« Tarlock verzog die Lippen zu einem Grinsen und entblößte dabei seine fauligen gelben Zähne. »*Fangfrisch.*«

Die Flammen bildeten einen flackernden schwarzen Kreis um die Empore und schnitten Amy von Liam ab. Das Feuer flackerte jetzt keine zwei Handbreit von ihrer Nase entfernt und war so kalt, dass ihr die Zunge im Mund gefror. Sie versuchte zu schreien, aber es drang nur eine weiße Atemwolke aus ihrem Mund.

Der Magier sprach seinen Zauberspruch.

»Fremde Knochen, frischgemahlen,
stark die Kette, still die Uhr.
Junger König, alte Krone,
Sonnenfluch, komm zu uns nur!«

Die Aufseher ließen Amy los, weil sich die Flammen nun wie Handschellen um ihre Unterarme schlangen und sie ins Herz des Feuers zerrten. Der Rest des Saals schien zu verschwinden, Finsternis umfing sie. Drang in ihre Kehle und ihren Hals bis hinab in ihre Brust, wo sie sich um ihren Brustkorb legte. Amys Beine wurden bleischwer und ihre Arme so kalt, dass sie sie nicht mehr spüren konnte.

Und dann spürte sie *gar* nichts mehr.

Tarlock wiederholte seinen Zauberspruch immer wieder und verwob die Worte dabei so miteinander, dass sie zu einem Sprechgesang wurden.

Amys Lider wurden schwer. Die Worte drangen bis tief in ihre Seele, schläferten sie ein.

Sie schwankte, war kurz davor, sich den Flammen einfach hinzugeben.

Ihr Herzschlag verlangsamte sich.

Dann ertönte ein gewaltiges Krachen. Der Saal erzitterte, und Tausende Glasscherben regneten herab. Sie schnitten Amy in Wangen und Arme. Der Schmerz katapultierte sie ruckartig in ihren Körper zurück. Es folgte eine weitere Explosion, als das Bogenfenster hinter dem Podest unter dem Ansturm Hunderter Waldbewohner nachgab.

Tarlock unterbrach seinen Singsang und gab einen erschrockenen Aufschrei von sich.

Die Flammen flackerten.

Amy blinzelte. Dann fiel ihr wieder ein, wo sie war.

Im Thronsaal herrschte das reinste Chaos. Hundert aufgebrachte Schwäne waren durch die Deckenkuppel gebrochen und flogen umher, stießen immer wieder herab und griffen die Aufseher an, die verzweifelt zu fliehen versuchten. Conan ritt auf dem größten Schwan und lenkte ihn auf Tarlock zu, der wutentbrannt auf der Empore stand. Die anderen Púcas waren durch das sichelförmige Fenster eingedrungen, und Torrins triumphierendes Geheul erfüllte den Saal, als sie auf Mac die Anhänger des Magiers zur Tür hinausjagte.

Doch Amy hatte nur Augen für Liam auf dem Thron. Er war der Einzige im Saal, der den Tumult gar nicht zu bemerken schien – oder sich einfach nicht dafür interessierte. Als sie gerade durch die Flammen springen wollte, um zu ihm zu gelangen, erschien Jonah neben ihr und zog sie von dem Feuer weg.

»Gut, dass Conan die Schwäne zusammengetrieben hat«, schnaubte er. »Sonst wärst du jetzt nur noch ein Haufen Knochenstaub.«

»Wir müssen weg von hier!«, rief Peggy, die hinter ihnen aufgetaucht war. »Wir werden nicht mehr lange die Oberhand behalten.«

Tarlocks Wachen strömten bereits in den Raum und versuchten, die Púcas einzufangen. Schwäne wurden an den Beinen aus der Luft gerissen, Rehe zu Grüppchen zusammengetrieben, Füchse und Eichhörnchen mit dem Schwert angegriffen. Oben auf der Empore hatte Tarlock seine Fassung wiedergewonnen. Mit einer ausladenden Geste ließ er die schwarzen Flammen wie Skorpione über den Boden kriechen. Er selbst ging unversehrt hindurch und lenkte das Feuer, das sich wie ein Ölfilm ausbreitete und alles verschlang, was ihm in die Quere kam.

Amy wandte sich an Jonah. »Du verschwindest mit Peggy von hier, bevor Tarlock euch erwischt«, sagte sie eindringlich. »Ich hole Liam. Wir kommen gleich nach.«

Jonah deutete auf die eisigen schwarzen Flammen, die sie von der Empore trennten. »Hast du neuerdings Flügel?«

»Nein, aber sie hat mich!« Torrin kam mit wehendem Silberhaar auf Macs Rücken auf sie zugeritten. Sie grinste breit. »Spring auf!«

Amy hielt sich an Torrin fest, und gemeinsam setzten sie über die Flammen zum Podest und die Treppe zum Thron empor.

Liam drehte sich zu ihnen um und musterte sie ausdruckslos. Wo er früher angesichts des furchterregenden Riesenwolfes mit Sicherheit losgeschrien hätte, runzelte er bei dem Anblick jetzt nicht einmal die Stirn.

»Liam! Sieh mich an!« Amy packte ihren Bruder an den Schultern und versuchte, ihn wach zu rütteln.

Als sie ihn berührte, klärte sich sein Blick, und er rief: »Amy, du bist hier! Ich brauche deine Hilfe! Tarlock …«

»Ich weiß.« Amy riss ihrem Bruder die Krone vom Kopf und warf sie in die Flammen. »Bleib bei mir. Wir müssen hier raus.«

Torrin machte auf Macs Rücken Platz für Liam. Doch die Flammen waren jetzt überall, im Saal gab es keine Möglichkeit mehr zur Flucht. Nicht einmal für einen gewaltigen Wolf mit drei Reitern.

»Na ja, macht nichts«, sagte Torrin, die offenbar zu demselben Schluss gekommen war. »Türen werden sowieso überbewertet.« Und mit diesen Worten lenkte sie Mac in Richtung des zerborstenen halbmondförmigen Fensters. »Arme und Beine anziehen und Augen schließen, bitte!«

Dann machte der Wolf einen gewaltigen Satz, weiter als alles, was Amy je für möglich gehalten hätte. Der Wind heulte ihnen um die Ohren, als sie durch das kaputte Fenster segelten und mit einem heftigen Aufprall im Hof landeten.

Der See lag reglos und still da, auch der Hof war verlassen. Als sie den felsigen Abhang des Mount Arrigal hinunterritten, dem Kampflärm der Schlacht entgegen, hielt Amy ihren Bruder fest an sich gedrückt.

Kapitel 27

Die Flucht

Es sah nicht gut aus für Culann und die Wolfsreiter. Sie waren vor den schwarzen Toren zurückgeschlagen worden und kämpften jetzt Seite an Seite mit den Fianna weiter unten an den steilen Hängen des Mount Arrigal.

Die Dullahan schwärmten auf ihren gewaltigen Pferden mit schwingenden Waffen zwischen ihnen umher. Sie kämpften unermüdlich und gnadenlos. Es war schwer zu sagen, wer die Oberhand hatte. Aber für Amy zählte gerade ohnehin nur der Gedanke, dass sie Liam so schnell und so weit wie möglich vom Schloss wegbringen mussten, bevor Tarlock kam, um nach seinem neuen König zu suchen.

Mac trug sie sicher den steilsten Hang des Mount Arrigal hinab. Hier, wo das Land zerklüftet und schwer zugänglich war, trafen sie auf Oscar. Sein Gesicht war blutverschmiert, und auf seiner Wange prangte ein hässlicher Bluterguss.

»Du siehst ja furchtbar aus!«, sagte Amy besorgt.

»Besser ein verwundeter Krieger als eine hübsche Leiche«, schnaubte er zur Begrüßung. »Gut, dass ihr den Jungen gefunden habt. Wir verlieren an Boden.«

»Wo sind die Selkies?«, fragte Amy und reckte den Hals, um Ausschau nach dem Prinzen zu halten.

»Sie sind in den Sumpf zurückgekehrt, als sich das Blatt gegen uns gewendet hat. Tristan ist sein Leben wichtiger als unsere Freiheit.« Oscar unterdrückte einen Fluch. »Wie gesagt, die Selkies werden sich nie ändern. Sie wollen es auch gar nicht.«

»Wenn das stimmen würde, wäre er gar nicht erst aufgetaucht«, entgegnete Amy. »Er muss einen Grund für seine Entscheidung gehabt haben.«

»Vergiss die Selkies«, beharrte Oscar. »Wir müssen deinen Bruder und dich von hier wegschaffen, bevor die Pferde eure Fährte aufnehmen.«

Torrin warf einen verunsicherten Blick in Richtung ihres Wolfs. Er hechelte heftig, und seine Hinterbeine zitterten. »Ich bin mir nicht sicher, wie lange wir ihnen noch davonlaufen können. Mac ist es nicht gewohnt, so viele Reiter auf einmal zu tragen.«

Oscar biss die Zähne zusammen. »Dann bringe ich euch selbst zum Elderglen-Wald. Arrow ist das schnellste Pferd in ganz Tír na nÓg. Vor allem jetzt, wo wir uns nicht mehr verstecken müssen und auf direktem Weg durch das Königreich reiten können.«

Der Wechsel von Wolf zum Pferd ging schnell vonstatten.

»Was auch passiert, lass mich nicht los. Sonst vergesse ich, wer ich bin«, sagte Liam zu Amy, als sie sich hinter ihm auf Arrow setzte.

»Keine Sorge«, sagte sie und schlang die Arme um ihn. »Von jetzt an hänge ich an dir wie eine Klette.«

Liam wandte sich noch einmal an Torrin. »Wir müssen Peggy suchen. Ich habe ihr versprochen, dass ich sie mit nach Hause nehme. Ich kann sie nicht einfach hier zurücklassen.«

»Ich werde sie finden«, entgegnete Torrin. »Und dann folgen wir euch, so schnell wir können.«

Oscar gab Arrow die Fersen, und sie galoppierten so schnell den Berg hinunter, dass es sich einen Moment lang so anfühlte, als würden sie abheben. Sie rasten durch den schlummernden Sumpf, wo Amy nach Spuren der Selkies Ausschau hielt. Doch sie entdeckte nichts als ein paar Streifen Seetang, die sie bei ihrem Rückzug zurückgelassen hatten.

»Sie *können* uns nicht einfach im Stich gelassen haben«, murmelte Amy, auch wenn ihr langsam Zweifel kamen.

Die Sonnenkette kreiste und peitschte über den Himmel, und Liam stöhnte leise auf. Amy schlang ihre Arme fester um ihn. »Ist schon gut, Liam. Ich hab dich.«

*

Es dauerte nicht lange, bis die Dullahan ihre Fährte aufnahmen. Die Wolfsreiter und die Fianna taten zwar ihr Bestes, um sie aufzuhalten, aber etwa hundert kopflosen Reitern gelang es, ihren Widerstand zu durchbrechen.

Oscar packte die Zügel fester und gab Arrow die Sporen. Die Wolfslande waren nicht mehr weit. Stunden vergingen, und die Welt flog auf ihrem Weg in das verschneite Tal der Wölfe in grünen und blauen Streifen an ihnen vorbei. Das Tal lag nun verlassen da, selbst der Wind war verstummt. Amys Atem ging stoßweise.

Hinter ihnen hallte das Hufgetrappel der Dullahan durch die Wolfslande. Amy hörte, dass sie näher kamen, aber sie hatte zu große Angst, um sich umzusehen.

Vor ihr sackte Liam in seinem Sitz zusammen und fasste sich an den Kopf. »Der Fluch«, stöhnte er. »Es tut so weh.« Ein Schluchzer brach aus ihm heraus, und seine Schultern bebten. »Ich will nicht König sein, Amy. Es war ein Unfall. Ich wollte nur die Kette zerstören. Ich wollte Peggy doch nur helfen!«

»Und das hast du, Liam. Du hast sie befreit.« Amy hielt ihren Bruder mit aller Kraft fest. »Und jetzt kehren wir nach Hause zurück. Nach Connemara. Das Einzige, worüber du dort herrschen musst, ist das obere Bett. Wie findest du die Aussicht?«

Liam schniefte. »Ich glaube nicht, dass Tarlock mich gehen lässt.«

»Er hat gar keine andere Wahl.« Wut loderte in Amy hoch. »Von jetzt an wird jeder, der sich zwischen mich und meinen Bruder stellt, es bereuen.«

Liam sah sich zu ihr um. Seine Augen tränten. »Ich habe Angst, Amy.«

»Ich weiß«, antwortete sie leise.

Hinter den Wolfslanden führte der Weg durch höhergelegene, milde Gebiete. In der Ferne wich der Wald riesigen Mais- und Weizenfeldern, die sich nach Osten und Westen erstreckten, so weit das Auge reichte. Noch immer waren sie meilenweit vom Elderglen-Wald entfernt, aber Arrow hielt unermüdlich ihr Tempo.

Amys Muskeln brannten wie Feuer, und ihre Augenlider wurden schwer vor Erschöpfung. Als sie einen vertrauten Kreis aus Steingräbern auf einem buckligen Hügel entdeckte, richtete sie sich kerzengerade auf. Sie hatten den Götterfriedhof erreicht! Oscar hielt den Kopf gesenkt, als sie sich den Weg zwischen den riesigen Steinhaufen hindurchbahnten.

Amy wagte einen Blick zurück und sah, dass die Dullahan sie immer noch verfolgten. Sie stürmten bereits den Hügel hinauf, und ihre furchterregenden Knochenpeitschen knallten durch die Luft.

Oscar trieb Arrow weiter an. Tierknochen knirschten unter ihren Hufen. Sie schafften es unbehelligt auf die andere Seite des Friedhofs, doch dort erfüllte plötzlich ein Chor aus durchdringenden Vogelrufen die Luft. Amy sah nach oben. Die Schwäne von Silverstone Castle kreisten über den Gräbern! Es waren Hunderte, ihre mächtigen Flügel breiteten sich zu einem endlosen weißen Baldachin aus.

Auf dem Schwan, der den Schwarm anführte, saß ein kleines, rotes Eichhörnchen.

Nun tauchten noch weitere Púcas auf und stürmten den Friedhof. Eichhörnchen, Hirsche und Füchse huschten zwischen den riesigen schwarzen Pferden hindurch, die sich immer wieder erschrocken aufbäumten. Die Schwäne stürzten sich wie Pfeilspitzen aus dem Himmel herab auf die Dullahan und verschafften Arrow damit wertvolle Zeit.

Als sich Tarlocks Armee durch den wütenden Ansturm der Púcas gekämpft hatte, war die Stute mit ihren drei Reitern längst über alle Berge. Sie ritten und ritten und ritten. Amy war inzwischen so müde, dass sie eingeschlafen wäre, wären ihnen die Schattenreiter nicht immer noch auf den Fersen gewesen.

Lange nachdem die Nacht hätte hereinbrechen und wieder vergehen sollen, die Sonne aber immer noch gleißend hell über ihnen stand, wurde Arrow langsamer. Die Last von drei Reitern war zu viel für sie. Die Dullahan hatten auch die letzten Púcas abgehängt und gewannen wieder an Boden. Amy spürte, wie der Boden unter ihren Peitschenhieben bebte.

Der Wunschbrunnen schimmerte vor ihnen auf, und direkt dahinter schlängelte sich der Dabberlock durch die Landschaft. Amy sah sich noch einmal um und schluckte. Die Dullahan waren jetzt nur noch einen Speerwurf hinter ihnen, aber mit etwas Glück würde die Strömung sie aufhalten.

Arrow stürmte in den Dabberlock. Ihren Reitern reichte das Wasser bis zu den Hüften, als sie hindurchwatete. Sie kam nur in Zeitlupe voran und keuchte bei jedem Schritt vor Anstrengung auf.

Liam paddelte mit den Armen, um die Stute zu unterstützen, aber es war zwecklos.

Hinter ihnen ritten die Dullahan flüsterleise in den Fluss und glitten wie Haie durch die Strömung. Zu Amys Entsetzen waren sie im Wasser fast genauso schnell wie an Land. Sie schrie auf, als hinter ihr eine Peitsche durch die Luft knallte.

»Es hat keinen Sinn«, rief sie. »Wir sind zu langsam!«

Die Dullahan wurden von einer Magie angetrieben, die so dunkel war, dass sie niemals ruhte. Die kopflosen Reiter brauchten weder Nahrung noch Rast, und ihre Pferde auch nicht. Sie würden ihre Reiter bis ans Ende der Welt tragen, ohne ins Schwitzen zu geraten oder eine Pause einzulegen, und ganz gleich, wie schnell Amy, Liam und Oscar vor ihnen flohen oder wie verbittert sie gegen sie kämpften – es würde nicht reichen.

Sie konnten ihrem Schicksal nicht entkommen. Es war nur eine Frage der Zeit – vielleicht sogar nur von Sekunden –, bis die Dullahan sie einholten.

»Es tut mir leid«, sagte Amy und drückte ihren Bruder fest an sich. »Ich hätte dich nie durch diesen Wasserfall zerren dürfen!«

Liam drückte ihre Arme an seine Brust und versuchte, sich seine Schmerzen nicht anmerken zu lassen. »Ist schon gut, Amy. Ich hab dir längst verziehen.«

»Immer mit der Ruhe«, sagte Oscar so stahlhart wie stets. »Noch ist es nicht vorbei.«

Als Arrow über die steile Böschung aus dem Wasser kletterte, fielen sie fast rückwärts aus dem Sattel. Sobald sie wieder festen Boden unter den Füßen hatten, drückte Oscar

Liam die Zügel in die Hand. »Nicht loslassen. Halte den Blick auf den Horizont gerichtet. Den Rest erledigt Arrow.«

Und damit packte er seinen Speer und sprang vom Pferd. Liam schrie leise auf, als Arrow mit Lichtgeschwindigkeit losfegte. Sie schien die Anweisungen ihres Herrn genau verstanden zu haben.

Amy sah sich zu Oscar um.

Der Anführer der Fianna stand einsam am Ufer des Flusses, nur mit seinem Speer bewaffnet, während die Dullahan gesammelt auf ihn losgingen.

»Oscar!«, schrie Amy. Aber Arrow galoppierte weiter.

Die Dullahan zogen Oscar in den Fluss und stürzten sich auf ihn wie ein Schwarm Krähen. Amy beobachtete, wie wacker er sich im Kampf gegen die schwarzen Schatten schlug. Doch kaum stand er auf, wurde er wieder zu Boden geworfen. Die Strömung war auf einmal stark und schnell wie nie.

Und dann hörte sie es – ein Geräusch wie eine große Welle, die gegen die Klippen brandete.

Der Fluss wogte zu einer mächtigen Dünung auf.

Ein lauter Kriegsschrei brodelte aus der Tiefe empor.

Und dann tauchten in einem Hagel aus Schaum und Seetang die Selkies aus den Fluten auf.

»Tristan!«, rief Amy.

Sie hatte recht gehabt!

Prinz Tristan tauchte mit einem heiseren Schrei aus dem Wasser auf, stürzte sich auf den nächstbesten Reiter und zog ihn mit sich in den reißenden Fluss. Auch der Rest der Selkies ging brüllend auf die Dullahan los.

Mitten im Geschehen stürzte sich Oscar, von Kopf bis Fuß durchnässt, wieder in den Kampf. Tristan ging Rücken an Rücken mit ihm in Stellung. Gemeinsam bildeten die beiden Anführer einen Schutzwall zwischen dem Dabberlock und den fliehenden Geschwistern.

Noch lange trug ihnen der Wind die Kampfschreie hinterher. Ob sie von Triumph oder Niederlage zeugten, konnte Amy nicht sagen. Sie wusste nur, dass sie und Liam jetzt allein waren und hinter dem Horizont die Freiheit auf sie wartete.

Kapitel 28

Der ächzende Wald

Sie ritten und ritten, durch endlose Ackerflächen und vorbei an unzähligen Dörfern. Arrows Hufe schlugen im Takt mit Amys Herz. Die ganze Zeit über hielt sie den Blick fest auf den Horizont gerichtet. Sie dachte an den Elderglen-Wald und zwang sich, wach zu bleiben, bis sie ihn erreichten.

Stunden verstrichen, ohne dass die Geschwister ein Wort wechselten. Liam hielt die Zügel so fest umklammert, dass seine Knöchel weiß hervortraten. Als das dichte Blätterdach des Elderglen-Waldes endlich in der Ferne vor ihnen auftauchte, glaubte er erst, er würde es sich nur einbilden.

»Schau mal, Amy!«, rief er. »Siehst du die Bäume?«

Amy erstarrte. »Ja, ich sehe sie, Liam. Wir schaffen das!«

Doch je näher der Wald rückte, desto näher rückte auch das Hufgetrappel hinter ihnen.

Amy rutschte das Herz in die Hose. Etwa zehn Dullahan waren ihnen immer noch auf den Fersen.

Aber die werden uns doch jetzt nicht mehr einholen, oder?, dachte sie. Sobald Arrow die Baumgrenze überquerte, würde der Elderglen sie schützen.

Doch als Amy und Liam in den Wald eintauchen wollten, schienen sich die Bäume zusammenzudrängen, als wollten sie ihnen den Weg versperren. Der Pfad, der unter Laub und getrocknetem Schlamm kaum mehr zu erkennen war, wand sich in engen Kurven, und die Vögel hörten auf zu zwitschern.

»Spürst du das auch?«, flüsterte Amy in die unheimliche Stille. »Es ist, als ob der Wald uns hier nicht haben will.«

Liam vor ihr sagte nichts, sondern senkte nur stumm den Kopf und verschränkte die Arme, als würde er versuchen, sich unsichtbar zu machen.

»Halte die Ohren nach dem Rauschen von Wasser offen«, sagte Amy und bemühte sich, durch das dichte Laub etwas zu erkennen. »Wir können nicht weit vom Wasserfall entfernt sein.«

Sie folgten dem Weg tiefer in den Elderglen, aber nichts kam Amy bekannt vor.

Der Gestank von Fäulnis lag in der Luft. Die Bäume ächzten, als hätten sie Schmerzen. Zweige fielen zu Boden oder zogen sich hastig zurück, als wollten sie nicht mit den Geschwistern in Berührung kommen.

Amy sah sich panisch um. Blätter flatterten von den Ästen und verfaulten, bevor sie auf den Boden fielen. Maden krochen aus dem Schlamm und verschlangen sie. Dann erschütterte ein gewaltiger Aufprall den Wald.

Sie warf einen Blick über die Schulter, wo gerade ein weiterer Baum umfiel. Aus seiner schwarz angelaufenen, verrottenden Rinde krabbelte eine Spinnenarmee.

»Liam«, murmelte sie erstickt. »Hier stimmt was nicht.«

Er ließ die Zügel los und drehte sich zu seiner Schwester um. Sein Gesicht war fleckig, und seine Unterlippe zitterte.

»Das liegt nicht an den Dullahan«, flüsterte er. »*Ich* bin das Problem.«

»Aber du machst doch gar nichts«, sagte sie.

Liam hielt sich die Brust, und ein gequälter Ausdruck huschte über seine Züge. »Der Wald weiß, dass ich verflucht bin. Meine Anwesenheit reicht aus, um ihn krank zu machen.«

»Unsinn«, erwiderte Amy wie aus der Pistole geschossen. »Mit dir ist alles wieder in Ordnung, Liam. Du wirst wieder gesund.«

»Das glaube ich nicht.« Liam löste Amys Hände von seiner Taille und sah sich zu ihr um.

Der silberne Schleier kehrte in seine Augen zurück.

Amy nahm seine Hand. »Was machst du denn? Du sollst doch nicht loslassen!«

»Ich versuche, dir zu zeigen, dass der Fluch immer noch da ist«, sagte Liam mit zunehmender Verzweiflung. »Er ist immer noch in mir.«

Doch Amy tat seine Worte ab. Sie hatte nur noch einen Gedanken im Kopf: ihren Bruder zurück zum Wasserfall und nach Connemara zu bringen, wo der Fluch – ganz zu schweigen von Tarlock – keine Macht mehr über ihn hatte. Und damit wäre das Problem gelöst.

Sie blickte hoch in die Baumkronen. »Ich weiß, dass du uns hier nicht haben willst, aber ich verspreche dir, dass wir dir nichts Böses wollen!«, rief sie. »Wenn ihr uns helft, den Weg zum Wasserfall zu finden, werden mein Bruder und ich euch für immer in Ruhe lassen.« Stille senkte sich über den Wald, aber Amy spürte, dass die Bäume ihr zuhörten. »Bitte!«, flehte sie. »Wir sind nicht eure Feinde. Wir brauchen einfach nur eure Hilfe, um nach Hause zu kommen.«

»Sie vertrauen mir nicht«, sagte Liam nervös.

»Sie denken nach«, erwiderte Amy. »Lass ihnen etwas Zeit.«

Dann raschelte das Laub, und die Bäume teilten sich ächzend und gaben einen Pfad durch den Wald frei. Ein Rotkehlchen mit leuchtender Brust schwang sich von einem Ast herab und flatterte mit aufgeplusterten Federn vor ihnen herum. Offenbar wollte es, dass sie ihm folgten.

Amy spürte, dass die Bäume den Atem anhielten, wenn sie vorbeikamen. Der faulige Gestank haftete an den Geschwistern und ließ die zarten Blumen am Wegesrand rechts und links von ihnen verwelken.

»Es tut mir leid«, flüsterte Liam immer wieder. Auch er spürte das Unbehagen des Waldes und merkte, dass seine Anwesenheit ihm die Lebenskraft entzog.

Als sie endlich Wasser rauschen hörten, sackte Amy vor Erleichterung in sich zusammen. Arrow galoppierte auf das Geräusch zu und hielt am Rand einer vertrauten Lichtung. Das Wasser war kristallblau, und der mächtige Wasserfall stürzte weiß schäumend hinein. Amy stieg vom Pferd und half ihrem Bruder ebenfalls herunter. Er stolperte, als seine Füße den Boden berührten, aber sie fing ihn auf, ehe er stürzte.

Liam war inzwischen noch blasser geworden und zitterte am ganzen Leib.

»Alles ist in Ordnung«, sagte sie und drückte fest seine Hand. »Wir haben es geschafft, Liam. Wir sind da.«

Liam klapperten die Zähne. Seine Augen waren immer noch blau, aber ein Schatten regte sich darin. Als würde der Fluch um die Vorherrschaft kämpfen.

Amy kraulte Arrow mit ihrer freien Hand zum Dank am Kopf. Sie hoffte, dass die Stute zurück zu Oscar fand und dass Oscar, Jonah und Torrin alle überlebten und zu Ende bringen konnten, wozu sie nach Silverstone Castle gekommen waren. Doch selbst wenn nicht – wenn Amy und Liam wieder in Connemara waren, standen Tarlock zumindest keine Grenzgänger mehr zur Verfügung, die ihm dabei helfen konnten, seinen bösen Zauber zu erneuern.

Am Rand des Beckens zögerte Liam.

»Komm schon, Liam. Wenn wir Tír na nÓg wirklich helfen wollen, dann müssen wir gehen. Und zwar so schnell wie möglich.«

Aber Liam starrte auf sein Spiegelbild im Teich, als würde er sich selbst kaum wiedererkennen.

»Wir müssen fort von hier, bevor die Dullahan uns finden.« Erneut drückte sie seine Hand. »Bist du bereit?«

Wortlos watete Liam ins Wasser. Doch mit jedem Schritt wurde er langsamer. Die Anspannung stand ihm deutlich ins

Gesicht geschrieben. Auf seiner Stirn hatten sich Schweißperlen gebildet, und seine Augen waren blutunterlaufen.

»Amy«, sagte er mit zusammengebissenen Zähnen. »Ich kann nicht mehr weiter.«

»Wir sind fast da, Liam.« Amy zog ihren Bruder hinter sich her. »Du darfst jetzt nicht aufgeben.«

Liam griff sich an die Kehle, sein Atem ging schwer. »Aber es tut so weh.«

Noch ein Schritt. Seine Wangen liefen dunkelrot an. *Noch ein Schritt.* Seine Augen fingen an zu tränen.

Amy beobachtete ihren Bruder mit wachsender Besorgnis. Sie waren jetzt keine fünf Meter mehr vom Wasserfall entfernt, so nah, dass sie bereits seinen eisigen Sprühnebel auf den Wangen spürte. Aber für Liam schien jeder Schritt Todesqualen zu bedeuten. Als er das nächste Mal den Fuß hob, fiel er auf die Knie und sank bis zur Brust ins Wasser.

Amy stand vor ihm, heiße Tränen liefen ihr über die Wangen. »Ich versteh das nicht«, sagte sie. Doch in Wahrheit hatte sie längst begriffen. »Warum können wir nicht zurück nach Hause?«

Wie zur Antwort ertönte ein tiefes, hämisches Lachen. Es hallte über die kleine Lichtung und ließ Amy die Nackenhaare zu Berge stehen.

»Weil er jetzt an Tír na nÓg gebunden ist.«

Auf der anderen Seite des Beckens tauchte Tarlock zwischen den Bäumen auf. Seine Silberaugen funkelten triumphierend. »Ist das nicht offensichtlich? Wenn dein Bruder durch den Schleier geht, wird er sterben.«

Kapitel 29

Die Macht der kleinen Dinge

»Lass mich raten – du hast dir eingebildet, du hättest ihn gerettet«, fuhr Tarlock spöttisch fort. »Und dass du mit deinem kleinen Abenteuer hier in Tír na nÓg etwas bewegt hast. Aber in dem Moment, als der Junge da meine Sonnenkette durchtrennt hat, war sein Schicksal besiegelt. Jetzt gibt es nichts mehr, was du für ihn tun kannst.«

Amys Blick zuckte immer wieder zu den Bäumen. Irgendwo dort draußen waren die Dullahan und warteten auf einen Befehl ihres Meisters. Amy und Liam waren umzingelt.

Liam schob sie mit letzter Kraft in Richtung Wasserfall. »Geh«, krächzte er. »Für mich ist es zu spät.«

Doch Amy stellte sich schützend vor ihren Bruder und musterte den Magier bedrohlich. »Sie nehmen ihn *nicht* mit.«

Tarlock zog ein schimmerndes goldenes Schwert aus den Falten seines Umhangs und richtete es auf sie. »Wenn du mir meinen König nicht freiwillig zurückgibst, hole ich ihn mir eben mit Gewalt. Und dich reiße ich dabei in Stücke.«

Tarlock schien einen lautlosen Befehl ausgesendet zu haben. Denn die Dullahan verließen den Wald und bildeten einen dunklen Ring um den Teich. Es gab kein Entkommen. Der einzige Weg, der noch blieb, führte durch den Wasserfall – ohne Liam.

Tarlock trat ins Wasser. »Du wärst nicht das erste Grenzgängerkind, das sein Geschwister im Stich lässt«, sagte er zu Amy. »Das beim ersten Anzeichen von Gefahr flieht. Sich selbst rettet, nicht die Person, die es am meisten liebt. Man könnte sogar sagen, diese Eigenschaft liegt bei euch in der Familie, oder?«

Eine blinde Wut ergriff Amy. Es fühlte sich an, als hätte sie einen Blitz verschluckt, den sie nun auf Tarlock abschießen wollte. Aber sie hatte niemanden, der ihr beistand, und nichts, womit sie kämpfen konnte, außer den Schnürsenkeln in ihren Schuhen und der Münze in ihrer Hosentasche.

Amy hielt inne.

Und wenn sie …?

Sie steckte ihre Hand in die Tasche und ballte die Faust um das Sixpence-Stück.

»Geh«, flehte Liam. Er war zu schwach, um den Kopf zu heben. Das Wasser reichte ihm inzwischen bis ans Kinn. Was auch immer Tarlock tat, es verschlimmerte Liams Schmerzen.

Amy biss die Zähne zusammen. »Nicht ohne dich.«

»Der Fluch hat ihn bereits fest im Griff. Er ist an die Sonne gebunden. An *mich.*« Tarlock ließ sein Schwert durchs Wasser gleiten und brachte es zum Glühen. Dabei kam er langsam auf die Geschwister zu. »Ich spüre jede Bewegung deines Bruders. Höre jeden Atemzug. Die Zeit des Kämpfens ist längst vorbei. Aber wenn du mutig genug bist, kannst du ja versuchen zu fliehen.«

Er deutete mit dem Kopf auf den Wasserfall. Aber Amy sah ihm an, dass er sie sofort niederschlagen würde, wenn sie Anstalten machte, davonzulaufen. Schließlich war sie für ihn genauso wertvoll wie Liam, und Tarlock hatte dieses beeindruckende, große Schwert nicht mitgebracht, um es an ihrem Bruder zu verwenden.

Auf einmal wurde ihr klar, dass sie Connemara nie wiedersehen würde.

Sie würde nie wieder zur Schule gehen und Melissa Talbot beim Wettlauf besiegen. Würde ihre besten Freundinnen Lily und Gita nie wiedersehen. Ihre Mum würde aus dem Urlaub nach Hause kommen und nie erfahren, was wirklich mit ihren Kindern passiert war. Und Gran würde den Rest ihrer Tage in ihrem kleinen gelben Haus verbringen und um all die Menschen trauern, die sie durch den verzauberten Wasserfall verloren hatte.

»Füge dich deinem Schicksal«, sagte Tarlock, als könnte er ihre Gedanken lesen. »Wenn du davor wegläufst, machst du damit alles nur schlimmer.«

Vier Dullahan-Reiter stiegen von ihren Pferden und wateten auf Liam zu.

Amy wirbelte panisch herum. Die Münze brannte weißglühend in ihrer Handfläche, aber sie wusste nicht, was sie damit anfangen sollte. Ihre Gegner waren so viele und sie ganz allein!

Tarlock hob sein Schwert, von dem das Wasser tropfte wie leuchtende Perlen. Während sich die Dullahan Liam näherten, kam der Magier immer weiter auf Amy zu.

Sie schrie auf – als plötzlich ein lautes, mehrstimmiges Gebrüll die Luft erfüllte.

Einen Herzschlag lang glaubte sie, die Bäume selbst hätten in ihr Geschrei eingestimmt.

Doch dann entdeckte sie einen grünen Schemen, der sich blitzschnell zwischen den Bäumen hindurchbewegte. Aus dem dunklen Wald kam eine Schar lärmender Jungen in grünen Umhängen gerannt.

Der mürrische Cade führte den Angriff an und schoss einen Pfeil auf einen der Dullahan, der ihn in die Seite traf. Die restlichen Grünlinge stürmten auf die anderen Reiter zu und schwangen ihre Holzwaffen mit der Kraft und Geschicklichkeit erfahrener Krieger.

Tarlock ließ sich ablenken – und in diesem Augenblick erfüllte ein leises Surren die Luft. Ein bernsteinfarbener Blitz schoss über die Bäume hinweg und raste wie ein Meteor auf die Lichtung zu. Er landete direkt vor Amy im Wasser und sandte eine einzelne, stille Schockwelle aus.

Ihre Augen weiteten sich.

Oscars Speer!

Die Worte des Fianna-Kriegers hallten in ihrem Kopf wider. *Lughs Speer verfehlt niemals sein Ziel.*

Oscar musste ihn von einem Ort weit außerhalb des Waldes aus geworfen haben. Der Speer war zu ihr gekommen, als sie ihn am meisten brauchte.

Sie zog ihn aus dem Wasser und schleuderte ihn mit all ihrer Kraft auf den Magier.

Der Speer sirrte über den Teich blieb tief in Tarlocks rechter Schulter stecken. Der Magier erstarrte, ein ersticktes Keuchen entwich seinen Lippen.

Doch als Amy darauf wartete, dass er zusammenbrach oder zumindest blutete, stieß er ein leises Kichern aus.

Tarlock wankte auf sie zu, wobei das Gewicht des Speers ihn immer wieder zur Seite kippeln ließ. Sein Schwert schleifte über die Wasseroberfläche. »Du dummes, dummes Kind. Ich bin unsterblich! Keine Waffe dieser Welt kann mich töten.«

»Nicht einmal diese?« Amy deutete auf das Schwert in seiner Hand.

Tarlock sah nach unten, und sie nutzte ihre Chance, ließ Liam los und stürzte sich auf den Magier, sodass er rückwärts ins Wasser stürzte. Dann packte sie den Speer, der in seiner Schulter steckte, um Tarlock daran zu hindern, wieder aufzuspringen.

Die Augen des Magiers blitzten unheilvoll auf. Er schien immer noch keine Angst zu haben. Eigentlich wirkte er sogar eher amüsiert. »Wenn du denkst, dass du mich mit dem Flüsterer töten kannst, hast du dich geschnitten«, knurrte er. »Das Schwert meiner Mutter würde sich niemals gegen mich richten.«

Amy streckte ihm die Zunge heraus. »Dein dummes Schwert kannst du behalten. Hier, mit freundlichen Grüßen von Peggy.«

Verwirrung spiegelte sich auf dem Gesicht des Magiers wider. Er öffnete den Mund, um etwas zu sagen – und Amy sah ihre Gelegenheit gekommen.

Sie steckte ihm die silberne Sixpence-Münze zwischen die Lippen und hielt ihm mit der freien Hand den Mund zu, damit er das Geldstück schluckte.

Der Magier würgte, als es sich in seiner Kehle verhakte. Seine Augen weiteten sich, und ein entsetzter Ausdruck breitete sich auf seinem Gesicht aus, als er erkannte, was Amy ihm da in den Mund gesteckt hatte – nicht irgendeine Münze, sondern eine giftige.

Die einzige Waffe, die ihn töten konnte, steckte in seiner Speiseröhre fest.

Jetzt war es Amy, die lächelte.

Einer der Schattenreiter riss sie von dem Magier weg, aber es war zu spät. Tarlock griff sich an die Kehle – doch da zerfielen seine Finger bereits zu Staub, und der Wind trug seine Knochen davon. Tarlock öffnete den Mund zu einem Schrei, aber seine Haut rieselte herab und gab seine verfaulten gelben Zähne preis. Seine Augen wurden weiß und rollten nach hinten weg, dann zerfielen sie zu Nichts.

Tarlocks Körper wurde zu Asche.

Einen Wimpernschlag lang schwebte sein Umhang noch wie ein Geist über dem Wasser. Dann fiel er in sich zusammen und legte sich wie ein silbernes Seerosenblatt auf den Teich.

Eine kühle Brise wehte über die Lichtung. Die Dullahan unterbrachen ihren Kampf mit den Grünlingen und griffen hilflos nach den Schatten über ihren Köpfen.

Liam riss sich los.

Überall um ihn herum fielen die Dullahan, einer nach dem anderen. Zurück blieben nur ihre schwarzen Umhänge.

Die Grünlinge brachen in Jubel aus, als Tarlock fiel. Doch Amy blieb keine Zeit, ihren Sieg zu feiern. Sie watete durchs Wasser auf ihren Bruder zu und packte ihn an den Schultern, weil sie befürchtete, dass auch er jeden Moment zusammenbrechen würde. »Wie fühlst du dich? Geht es dir gut?«

Liam war leichenblass. Er zitterte am ganzen Leib, dann begann er zu würgen und drohte, nach vorn ins Wasser zu kippen. Doch Amy hielt ihn aufrecht, während eine dunkle, zähe Schattenmasse aus ihm herausströmte.

Es schien eine Ewigkeit zu dauern, bis Liam alles ausgespien hatte. Aber schließlich stand er auf wackligen Beinen auf. Dann sah er seine Schwester an. Seine Augen waren wieder blau, und er schenkte ihr ein Lächeln, das sie schon ewig nicht mehr an ihm gesehen hatte.

»Mir geht es gut«, krächzte er. »Ich bin wieder ich selbst.«

Mit der Erleichterung überkam die beiden eine tiefe Erschöpfung. Gemeinsam wateten sie aus dem Wasser, ließen sich auf den Waldboden sinken und warteten ab, dass die Welt aufhörte, sich zu drehen.

*

Einige Zeit später tauchte Oscar zwischen den Bäumen auf. Er wirkte mitgenommen, aber er hatte überlebt. Als er die Robe des Magiers im Wasser treiben sah, lächelte er so breit, dass Amy ihn einen Moment lang fast nicht wiedererkannt hätte.

»Ich glaube, du hast da etwas, das mir gehört, kleine *sionnach*.«

Amy stand auf. »Und ich glaube, du schuldest mir zehn gebratene Wildschweine.« Sie fischte Lughs Speer aus dem Wasser und gab ihn Oscar zurück. »Danke fürs Ausleihen.«

Der Hauptmann der Fianna zwinkerte ihr gut gelaunt zu. »Lebensrettung in letzter Sekunde ist eine meiner Spezialitäten.«

»Ich dachte schon, du wärst erledigt«, sagte Amy. »Aber zum Glück ist ja Prinz Tristan zurückgekommen.«

»Zufälligerweise war er nie wirklich weg«, gestand Oscar verlegen. »Er hat mitbekommen, wie die Kuppel im Schloss zerbrochen ist. Da war ihm klar, dass du bei deiner Flucht Hilfe brauchen würdest. Deshalb ist er mit seinen Kriegern zum Dabberlock geschwommen.«

Amy strahlte. »Ich hab's dir doch gesagt!«

In diesem Moment stieß der Himmel ein unheimliches Stöhnen aus.

»Schaut mal«, sagte Liam und zeigte durch eine Lücke im Blätterdach auf die Sonnenkette.

Sie verdrehte sich klirrend, und die Glieder wurden immer länger und länger. Dann ertönte ein langes, klagendes Ächzen, gefolgt von einem donnernden Knacken, als die Kette in zwei Teile zerbrach.

Stumm und voller Staunen beobachteten sie, wie die Kette einer Sternschnuppe gleich über den Himmel schoss und zu einem silbernen Funkenregen explodierte, der auf die Bäume des Elderglen-Waldes niederging.

Die Sonne gab einen erleichterten Seufzer von sich, als sie dem Horizont entgegenschwebte. Der Himmel verfärbte sich von Orange zu Rosa – und dann brach von jetzt auf gleich die Nacht über Tír na nÓg herein.

Amy nahm ihren Bruder bei der Hand. Am Himmel erschien ein Meer aus Sternen. Sie waren heller als alles, was Amy je zuvor gesehen hatte, jeder einzelne funkelte so strahlend wie ein Diamant.

»Die Götter sind zurück«, sagte Oscar und ließ vor Erleichterung die Schultern sinken. »Endlich ist der Fluch gebrochen.«

Die Grünlinge legten sich die Hände auf die Herzen, und als sie aufblickten, leuchtete Hoffnung in ihren Augen.

Lange Zeit sagte niemand etwas. Während sich die letzten Reste der dunklen Magie in Luft auflösten und das Land Tír na nÓg wieder unter dem funkelnden Blick seiner Götter schimmerte, kam ein feuerrotes Eichhörnchen aus dem Wald gesprungen. Als es den Wasserfall erreichte, war es wieder zu einem Jungen geworden. Er hatte dunkelrotes Haar und Augen, so groß und grün, als würde er den Wald in sich tragen. Sein Lächeln war breit und strahlend.

»CONAN!«, schrien die Grünlinge, und bevor Amy ihn sich genauer ansehen konnte, hatten sie sich allesamt auf ihn gestürzt. Sogar Cade machte mit.

Jonah folgte Conan mit etwas Abstand. Er betrat die Lichtung in Begleitung der übrigen Púcas, die nach ihrem tapferen Kampf auf dem Friedhof nun ebenfalls wieder ihre ursprüngliche Gestalt annahmen. Plötzlich standen Jungen und Mädchen, Männer und Frauen, Alte und Junge dort, wo sich gerade noch ein Reh, ein Fuchs, ein Eichhörnchen oder ein Schwan befunden hatten. Viele von ihnen humpelten und hatten kahle Stellen im Haar, doch das schien für niemanden hier von Bedeutung zu sein. Sie alle waren Helden, die aus dem Krieg zurückgekehrt waren.

Gemeinsam mit dem rothaarigen Conan kam Jonah auf Amy zu. Conan grinste so breit und ansteckend, dass Amy gar nicht anders konnte, als mitzumachen.

»Es wird eine Weile dauern, bis ich mich daran gewöhnt habe, keinen Puschelschwanz mehr zu haben«, sagte er. »Aber es ist schön, wieder groß zu sein.« Er hielt Amy seine Hand hin, die sie kräftig schüttelte.

»Heißt das, du bewirfst mich nie wieder mit Eicheln?«, zog sie ihn auf.

»Ich fürchte, diese Zeiten liegen hinter mir«, sagte Conan bedauernd.

»Und was ist mit deinen Flöhen?«, fragte Jonah.

Conan warf ihm einen bösen Blick zu. »Ich hatte nie welche!«

*

Das nächste aufregende Ereignis war Torrins Eintreffen. Und die junge Wolfsreiterin war nicht allein. Als sie von Macs Rücken glitt, gab sie den Blick auf Peggy frei, die hinter ihr gesessen hatte. Auch sie war entkommen!

Torrin half ihr von Mac herab, dann rannten die beiden Mädchen zum Teichrand, wo sie ungläubig auf den Umhang des Magiers starrten, der immer noch auf dem Wasser trieb.

»Du hast es geschafft!«, rief Peggy Amy zu. »Du hast uns befreit!«

»Ihr habt euch selbst befreit«, erwiderte Amy. »Dort, wo ich herkomme, nennt man das Teamwork.«

Torrin schenkte ihr ein Wolfslächeln.

Peggy stieg ins Wasser, griff in Tarlocks Umhang und zog die Sixpence-Münze hervor. Dann hielt sie sie zu den Sternen hoch.

»Bist du bereit für die Rückkehr nach Hause, Peggy?«, fragte Liam sanft.

Sie schloss die Faust um die Münze. »So bereit, wie man nur sein kann.«

Oscar und die Grünlinge versammelten sich am Wasserfall, um sie zu verabschieden. Das Wasser floss jetzt sanfter, statt einem donnernden Rauschen ertönte ein sanftes Plätschern.

»Kommst du wieder?«, fragte Jonah Amy besorgt. »Ich weiß, Mädchen waren bei den Grünlingen früher streng verboten. Aber ich habe mit den Jungs gesprochen, und wir haben beschlossen, die Regeln zu ändern. Sogar Cade sagt, dass es in Ordnung ist, wenn du dich uns anschließen willst. Und um *mich* zu akzeptieren, hat er drei Jahre gebraucht!«

Amy kicherte. »Vielleicht komme ich eines Tages auf dein Angebot zurück.«

Jonahs Augen leuchteten auf.

»Da fällt mir ein …« Sie bückte sich und holte den Flüsterer aus dem Wasser. Sie reichte ihn Jonah. »Ich würde sagen, es ist an der Zeit, dass du dein Holzschwert gegen ein echtes eintauschst. Meinst du nicht auch?«

Jonah drückte sich das legendäre Schwert stolz an die Brust.

Amy machte rückwärts einen Schritt auf den Wasserfall zu und streckte ihrem Bruder die Hand entgegen. »Bist du bereit?«

Liam griff zu und drückte sie fest.

Peggy nahm ihn bei der anderen Hand, und gemeinsam durchschritten die drei Kinder aus Connemara den Schleier zwischen den Welten.

Kapitel 30

Die Rückkehr des Königsmädchens

Mit angehaltenem Atem duckte sich Amy unter dem Wasserfall durch. Anfangs war dahinter nichts außer dem sanften Prasseln des Wassers auf ihren Haaren und ihrem Gesicht. Doch dann ging ein sanfter Ruck durch die Welt, und mit einem warmen Windstoß glitt eine andere an ihre Stelle. Wo Amy gerade noch Wasser in ihrem Rücken gespürt hatte, befand sich nun eine Felswand.

»Liam?«

Er drückte ihre Hand. »Ich bin da.«

Der Fels stupste sie vorwärts in die Dunkelheit, bis Amy schließlich einen Goldschimmer vor ihnen entdeckte. Der Klang von plätscherndem Wasser lockte sie näher. Als sie mit eingezogenen Köpfen hindurchtraten, hatten sie wieder die wilde Landschaft von Connemara vor sich. Der Atlantikwind streifte ihre Wangen und zupfte an ihren Ärmeln.

Es war Abend geworden, und als auch Peggy aus dem Wasserfall trat, strichen gerade die letzten Sonnenstrahlen über die Berge.

Liam sah in den Dämmerhimmel empor. »Wir haben es wirklich geschafft«, sagte er mit einem erleichterten Seufzer.

»Hier.« Amy zog seine Brille aus der Tasche. »Ich glaube, die brauchst du jetzt wieder. Tut mir leid, dass sie einen Sprung hat.«

Liam setzte sie sich grinsend auf die Nase. »Viel besser. Selbst mit dem Sprung.«

Auf einmal schnappte Peggy nach Luft. Liam und Amy beobachteten fasziniert, wie sie vor ihren Augen größer wurde und sich ihre langen Haare über den Ohren lockten und langsam silbern verfärbten. Ihr Gesicht bekam Falten und Furchen, die Linien um ihre Augen und ihren Mund wurden tiefer. Während sie noch ihre Hände betrachtete, wurden ihre Lippen schmaler, und neue Falten entstanden, als wären sie immer schon da gewesen.

»So, *jetzt* fühlt es sich endlich richtig an«, sagte sie. Ihre Stimme war viel tiefer als zuvor und etwas brüchig vom Alter. Nach all den Jahren war Peggy endlich geworden, wer sie immer schon hätte sein sollen. Mit einem zufriedenen Lächeln betrachtete sie ihr Spiegelbild im Wasser.

»Ich schwöre, du siehst genauso aus wie Gran«, sagte Liam.

Amy hatte gerade genau das Gleiche gedacht.

»Komm, gehen wir nach Hause, Peggy. Wir zeigen dir den Weg.«

Die alte Frau atmete tief durch, dann watete sie aus dem Wasser. »Ich kenne den Weg«, sagte sie lächelnd. »Danke, dass ihr mir geholfen habt, mich zu erinnern.«

Dann machten sie sich gemeinsam auf den Weg über die Felder, dem vertrauten gelben Haus entgegen, das still und unauffällig auf der Grenze zwischen zwei Welten stand.

Epilog

Weit draußen im Westen, wo die Straßen immer schmaler werden und die zerklüfteten Gipfel von Connemara steil bis in den Atlantik abfallen, stand eine alte Frau am Fenster ihres gelben Hauses. Sie beobachtete, wie die Sonne mit dem Horizont verschmolz, und dachte an ihre Enkelkinder, die irgendwo dort draußen in den Schatten herumstrolchten.

An diesem Abend lag etwas in der Luft. Nicht nur der taufeuchte Nachgeschmack von frischgefallenem Regen, sondern auch ein Hauch von Magie, die sich zwischen den Hügeln regte. Die alte Frau erinnerte sich noch an dieses Gefühl, von damals vor langer Zeit.

Im Ofen wartete eine heiße Shepherd's Pie. Amy und Liam waren bereits seit Stunden unterwegs, aber Dorothy wusste, dass ihre knurrenden Mägen sie nach Hause locken würden, falls es der untergehenden Sonne nicht gelingen sollte. Sie hantierte in der Küche herum und hatte dabei stets die Wildnis hinter den Fenstern im Blick – bis auf einmal nicht zwei, sondern drei Schatten über den Hügel gelaufen kamen.

Der Wind trug ihr Lachen zum Haus hinüber, und auf einmal glaubte Dorothy, eine Stimme zu hören, die sie seit ihrer Kindheit vermisst hatte.

Mit flatternden Schürzenbändern kam sie aus der Küche gerannt und stürzte mit weit ausgebreiteten Armen dem Sonnenuntergang entgegen, um ihr Wunder fest an sich zu ziehen.

Als Peggy ihre Schwester aus dem gelben Haus laufen sah, rannte sie stürmisch wie ein kleines Mädchen auf sie zu, wobei ihr die alte Sixpence-Münze aus der Hand fiel und hinter ihr im hohen Gras landete. Amy bückte sich, um die Münze aufzuheben. Wie hatte etwas so Kleines nur so viel bewirken können?

Liam lächelte ihr zu, als hätte er genau dasselbe gedacht.

Peggy und Dorothy trafen am Bach hinter dem Haus aufeinander und wateten mit Schuhen und Socken durch das seichte Wasser. Sie umarmten sich lange und fest und schluchzten dabei vor Freude.

Für alle anderen sahen sie aus wie zwei alte Frauen, die kichernd in einem uralten Flüsschen standen.

Doch als Liam und Amy im Licht der untergehenden Sonne ihre Schatten auf dem Wasser sahen, hatten sie zwei kleine Mädchen vor sich.

Zwei verlorene Schwestern, die einander wiedergefunden hatten.

Ein Fluch liegt über Darksea

Tief im Herzen des Atlantischen Ozeans, dort, wo der Vollmond die Wellen silbern färbt und Delfine über den Horizont springen, liegt das magische Königreich Darksea, regiert vom Piratenkönig Kapitän O'Malley. Diese Geschichte hat Chris seinem kleinen Bruder Max immer erzählt und davon geträumt, eines Tages mit den Piraten in See zu stechen. Aber jetzt liegt Chris im Krankenhaus ohne Aussicht auf Heilung.

Doch eines Nachts klopft ein sprechender Papagei mit einer Einladung des Piratenkönigs an Max' Schlafzimmerfenster. Kapitän O'Malley braucht ein neues Besatzungsmitglied für eine gefährliche Mission und die Belohnung ist alles, was Max sich erhofft, um seinen Bruder zu retten: Magie! Aber die ruhigen Gewässer von Darksea sind in Gefahr, denn seit einiger Zeit treibt ein Ungeheuer sein Unwesen und droht alles zu verschlingen. Wird Max es schaffen, Darksea und seine Familie zu retten?

Catherine Doyle

Die Piraten von Darksea

Übersetzt von Sarah Heidelberger

Hardcover, 320 Seiten

ISBN 978-3-95728-907-0

Auf der Jagd nach der magischen Perle

Endlich ist es so weit: Kai darf zum ersten Mal allein zum Meeresgrund aufbrechen. Seit Generationen tauchen die Frauen in Kais Familie in der Süßwassersee nach Perlen. Auch ihr Zwilling Kishi hat bereits die Prüfung zur Perlentaucherin bestanden. Nun muss Kai sich beweisen. Der Tauchwettstreit der Schwestern endet abrupt, als ein legendärer Geisterwal auftaucht und Kishi verschlingt.

Kai macht sich sofort auf die Suche nach ihrer Schwester und erhält unerwartete Unterstützung vom Drachenkönig, der sie zu der Meeresgöttin Benzaiten führt. Doch die Schutzherrin der Perlentaucherinnen fordert für ihre Hilfe einen hohen Preis. Wird es Kai gelingen, die Aufgabe der Göttin zu erfüllen und Kishi zu retten?

Eine spannende Fantasy-Reise voller Magie und Abenteuer.

Miya T. Beck

Die Perlenjägerin

Übersetzt von: Aimée De Bruyn Ouboter

Hardcover, 320 Seiten

ISBN 978-3-95728-767-0

Titel der Originalausgabe:
The Lost Girl King
Zuerst erschienen in Großbritannien 2022 bei Bloomsbury Publishing Plc.,
London, England

Deutsche Erstausgabe
1. Auflage 2025

Ein Unternehmen der Média-Participations
Übersetzung: Sarah Heidelberger, Hamburg
Projektkoordination und Lektorat: Stefanie Böhm, Knesebeck Verlag
Umschlagadaption unter Verwendung der Gestaltung von Isabelle Hirtz:
Leonore Höfer, Knesebeck Verlag
Satz & Herstellung: Arnold & Domnick, Leipzig
Druck: PNB Print Ltd.
Printed in Latvia

ISBN 978-3-95728-909-4

www.knesebeck-verlag.de